字烛照未来
TopBook

海南热带海洋学院民族教育专项科研项目
（MZJYZX202101）

# 海南少数民族教育史

HAINAN SHAOSHUMINZU
JIAOYUSHI

于 华－著

陕西新华出版
陕西人民出版社

图书在版编目(CIP)数据

海南少数民族教育史／于华著． — 西安：陕西人民出版社，2023.1
(民族学文化人类学文库／杨超主编)
ISBN 978-7-224-14848-0

Ⅰ．①海… Ⅱ．①于… Ⅲ．①少数民族教育—教育史—海南 Ⅳ．①G759.2

中国国家版本馆 CIP 数据核字(2023)第 034087 号

责任编辑：王 凌 凌伊君
封面设计：哲 峰

## 海南少数民族教育史
HAINAN SHAOSHUMINZU JIAOYUSHI

| 作　者 | 于　华 |
| --- | --- |
| 出版发行 | 陕西人民出版社 |
| | (西安市北大街 147 号　邮编：710003) |
| 印　刷 | 陕西隆昌印刷有限公司 |
| 开　本 | 787 毫米×1092 毫米　1/16 |
| 印　张 | 12.5 |
| 字　数 | 180 千字 |
| 版　次 | 2023 年 1 月第 1 版 |
| 印　次 | 2023 年 1 月第 1 次印刷 |
| 书　号 | ISBN 978-7-224-14848-0 |
| 定　价 | 68.00 元 |

## 海南省特色重点学科
## 《民族学文化人类学文库》学术顾问

(按姓氏笔画排序)

尹绍亭　李永宪　张建林　杨圣敏　巫新华
陈兆复　吴楚克　林日举　段　超　彭兆荣

## 海南省特色重点学科
## 《民族学文化人类学文库》编委会

主　任：杨兹举
主　编：杨　超
副主编：宁　波
委　员：谢国先　宁　波　李景新　高泽强　张艳军
　　　　张万杰　杨　超　李纪岩　查干姗登　余　杰
　　　　智宇晖　王　彩　方礼刚　邢　蕾　梁　子
　　　　柯继红　吴　艳　于　华　肖　玮

# 目录

绪言 / 1

## 第一章　海南省行政区划变迁与少数民族教育 / 6
第一节　汉代至陈朝海南岛建置 / 6
第二节　隋唐五代时期海南岛建置情况 / 14
第三节　宋至民国期间海南岛建置的变化 / 21

## 第二章　隋至元时期海南少数民族教育 / 25
第一节　隋至元时期中央王朝对海南实行统治的基本情况 / 25
第二节　地方官员对海南少数民族进行的教育活动 / 30
第三节　乡儒与宋代儋州地区少数民族教育 / 37
第四节　周一娘买地券与海南少数民族华夏化 / 44

## 第三章　明朝海南少数民族教育 / 52
第一节　明朝海南少数民族教育政策与成就 / 52
第二节　明代海南土官子弟教育 / 63
第三节　明清琼山黎族聚落科举研究 / 70
第四节　少数民族教育与李德裕家族后裔化黎传说 / 77

## 第四章　清代海南少数民族教育 / 90
第一节　清代前期海南少数民族教育及其成就 / 90

第二节　晚清时期海南少数民族教育　/ 105

第三节　教育与清代澄迈黎族华夏化　/ 117

第五章　民国政府时期的海南少数民族教育　/ 130

第一节　北洋政府时期的海南少数民族国民教育　/ 130

第二节　国民政府统治时期的海南少数民族国民教育　/ 139

第三节　私塾教育　/ 150

第六章　帝国主义在海南少数民族地区的文化侵略　/ 153

第一节　帝国主义在海南少数民族地区兴办教会学校　/ 153

第二节　日本帝国主义在海南少数民族地区的奴化教育　/ 157

第七章　中国共产党领导的海南少数民族教育　/ 162

第一节　大革命至土地革命战争时期的海南少数民族教育　/ 162

第二节　全面抗战时期的少数民族教育　/ 167

第三节　解放战争时期的少数民族教育　/ 171

参考文献　/ 183

后记　/ 191

# 绪言

少数民族教育史属于教育学、历史学与民族学交叉学科的研究内容。由于研究视野与旨趣的限制，长期以来，传统教育史很少涉及少数民族教育史的内容。中国学者最早撰写的教育史著作，是黄绍箕与柳诒徵所著的《中国教育史》(1925年版)，其中并没有专门章节涉及少数民族教育史内容。此后王凤喈的《中国教育史大纲》(商务印书馆1930年版)、陈东原的《中国教育史》(商务印书馆1936年版)、陈青之的《中国教育史》(商务印书馆1940年版)等著作中也未有体现少数民族教育史的内容。新中国成立后，毛礼锐主编的《中国教育通史》(山东教育出版社1985年版)、王炳照等主编的《中国教育思想通史》(湖南教育出版社2004年版)、王炳照主编的《中国教育通史》(北京师范大学出版社2013年版)等著作中，重点研究了少数民族政权建立时期的少数民族教育史，比如辽夏金元等王朝时期的少数民族教育史，但是对少数民族教育史整体涉及的也不多。

历史学领域对少数民族教育史的研究，成果也不少。如程方平的《辽金元教育史》(重庆出版社1993年版)、王建军的《元代教育管窥》(中国社会科学出版社2012年版)等著作重点研究了辽金元这些王朝时期的少数民族教育史。此外，一些学者还收集了部分少数民族教育史的资料，比如《中国南方回族文化教育资料选编》(四川民族出版社2001年版)、《民国时期边疆教育文选》(黄山书社2010年版)等。

专门以少数民族教育史为研究视角的著作，比较早的是李瑛的《鄂伦春族教育史稿》(吉林教育出版社1987年版),这本书虽然有鄂伦春族传统狩猎知识教育内容以及清代军事教育,但大部分内容是清代以来的学校教育。此外,朴奎灿等人的《延边朝鲜族教育史》(吉林教育出版社1987年版)和朱解琳的《藏族近现代教育史略》(青海人民出版社1990年版)也分别对朝鲜族与藏族的教育发展进行了专门探讨。

1998至2002年,由韩达主编的《中国少数民族教育史》出版。这套丛书按族别进行分类,涉及蒙古、回、藏、维吾尔、彝、壮、哈尼、傈僳等37个民族的专题研究,对民族教育的含义、分类以及民族教育史的分期断代都做了比较系统的探讨,同时还发掘了大量少数民族古今教育的史料。此后,一些单个少数民族教育史的研究逐渐开展。《中国塔塔尔族教育史》(马力克·恰尼西夫著,穆合塔尔·艾山译,民族出版社2005年版)、《水族教育史》(周崇启、韦族安、石国义编著,贵州教育出版社2009年版)等专著相继出现。区域少数民族教育史也纷纷出现,其中具有代表性的著作有朱解琳的《甘宁青民族教育史简编》(青海人民出版社1993年版)。各类少数民族教育史的论文也很多,这里不再一一列举。

少数民族教育史虽然取得了很多成就,但是仍然存在诸多可以深化之处。一是史料收集与整理有待加强。关于少数民族教育的发展,特别是学校教育的发展的阐述和研究一般都不够充分,而且缺乏比较系统的史料。接下来,需要广泛收集史料,并对各种史料进行鉴别。二是要拓宽少数民族教育史的研究视野。不能仅仅把研究视野停留在对少数民族教育发展过程的描述上,应进行更多的微观研究,比如教育与当地社会的互动。三是要在理论上有所突破。比如学术界对科举家族的定义是以汉族生员为主,但这一标准是否适合少数民族科举,还要进一步讨论。四是要关注各少数民族的特点。由于少数民族居住环境、生活方式以及经济文化发展水平各有不同,教育发展均有其特殊性。

海南少数民族教育具有长久的发展历史,对此,学术界也有了比较丰厚的研究成果。对海南少数民族教育史研究比较早的学者是苏云峰。1985年他发表的《宋代的海南教育》中就涉及了宋代对海南少数民族教育的概况。① 此后，陈立浩等人在《黎族教育史》中对黎族教育进行了勾勒，但他们将传统的生活技艺的传承也认为是教育，对教育方式有扩大化之嫌。② 谢越华等在《海南民族教育史》中，也提及了海南的少数民族教育，但内容比较少，没有重点研究。③ 胡素萍、章佩岚系统研究了海南古代书院，但未进一步分析书院受益者中少数民族的情况。④ 符和积等人的《海南古代教育发展史》对海南古代教育史进行了比较系统的研究，但未有专门涉及海南古代少数民族教育的内容。⑤ 王俞春的《海南教育史志》一书中，对海南民族教育史也有初步的研究。⑥ 张朔人的《明代海南文化研究》一书，在"民族地区教育与人才培养新成就"一节中，对明代海南民族教育的成就做了比较系统深入的研究。⑦ 王献军研究了陈汉光在黎族地区发展教育的情况⑧，李超的研究也涉及民国时期陈汉光在黎族地区发展教育的情况⑨。王献军比较系统地研究了清末与民国时期黎族地区的教育状况。⑩ 金山研究了日军侵略海南时期对黎族地区进行的殖民教育。⑪ 李元光研究了儒学在黎族地区的传播与发展，及其对黎族社会的影响。⑫

对于海南回族教育情况，林日举教授研究了宋元后海南回族接受儒家教

---

① 苏云峰：《宋代的海南教育》，《海南历史论文集》，海南出版社，2002。

② 韩达主编：《中国少数民族教育史》(第三卷)，广东教育出版社、广西教育出版社、云南教育出版社，1998，第635—798页。

③ 谢越华等：《海南民族教育史》，海南出版社，2008。

④ 胡素萍、章佩岚：《海南古代书院》，南方出版社、海南出版社，2008。

⑤ 符和积、符颖：《海南古代教育发展史》，海南出版社，2009。

⑥ 王俞春：《海南教育史志》，南方出版社，2013。

⑦ 张朔人：《明代海南文化研究》，社会科学文献出版社，2013。

⑧ 王献军：《陈汉光的治黎措施及其评价与再认识》，《海南热带海洋学院学报》2018年第1期。

⑨ 李超：《民国时期陈汉光的黎区开发》，《海南师范大学学报》(社会科学版)2018年第4期。

⑩ 王献军：《试述民国时期海南黎区及黎族的教育》，《海南师范大学学报》(社会科学版)2020年第4期。

⑪ 金山：《占领期日本侵略者对海南岛的文化渗透》，《求索》2015年第8期。

⑫ 李元光：《儒学"弦歌沧海滨"——论儒学在黎族地区的双向互动和发展》，《四川师范大学学报》(社会科学版)2022年第1期。

育的过程。① 张朔人的《明代海南文化研究》也涉及了明代海南回族教育。

不少硕士论文的研究，也涉及少数民族教育。如王晶晶的《民国时期黎族与海南岛内其他民族的关系》、黄亚虹的《近代海南黎峒研究》、李超的《民国时期开发黎区的计划及措施》等。②

海南民族教育史研究成果已经比较丰富，但还有诸多值得继续深入研究之处。首先，是缺乏以狭义的学校教育或私塾教育为视角的研究。《黎族教育史》等著作中，对海南少数民族教育史进行整体性研究时，将黎族传统知识技能的传授也作为教育史研究的内容，存在将海南少数民族教育史研究的内容扩大化现象。其次，是研究成果呈现出的不平衡。这种不平衡一是表现在研究不同历史时期的成果上的不平衡，明清以来的成果比较多，明清之前的成果相对较少；二是表现在不同民族研究数量上的不平衡，也就是关于黎族的研究比较多，对苗族、回族的研究相对较少。希望通过本书的写作，能对上述缺憾有所补充。

本书是以海南少数民族学校教育史为研究对象，以马克思主义的辩证唯物主义和历史唯物主义的认识论与方法论为指导，重点研究国家教育政策在海南少数民族"地方化"的过程和教育在铸牢中华民族共同体意识中的历史作用。以历史文献法和案例分析法为主要研究方法，在地方志、地方教育志研究的基础上，进一步深入发掘海南少数民族教育史的资料，对海南少数民族教育发展的历史加以科学的梳理与分析，以充实的史料实事求是地记述海南少数民族教育发展的史实。

本书以大众教育为视角，关注海南少数民族精英教育的同时重点关注普通大众；以教育社会功能为视角，关注教育对少数民族地区社会变迁的作用。既关注学校教育制度、书院制度、科举制度、行政管理制度，又关注正

---

① 林日举：《宋元入居海南的占婆移民之宗教信仰背景及其归属》，《中央民族大学学报》（人文社会科学版）2013年第1期。

② 王晶晶：《民国时期黎族与海南岛内其他民族的关系》，海南师范大学2017年硕士论文；黄亚虹：《近代海南黎峒研究》，暨南大学2018年硕士论文；李超：《民国时期开发黎区的计划及措施》，海南师范大学2018年硕士论文。

规教育、正式教育，即使对那些非正规教育、非正式教育(如家庭、私塾蒙馆、宗祠寺庙、乡规民约等)也有关注；既关注那些历史上留下痕迹的有名的教育家的思想，也关注广大一线基层教师与普通民众对教育的感受与议论；既关注本源的、基础的教育活动史，也关注教育者、受教育者的日常生活史，关注一个个真实、具体、过去的曾经发生且至今仍在发生的教育问题。总之，本书是在一个更为广阔的时空背景里，在中华民族共同体意识形成的视域下，通过历史的视角，回溯海南少数民族教育发展的脉络，厘清教育在形成和铸牢中华民族共同体意识中的思想基础、智力支撑和精神基础等的重要作用。

# 第一章　海南省行政区划变迁与少数民族教育

教育作为一种公共服务产品，与行政区划密切相关。早在西周时期，我国就有了学制的雏形，在京城设立国学，在地方设立乡学。国学中既有高等教育性质的"大学"，也有初等教育性质的"小学"，从而利于在贵族中培养统治人才。到了实现了大一统的汉代，开辟了我国封建时代第一个盛世局面，学校教育也得到大力发展。汉王朝在各层级的行政区域都设立了学校，具体来说，即郡国设学、县道邑设校、乡设庠、聚设序。自汉以后，我国传统的官学教育体系不断得到发展和完善。①

## 第一节　汉代至陈朝海南岛建置

早在汉代，中央王朝就在海南岛设置了郡县，海南从此被纳入了朝廷管理体系之中。《汉书·地理志下》中记载："自合浦徐闻南入海，得大州，东西南北方千里，武帝元封元年略以为儋耳、珠崖郡。民皆服布如单被，穿中央为贯头。男子耕农，种禾稻、纻麻，女子桑蚕织绩。亡马与虎，民有五畜，山多麈麖。兵则矛、盾、刀，木弓弩、竹矢，或骨为镞。自初为郡县，吏卒中国人多侵陵（凌）之，故率数岁一反。元帝时，遂罢弃之。"《汉书》卷

---

① 喻本伐、熊贤君：《中国教育发展史》，华中师范大学出版社，2011，第3页。

六四下《贾捐之传》中记载："初，武帝征南越，元封元年立儋耳、珠崖郡，皆在南方海中洲居，广袤可千里，合十六县，户二万三千余。其民暴恶，自以阻绝，数犯吏禁，吏亦酷之，率数年一反，杀吏，汉辄发兵击定之。自初为郡至昭帝始元元年，二十余年间，凡六反叛。至其五年，罢儋耳郡并属珠崖。至宣帝神爵三年，珠崖三县复反。反后七年，甘露元年，九县反，辄发兵击定之。元帝初元元年，珠崖又反，发兵击之。诸县更叛，连年不定。上与有司议大发军，捐之建议，以为不当击。"

汉代在海南设置有十六县，可考的有十四县。即瞫都县，在今海口琼山区一带；山南县，在今陵水、三亚一带；玳瑁县，在今海口美兰区或府城区沿海一带；珠崖县，在今海口北部一带；紫贝县，在今文昌市文城镇一带；苟中县，在今澄迈县美舍乡东南一带；儋耳县，在今儋州三都镇一带；至来县，在今昌江县昌城村旧县村一带；九龙县，在今东方市感城镇一带；临振县，在今三亚崖城东南百三十里一带；乐罗县，在今乐东县乐罗镇一带；颜卢县，在今海口美兰区灵山镇多吕村一带；永丰县，在今琼海市塔洋镇一带；顺潮县，在今陵水县陵城镇一带。综上所述，汉代十六县中可考的这十四县，均在沿海地区。另外两个县，也应该在沿海一带。①

按照秦汉官制标准，汉代在海南设置的这十六个县中，必须设立相应的基层组织。《汉书》卷一九上《百官公卿表上》写道："县令、长，皆秦官，掌治其县。万户以上为令，秩千石至六百石。减万户为长，秩五百石至三百石。皆有丞、尉，秩四百石至二百石，是为长吏。百石以下有斗食、佐史之秩，是为少吏。大率十里一亭，亭有长；十亭一乡，乡有三老、有秩、啬夫、游徼。三老掌教化；啬夫职听讼，收赋税；游徼徼循禁贼盗。县大率方百里，其民稠则减，稀则旷，乡、亭亦如之。皆秦制也。"从中可以看到，海南这十六个县的郡县长官，有义务在自己管辖的区域内，建构完整的地方教育体系。《汉官旧仪》也记载："郡国守丞长史上计事竟，遣君侯出坐庭，上亲问百姓所疾苦。计室掾吏一人大音者读敕毕，遣敕曰：'诏书数下，禁吏

---

① 李勃：《海南岛历代建制沿革考》，海南出版社，2005，第31—43页。

无苛暴，丞长史归告二千石，凡民所疾苦，急去残贼，审择良吏，无任苛刻。治狱决讼，务得其中。明诏忧百姓困于衣食，二千石帅劝农桑，思称厚恩，有以赈赡之，无烦扰夺民时。公卿以下，务饬俭恪。今俗奢侈过制度，日以益甚，二千石务以身帅有以化之。民冗食者谨以法，养视疾病，致医药务活之。诏书无饰厨传增养食，至今未变，或更尤过度，甚不称。归告二千石，务省约如法。且案不改者，长吏以闻。守寺乡亭漏败，垣墙陁坏所治，无办护者，不称任，先自劾不应法。归告二千石勿听。'"此外，《汉官旧仪》明确记载了曾经要求："敕上计丞、长史曰：'诏书数下，布告郡国：臣下承宣无状，多不究，百姓不蒙恩被化，守、丞、长史到郡，与二千石力为民兴利除害，务有以安之，称诏书。有郡国茂材不显者言上，残民贪污烦扰之吏，百姓所苦，务勿任用。方察不称者也。'"从这里很容易看到，汉代对郡县官吏的考核标准之一，就是地方官员要负责百姓的"被化"，即官员要对属地百姓进行教育，而官员对当地百姓进行教育的主要方式就是兴办学校。

在汉代这样完整的制度下，西汉郡县制度在海南岛的推广，使相关学校得以兴办。当地黎族同胞也因此直接或间接地得到了接受系统教育的机会。

除了推广郡县制外，西汉还通过拉拢海南岛少数民族首领，巩固国家在海南岛的统治。1984年在海南乐东县出土的"朱庐执刲"蛇钮银印，学术界对其时间和意义界定分歧比较大。谭其骧先生以"执刲"为战国时期楚国爵名，认为朱庐是在先汉时期就存在的部落名词，认定"这颗印应为那时的楚国铸以颁赐被封为执刲的朱庐酋长的"[①]。黄展岳通过对楚国官印以及西汉官印的分析，认为"朱庐执刲"不是楚官印或者汉官印，结合广东出土的南越官印形制分析，"朱庐执刲"应该是南越颁发给当地部落首领的。不过黄展岳认为"朱庐"不在海南岛，而在合浦。[②] 李勃等人则认为"朱庐执刲"是西汉晚期政府颁发当地长官的官印，是汉元帝罢珠崖郡后，海南岛仍在西汉王朝的版图之内的见证。[③] 即便学术界对这枚印有如此大的争议，但是在这枚印上，

---

[①] 谭其骧：《再论海南岛建制沿革——答杨武泉通志驳难》，《历史研究》1989年第6期。
[②] 黄展岳：《"朱庐执刲"印和"劳邑执刲"——兼论南越国自镌官印》，《考古》1993年第11期。
[③] 李勃：《汉元帝罢珠崖郡后海南岛之归属考》，《中国边疆史研究》2009年第1期。

学术界也有基本达成的共识。那就是，"朱庐执刲"印为蛇钮，而一般认为蛇钮印是汉朝颁给藩属或者少数民族的官员，银质则表明其职位相当于二千石。而其时，汉族官员用的官印一般是鼻钮。此外，"朱庐执刲"印非米字格，大致应该是出现在西汉初年后的产物。① 通过对印文时代、银印地位、蛇钮族属、旧制存续原委及出土地点等诸要件的分析，"朱庐执刲"是汉武帝在海南岛开郡之际，赐给"朱庐"当地内附汉朝的主要部族首领的封号。而这枚蛇钮银印就是凭证，"朱庐"在今三亚一带。②

实际上，西汉时期，海南岛上少数民族的势力还是相当强大的。《后汉书·南蛮西南夷传》中记载："武帝末，珠崖太守会稽孙幸调广幅布献之，蛮不堪役，遂攻郡杀幸。"这里的"蛮"，是统治阶级对当地还没有为中央王朝影响的少数民族势力的称呼，也表明了当时中央王朝对海南的统治并没有非常巩固。而随着越来越多的少数民族首领被中央王朝封官以后，逐渐受到儒家文化的影响，成为海南岛上最早一批接受儒家文化教育的少数民族人群，也成为维护中央王朝在海南统治的坚实力量。

汉代在海南岛"合十六县，户二万三千余"，平均每县为1437.5户，按照每户6口人计算，不足1万人。这些人口的族群，李勃以为是迁徙到海南岛的汉人以及临高人的祖先。③ 实际上，根据《汉书·地理志下》记载："民皆服布如单被，穿中央为贯头。男子耕农，种禾稻、纻麻，女子桑蚕织绩……自初为郡县，吏卒中国人多侵（凌）陵之，故率数岁一反。元帝时，遂罢弃之。""吏卒中国人"应该多是汉族人，而受到"侵陵（凌）"的应该是当地的少数民族，而这些少数民族在当时已经从事了农业生产。又《后汉书·南蛮西南夷传》记载："武帝末，珠崖太守会稽孙幸调广幅布献之，蛮不堪役，遂攻郡杀幸。幸子豹合率善人还，复破之，自领郡事，讨击余党，连年乃平。

---

①于世明等：《论汉代颁发给少数民族的印章——兼论西汉蛇钮、田字格官印新证》，《中央民族大学学报》（哲学社会科学版）2002年第6期。

②孙慰祖：《"朱庐执刲"银印的赐主与受主——兼论"朱庐"、"珠崖"之辨》，《上海博物馆集刊》2012年。

③李勃：《西汉时期珠崖编户族别考》，《中国社会经济史研究》，2014年第4期。

豹遣使封还印绶，上书言状，制诏即以豹为珠崖太守。威政大行，献命岁至。中国贪其珍赂，渐相侵侮，故率数岁一反。元帝初元三年，遂罢之。凡立郡六十五岁。"引文说明众多的黎族同胞在此时已经掌握了高超的棉纺织技术，这就是现在被纳入世界非物质文化遗产的黎锦的雏形。但是尽管当时黎族人民的纺织水平领先全国，仍然被统治阶级称为"蛮"。通过以上分析可知，汉武帝在海南岛设置十六县，其实现编户齐民的主要对象是从事农业生产的少数民族老百姓。

汉武帝在海南岛设置十六个县，每个县管辖的人口相对较少，所能征收的赋税也就相对较少。从设县成本来看，显然地方赋税并不可能满足地方行政的需求。不过，在汉代，出现了专门针对少数民族地区的《蛮夷律》。《蛮夷律》是秦汉时期，在南方新征服的少数民族地区实行的一种措施，表现在赋税上有特殊待遇。[1] 其中规定："蛮夷长以上，其户不賨；其邑人及戎、翟（狄）邑，岁出賨，户百一十二钱，欲出金八朱（铢）者，许。""蛮夷君当官大夫，公诸侯当大夫、右大夫、左大夫、□劈（彻）公子当不更，籍。""蛮夷百户以上为大邑，不盈百户为中邑，卅户以下为小邑。令其长有车马者闲岁。""蛮夷邑人各以户数受田□，平田，户一顷半□；山田，户二顷半。阪险不可狠（垦）者，勿以为数。"[2] 从里耶秦简以及张家山汉简来看，秦汉在南方地区都推行这一政策，主要是要在新的地区推广华夏化。[3] 汉武帝时期在海南岛设置十六个县，其目的应该是通过设县传播中原文化，推动完成对当地少数民族的教育，达到教化民众、移风易俗，更好巩固中央集权统治的目的。不过汉武帝的设想并没有成功，《汉书·贾捐之传》记载："骆越之人父子同川而浴，相习以鼻饮，与禽兽无异，本不足郡县置也。颛颛独居一海之中，雾露气湿，多毒草虫蛇水土之害，人未见虏，战士自死，又非独珠崖有珠犀

---

[1] 曾代伟、王平原：《〈蛮夷律〉考略——从一桩疑案说起》，《民族研究》2004年第3期。
[2] 荆州市博物馆、武汉大学简帛研究中心：《荆州胡家草场西汉简牍选粹》，文物出版社，2021，第97—104页。
[3] 王勇：《里耶秦简所见迁陵蛮夷与秦朝蛮夷政策》，《中央民族大学学报》（哲学社会科学版）2019年第1期；邹水杰：《秦代属邦与民族地区的郡县化》，《历史研究》2020年第2期。

玳瑁也，弃之不足惜，不击不损威。其民譬犹鱼鳖，何足贪也……其罢珠崖郡。民有慕义欲内属，便处之；不欲，勿强。"所以在贾捐之的建议下，"珠崖由是罢"。

汉元帝放弃海南岛后，朝廷在海南岛没有了直接的统治力量。《后汉书·张奋传》记载："十年，儋耳降附，奋来朝上寿，引见宣平殿，应对合旨，显宗异其才，以为侍祠侯。"此处十年，当为"十七年"。儋耳为西南夷儋耳族群，而非海南岛的儋耳郡。据《后汉书·明帝纪》记载，永平十七年（74）："是岁，甘露仍降，树枝内附，芝草生殿前，神雀五色翔集京师。西南夷哀牢、儋耳、僬侥、槃木、白狼、动黏诸种，前后慕义贡献。夏五月戊子，公卿百官以帝威德怀远，祥物显应，乃并集朝堂，奉觞上寿。制曰：'天生神物，以应王者；远人慕化，实由有德。朕以虚薄，何以享斯？唯高祖、光武圣德所被，不敢有辞。其敬举觞，太常择吉日策告宗庙。其赐天下男子爵，人二级，三老、孝悌、力田人三级，流人无名数欲占者人一级；鳏、寡、孤、独、笃癃、贫不能自存者粟，人三斛；郎、从官视事十岁以上者，帛十匹。中二千石、二千石下至黄绶，贬秩奉赎，在去年以来皆还赎。'"张奋到朝廷上寿，当是永平十七年（74）。

后世史书记载："僮尹，丹阳人，举孝廉为郎。永平十七年春二月，……适张纯子奋袭武始侯来朝，亦与焉。尹从奋引见便殿，应对合旨，显宗奇尹才美，因拜儋耳太守。尹至郡敷政未久，下诏擢为交趾刺史。还至珠崖，戒敕官吏，毋贪珍赂；劝谕其民，毋镂面额，以自别于峒俚，雕题之俗自是日变。"[①]这些材料是黄佐据《后汉书》《风俗通》《交趾外域记》这三本书编订而成。但《交趾外域记》已散佚，僮尹的经历与《后汉书·张奋传》的内容相似，故而此材料存疑。

又有关于马援平定交趾，重建地方政权的过程中来到海南岛的事件。关于马援的事迹记载在明清海南地方志中颇多，这应与岭南移民有关，但此事

---

① 《嘉靖广东通志·琼州府》，第412—413页。注释中海南地方志作者与出版信息见参考文献，下同。

在史书中并没有明确记录。

《北堂书钞》卷七三记载:"交趾刺史吴郡周敞辟为别驾从事,敞欲到朱崖儋耳,茂谏曰:'不宜履险。'敞不听,涉海遇风,船欲颠覆,茂伏剑呵骂水神,风息得济。"其中的"敞欲到朱崖儋耳"被认为是东汉在海南岛设置政区的表现,实际上,这应该是衍文。《艺文类聚》卷八引谢承《后汉书》:"汝南陈茂,尝为交阯别驾。刺史周敞,涉海遇风,舡欲覆没,茂拔剑呵骂水神,风即止息。"且珠崖儋耳分置于海南岛南北两端,此文字描述并不符合地理分布的客观存在,故存疑甚大。

三国时期,海南岛应在吴国境内,但吴国依然没有设置政区对海南岛进行有效管辖。《方舆胜览·海外四州·琼州》引《元和郡县志》记载:"吴大帝于徐闻立珠崖郡,又于其地立珠官一县,招抚,竟不从化。晋省珠崖入合浦,寻又废珠官。梁置崖州,又于徐闻立珠崖郡,竟不有其地。"

《初学记》卷八引《交广二州记》记载:"珠崖在大海中,南极之外。吴时复置太守,住徐闻县遥抚之。"

《三国志·吴书·吴主传》记载:赤乌五年(242),"秋七月,遣将军聂友、校尉陆凯以兵三万讨珠崖、儋耳。"《三国志·吴书·陆凯传》记载:"赤乌中,除儋耳太守,讨朱崖,斩获有功,迁为建武校尉。"陆凯被认为"儋耳太守",应该是事前任命的,为讨伐珠崖而设。

《三国志·吴书·陆逊传》记载:"权欲遣偏师取夷州及朱崖,皆以谘(咨)逊,逊上疏曰:'臣愚以为四海未定,当须民力,以济时务。今兵兴历年,见众损减,陛下忧劳圣虑,忘寝与食,将远规夷州,以定大事,臣反覆思惟,未见其利,万里袭取,风波难测,民易水土,必致疾疫,今驱见众,经涉不毛,欲益更损,欲利反害……得其民不足济事,无其兵不足亏众。今江东见众,自足图事,但当畜力而后动耳。昔桓王创基,兵不一旅,而开大业。陛下承运,拓定江表。臣闻治乱讨逆,须兵为威,农桑衣食,民之本业,而干戈未戢,民有饥寒。臣愚以为宜育养士民,宽其租赋,众克在和,义以劝勇,则河渭可平,九有一统矣。'权遂征夷州,得不补失。"

《三国志·吴书·全综传》:"初,权将围珠崖及夷州,皆先问琮,琮曰:'以圣朝之威,何向而不克?然殊方异域,隔绝障海,水土气毒,自古有之,兵入民出,必生疾病,转相污染,往者惧不能反,所获何可多致?猥亏江岸之兵,以冀万一之利,愚臣犹所不安。'权不听。军行经岁,士众疾疫死者十有八九,权深悔之。"

"珠崖在大海中"以及"讨珠崖"当是指西汉时期珠崖地区的地理位置,非珠崖郡。孙权在此地设置珠崖郡以及珠官县,想招抚一些"慕义欲内属"之人,效果不大。

西晋统一之后,珠崖郡被撤销,合并到合浦郡之中。《晋书·地理志中》记载:"赤乌五年,复置珠崖郡……平吴后,省珠崖入合浦。"

虽有上述材料,然汉元帝之后,中央王朝究竟是否在海南岛直接设置过郡县,史书记载模糊,后人对此也一直存在很大争议。所幸考古资料可以弥补部分缺陷。海南岛发现汉代青铜釜九件,主要分布在临高、儋州、东方等沿海地区。这九件青铜釜一般被认为是西汉时期的物品,是当地驻军的炊具。铜釜纹与饰造型与两广、云南相似,应该是与汉武帝开郡以及其后征讨有关。琼山龙塘镇珠崖岭的汉代珠崖旧城址,经考古发掘证明是唐代中晚期所建,但建筑材料中包含有汉代的遗物,可以表明该城址汉代之后被放弃,唐代重新修建的历史。南朝时期海南岛多见水波纹为主要纹饰的陶器,是广东等地南朝风格的遗物。此外,海南岛发现的陶罐、陶瓮为葬具的瓮棺葬式,是南朝至隋唐期间岭南俚人特有的葬式。这些史料都表明,从西汉晚期至南朝前期,中央王朝大概一直均未在海南岛直接设置郡县,所以此时的海南岛受外来文化影响很小,直到冼夫人带领的俚人来到海南岛后,海南考古文化发生了变化。[1]

到了梁朝时期,岭南的冼夫人凭借自己和丈夫冯宝家族的威望压服了海南岛上的黎族人,岭南土著势力逐渐控制了海南岛。《北史·列女传》记载:"谯国夫人冼氏者,高凉人也。世为南越首领,部落十余万家。夫人幼贤明,

---

[1] 全洪:《试从考古资料看南朝海南岛重置郡县问题》,山西大学历史文化学院编:《中国魏晋南北朝史学会第十届年会暨国际学术研讨会论文集》,北岳文艺出版社,2012。

在父母家，抚循部众，能行军用师，压服诸越。每劝宗族为善，由是信义结于本乡。越人俗好相攻击，夫人兄南梁州刺史挺恃其富强，侵掠傍郡，岭表苦之。夫人多所规谏，由是怨隙止息，海南儋耳归附者千余洞……梁大同初，罗州刺史冯融闻夫人有志行，为其子高凉太守宝聘以为妻……陈永定二年，其子仆年九岁，遣帅诸首领朝于丹阳，拜阳春郡守……夫人亲载诏书，自称使者，历十余州，宣述上意，谕诸俚獠，所至皆降。文帝赐夫人临振县汤沐邑一千五百户，赠仆为崖州总管，平原郡公。仁寿初，卒，谥为诚敬夫人。"

冼夫人借此向当时的梁朝皇帝上书，请求恢复朝廷在海南岛的建制。梁朝皇帝接受了冼夫人的提议，在海南岛上设置崖州，归广州刺史统辖。《隋书·地理志》记载："珠崖郡，梁置崖州。"陈朝时，在海南岛依然设置崖州，《陈书·南康愍王檀朗子方泰传》记载："寻为仁威将军、丹阳尹，置佐史。太建四年，迁使持节、都督广、衡、交、越、成、定、明、新、合、罗、德、宜、黄、利、安、建、石、崖十九州诸军事、平越中郎将、广州刺史。"此外，牛僧孺《玄怪录》卷三《袁洪儿夸郎》记载："陈朱崖太守袁洪儿，小名夸郎，年二十，生来性好书，乐静，别处一院，颇能玄言。"这些都说明梁朝确实在海南岛设有崖州郡。只是关于郡守的任命，是出自岭南大族世袭还是朝廷派遣的流官，由于缺乏相应的史料佐证，尚不清楚具体情况。

## 第二节　隋唐五代时期海南岛建置情况

隋朝统一后，对海南的行政区划进行改革。隋朝将海南岛划分成珠崖郡、临振郡和儋耳郡三个独立的一级行政区，三郡共统辖十二个县。《隋书·地理志》记载："珠崖郡，梁置崖州。统县十，户一万九千五百。义伦，带郡；感恩；颜卢；毗善；昌化有藤山；吉安；延德；宁远；澄迈；武德，有扶山。"义伦，今儋州西北。感恩县，在今东方市感城镇一带。颜卢，今海口市琼山东。毗善，今临高东英镇一带。昌化，在今昌江县昌城乡旧县村一带。吉安，在今昌江县昌城乡新城村。延德，在今乐东尖峰镇一带。宁远，即冼夫人汤沐邑临振县，在今三亚崖城一带。舍城，在今龙塘镇东南珠崖岭一带；澄迈，在今澄迈县老城镇一带。临川，在今崖城东南一百余里的山中。① 大业六年（610），"置儋耳、临振二郡"，② 根据《新唐书·地理志》等，可以整理为珠崖郡，领县二：舍城、澄迈。儋耳郡，领县四：义伦、昌化、毗善、感恩。临振郡，领县四：延德、宁远、临川、陵水。③

　　隋朝在海南岛设置县，虽然建立在汉代基础之上，但也有一些自己的特征，即在南部地区，逐渐深入黎族活动区域。延德县和临川县，就设在黎族百姓活动频繁的区域。在此处设县的目的可能是保护今三亚崖城周边地区社会稳定，也是维护冼夫人家族的利益。隋朝海南南部的官员，多是岭南籍，这一现象反映了岭南势力在海南岛强大的根基。"太夫人冯氏□□□，邦之女也。母仪天授，阃训生知……夫人□氏，隋儋耳太守仁杰之孙，皇朝岩州□□司□忠之女，合曰天作，秦晋是姻。"④宁道务墓志中，"隋儋耳太守仁杰"虽然不能辨别是哪个姓氏，但从"秦晋是姻"来看，当是冯氏，考虑到宁远县是冼夫人汤沐邑，故而儋耳郡实际上也是岭南冯氏势力范围。这也表明，中央王朝在儋耳郡一带直接推行教育的力度不大，当时在海南岛展开教育要依靠岭南豪族的支持和推动。

　　唐朝在海南岛设县，有时段性变化。唐高祖时在海南岛设置崖、儋、振三州，领十四县。《新唐书·地理志》记载，崖州，"隋珠崖郡。武德四年平萧铣，置崖州，领舍城、平昌、澄迈、颜罗、临机五县。"儋州，"武德五年置儋州，领义伦、昌化、感恩、富罗四县。"振州，"武德五年置振州，领县四，宁远、延德、临川、陵水。"

　　唐太宗时期，增琼州，增设吉安、吉阳、万安、富云、博辽、曾口、颜

---

①李勃：《海南岛历代建制沿革考》，海南出版社，2005，第31—43页；华林甫等编著：《隋书·地理志汇校》，安徽教育出版社，2019，第468—470页。
②《舆地纪胜》卷一二四《琼州》。
③林日举：《隋朝在海南建置考略》，《海南大学学报》（人文社会科学版）2002年第1期。
④《宁道务墓志》，吴纲主编：《全唐文补遗》（第7辑），三秦出版社，2000，第374—375页。

罗、容琼八县。此外,还将颜卢县改为颜城县、平昌县为文昌县。海南岛共四州二十二县。

唐高宗时期,增设万州以及落屯、乐会二县,海南岛共五州二十四县。

唐玄宗时期,将浐阳镇升为浐阳县,同时将颜城并入舍城县,全岛依然维持五州二十四县格局。

唐肃宗至唐末,浐阳县被废;此外废吉安县,增设洛场县;废容琼县入琼山县。至此,海南岛共有五州二十二县。其中崖州领三县:舍城、文昌、澄迈。儋州领五县:义伦、昌化、感恩、富罗、洛场。振州领五县:琼山、临高、曾口、乐会、颜罗。万安州领四县:万安、富云、博辽、陵水。当然其中政区有兴废,比如设置忠州,但很快就废除了。①

唐朝增设县的所在区域分别是:曾口县,在(澄迈)县南七十里曾家东隅都。唐贞观置,南汉省。今为博罗村。② 临机县,在(临高)县西二十里东塘都那在村,唐置,今那虞都海边亦有临机村。③ 吉安县,在(万安)州境。唐贞观初,沿隋名,分昌化置。乾元后省,置洛场。④ 浐阳县,在(万安)州浐阳镇,唐天宝初置。洛场县,在州境黎峒中。唐乾元后省吉安县增置,后移儋州城下。⑤ 富云县、博辽县,以上二县俱在州境。唐贞观中,析文昌县地置,属琼州,寻属崖州。龙朔初,属万安州,南汉省。⑥ 延德县,在(崖州)州西一百五十里,今白沙铺西南黎白港隋置,五代废。临川县,在(崖)州东南一百三十里盐场西南山中。唐置,五代省。落屯县,在(崖州)州东五十里。唐置,五代省。即今落屯村,熟黎居之。⑦ 此外,《宋史·地理志六》记载,"乐会。唐置,环以黎洞,寄治南管。"即乐会实际的办公场所不在本县。

唐代,海南黎族分布比较广,《新唐书·地理志》记载,琼州,领琼山、

---

① 李勃:《海南岛历代建制沿革考》,海南出版社,2005,第151—153页。
② 《正德琼台县志》卷二七《古迹》,第577页。
③ 《正德琼台县志》卷二七《古迹》,第577—578页。
④ 《正德琼台县志》卷二七《古迹》,第579页。
⑤ 《正德琼台县志》卷二七《古迹》,第580页。
⑥ 《正德琼台县志》卷二七《古迹》,第581页。
⑦ 《正德琼台县志》卷二七《古迹》,第581页。

容琼、曾口、乐会、颜罗五县。贞元五年(786)十月,岭南节度使李复奏曰:"琼州本隶广府管内,乾封年,山洞草贼反叛,遂兹沦陷,至今一百余年。臣令判官姜孟京、崖州刺史张少逸,并力讨除,今已收复旧城,且令降人权立城相保,以琼州控压贼洞,请升为下都督府,加琼、崖、振、儋、万安等五州招讨游弈使。其崖州都督请停。"从之可见,即使在海南岛北部,琼州郡所五县,也一度成为黎族百姓主要的活动区域。因此,海南岛二十四县的设置,一方面是适应当时黎族人口的分布情况;另一方面部分县的设置已经深入黎族百姓主要的活动区域,也反映了朝廷力图控制黎族活动区域。在此地区设县,有利于对黎族百姓进行中原文化的教育,加强黎族百姓对中央政权的认同。

唐朝后期,虽然国力衰退,政府对海南岛黎族聚居区的统治仍在加强。《新唐书·杜佑传》记载:"俄迁岭南节度使。佑为开大衢,疏析廛闬,以息火灾。朱崖黎民三世保险不宾,佑讨平之。召拜尚书右丞。"杜佑任岭南节度使为兴元元年(784),其任尚书右丞在贞元初,可见,杜佑在海南的行动,与李复前后。元和二年(807)四月,"庚辰,岭南节度使赵昌进琼、管、儋、振、万安六州《六十二洞归降图》。"这些都反映了唐朝对海南黎族管辖范围的扩大。

咸通年间(860—873)在今定安一带设置忠州,"在县西南黎峒中。唐咸通间,命辛、傅、李、赵四将进兵擒黎峒蒋璘等,于其地置。兵还,废"①。史书上对设置忠州的背景有详细的记载,最近出版的《珍稀墓志百品》收录了《唐故容管经略招讨处置等使检校右散骑常侍兼御史大夫上柱国陇西县开国男食邑三百户赠工部尚书李公墓志铭并序》墓志一方,涉及晚唐海南与黎族问题。墓志主要内容有:"恐日月之不与,拂衣杖剑而游,乘桴于海,安南奏知唐林州军州事。后海贼裴甫,寇□(浙)东而窥府城,公以偏师殄之,擒甫以献。恩授富州刺史。□(甫)末再落,又除藤州刺史。蛮蜓方挠,移□(公)以备用故也。末几,又授琼州而招讨儋耳、朱崖五郡事。哀牢益暴,

---

① 《正德琼台县志》卷二七《古迹》,第578页。

又以公官御史中丞,副邕州节度。寇果围朗宁,王师不振。公亲擐甲,开垒而出,首敢死之士,捐不货之身,奋而走之,裹斩无数……宜有志云:……献俘象魏,当藤来刺,□(猎)黎□(岛)夷,招讨余类。岂江毒波,哀牢舞歌,副彼师帅,舂喉以戎。"①

墓志记载李行素"后海贼裘甫,寇□(浙)东而窥府城,公以偏师殄之,擒甫以献"。裘甫,《新唐书》与《旧唐书》记载为"仇甫"。《新唐书》卷九《懿宗本纪》记载,咸通元年(860)正月,"浙东人仇甫反,安南经略使王式为浙江东道观察使以讨之……八月,卫王灌薨。己卯,仇甫伏诛"。《旧唐书·懿宗本纪》记载:咸通元年,"浙东观察使王式斩草贼仇甫,浙东郡邑皆平"。但未记载其明确时间。《资治通鉴》卷二五〇《唐纪六十六》记载,咸通元年,"春,正月,乙卯,浙东军与裘甫战于桐柏观前,范居植死,刘勍仅以身免。乙丑,甫帅其徒千余人陷剡县,开府库,募壮士,众至数千人。越州大恐。时二浙久安,人不习战,甲兵朽钝,见卒不满三百,郑祗德更募新卒以益之。军吏受赂,率皆得孱弱者。祗德遣子将沈君纵、副将张公署、望海镇将李珪将新卒五百击裘甫。二月,辛卯,与甫战于剡西,贼设伏于三溪之南,而陈于三溪之北,壅溪上流,使可涉。既战,阳败走,官军追之,半涉,决壅,水大至,官军大败,三将皆死,官军几尽。于是山海诸盗及他道无赖亡命之徒,四面云集,众至三万,分为三十二队。其小帅有谋略者推刘暀,勇力推刘庆、刘从简。群盗皆遥通书币,求属麾下。甫自称天下都知兵马使,改元曰罗平,铸印曰天平。大聚资粮,购良工,治器械,声震中原"。裘甫当年被镇压,"八月,裘甫至京师,斩于东市。加王式检校右散骑常侍,诸将官赏各有差"。

裘甫叛乱后,两浙军队不习战,只好征调安南略使王式率军队支援,李行素因为是"知唐林州军州事",和王式一同到两浙平定叛乱。裘甫被诛杀,李行素等人被论功封赏,"恩授富州刺史",李被提拔为富州刺史(广西昭平县一带)。不久转任藤州刺史(今广西藤县东北一带)。李行素为藤州刺史在

---

① 胡戟:《珍稀墓志百品》,陕西师范大学出版社,2016,第216—218页。

哪一年呢？咸通二年（861）去世咸通三年（862）下葬的支讷墓志记载："今天子之明年，讷兄蒙授藤州牧，传闻土宜，不异准浙，嘉蔬香稻，粗可充肠，愿执卑弟奉养之勤，得申令姊慰心之道。假路东洛，扶侍南州，到官逾旬，旋属蛮扰，方安藤水，忽改富阳……咸通二年九月十二日没于富州之公舍。"①咸通二年支讷被授予藤州刺史，到任不久，就因为当地少数民族的骚扰改任富阳刺史。接替支讷的应该是李行素，郁贤皓以为在咸通二年、三年藤州刺史为骆巽与，② 因为《全唐文》卷七九一《赵璘·书戒珠寺》记载："客有前藤州刺史骆巽与，闻之喜曰：'某戢山之下寄居人也，且与表公游甚久，归愿买石以刻。'遂笔以授之。咸通三年正月二十五日，中大夫守衢州刺史赵璘书。"赵璘《书戒珠寺》写于咸通三年正月，支讷在咸通二年担任过一段时间的藤州刺史，因为军事需要，故改任李行素为藤州刺史，骆巽与在咸通二年担任藤州刺史的可能性比较小。

调任李行素为藤州刺史的目的，是"蛮蜒方挠，移图以备用故也"。根据《资治通鉴》记载，"秋，七月，南蛮攻邕州，陷之。先是，广、桂、容三道共发兵三千人戍邕州，三年一代。经略使段文楚请以三道衣粮自募土军以代之，朝廷许之，所募才得五百许人。文楚入为金吾将军，经略使李蒙利其阙（缺）额衣粮以自入，悉罢遣三道戍卒，止以所募兵守左、右江，比旧什减七八，故蛮人乘虚入寇。时蒙已卒，经略使李弘源至镇才十日，无兵以御之，城陷，弘源与监军脱身奔蛮州，二十余日，蛮去，乃还。"可以判断，李行素任藤州刺史的时间大致在咸通二年八月以后。

李行素何时担任琼州刺史，这与邕州一带局面稳定与否有关。《资治通鉴》卷二五〇《唐纪六十六》记载，咸通三年："二月，棣王惴薨。南诏复寇安南，经略使王宽数来告急，朝廷以前湖南观察使蔡袭代之，仍发许、滑、徐、汴、荆、襄、潭、鄂等道兵各三万人授袭以御之。兵势既盛，蛮遂引去。邕管经略使段文楚坐变更旧制，左迁威卫将军、分司。"南诏势力被驱除

---

①《唐鸿胪卿致仕赠工部尚书琅耶支公长女炼师墓志铭并序》，吴纲主编：《全唐文补遗》（第1辑），三秦出版社，1994，第397页。

②郁贤皓：《唐刺史考全编》，安徽大学出版社，2000，第3229页。

至安南后，藤州一带局势基本稳定。故李行素担任琼州刺史在咸通三年，即公元862年。

李行素担任琼州刺史后，很快就平定了以蒋璘为首领的黎族人的起义。但邕州局势又出现紧张局面，据《资治通鉴》卷二五〇《唐纪六十六》记载，咸通四年（863），"（三月）南蛮寇左、右江，浸逼邕州。郑愚惧，自言儒臣无将略，请任武臣。朝廷召义武节度使康承训诣阙，欲使之代愚，仍诏选军校数人、士卒数百人自随……八月，岭南东道节度使韦宙奏，蛮必向邕州，请分兵屯容、藤州"。咸通五年（864）"三月，节度副使李行素帅众治壕栅，甫毕，蛮军已合围。留四日，治攻具，将就，诸将请夜分道斫蛮营，承训不许，有天平小校再三力争，乃许之。小校将勇士三百，夜，缒而出，散烧蛮营，斩首五百余级。蛮大惊，间一日，解围去。承训乃遣诸军数千追之，所杀虏不满三百级，皆溪獠胁从者。承训腾奏告捷，云大破蛮贼，中外皆贺"。咸通三年（862）李行素担任琼州刺史，平定黎族人的反抗后，由于邕州局势的发展，李行素在咸通四年（863）离开琼州，担任邕州节度副使抵抗南诏的入侵。在南诏威胁安南以及邕州等局面下，为何还要将重要的军事将领调入海南对黎族人采取军事行动，其真实意图究竟何为。显而易见，李行素镇压黎族人反抗的行动，是为了稳定海南局面，其真实意图是为进一步加强中央王朝对海南的管辖。

唐末，藩镇割据，战乱纷争，我国进入"五代十国"时期。统治岭南的南汉国在海南岛设置五州十四县，废八县。废除的八县分别是琼州曾口、颜罗二县；儋州富罗县；万安州富云、博辽二县；振州延德、临川、落屯三县。可以看到，南汉废置的这八县中，大部分在黎族聚居区中，比如振州延德、临川、落屯三县基本上就设置在黎族活动的中心区域。这些县的废除，反映了南汉朝廷面对内忧外困，对海南各种事务应接不暇，对黎族地区经营有心无力。

综上所述，随着隋唐五代在海南岛的建置逐渐完善，海南岛上也在逐步建设各类学校，朝廷对海南岛少数民族进行的各种教育活动也取得了明显的效果。楼钥《攻愧集》卷三《送万耕道帅琼管》中写道："自从汉武置两郡，黎族人始与南州通。历历更革不胜计，唐设五筦如容邕。皇朝声教久渐被，事体全有中华风。生黎中居不可近,熟黎百洞蟠疆封。"这首诗就描述了自唐朝开始,儒家教育在海南岛乃至海南少数民族居住地区逐渐展开,并且不断改变黎族等少数民族的生活状况,有越来越多的黎族人接受中原文化的现象。

## 第三节 宋至民国期间海南岛建置的变化

开宝四年(971),南汉投降北宋,《续资治通鉴长编》卷一二记载:"凡得州六十,县二百一十四,户十七万二百六十三……以岭南儋、崖、振、万安等四州隶琼州,令广州择官分知州事。"

开宝五年(972),宋太祖就开始对海南的行政区划进行调整。《续资治通鉴长编》卷一三记载:"初平岭南,命太子中允周仁俊知琼州,以儋、崖、振、万安四州属焉……六月戊子朔,徙崖州于振州,遂废振州。"即废崖州,以其地并入琼州;另将唐时的振州改名为崖州,将洛场县并入宜伦,"洛场县,在州境黎峒中……宋省入宜伦县"①。经过调整,海南形成了四州十三县的行政区划建制。即:琼州,领琼山、澄迈、文昌、舍城、临高、乐会六县;儋州,领义伦、昌化、感恩三县;万安州,领万宁、陵水二县;崖州,领宁远、吉阳二县。

元丰年间(1078—1085),北宋政府对海南的行政区划进行了一次改革。除琼州外,其他州均改为军并减少了所辖县数。改革之后,海南的行政区划建制为:琼州下辖琼山、澄迈、文昌、舍城、临高、乐会六县;南宁军(原儋州)下辖宜伦、昌化、感恩三县;万宁军(原万安州)下辖万宁、陵水二县;据《宋史·地理志六》记载:"熙宁六年,省宁远、吉阳二县为临川、藤桥二镇。"将吉阳军(即崖州)的下宁远、吉阳改为临川、藤桥二镇。共一州三军,领十一县二镇。

南宋延续了北宋对海南的管辖方式。虽然这一时期对海南的行政区有所

---

①《正德琼台县志》卷二七《古迹》,第580页。

变动，但变动不大。绍兴六年(1136)，把吉阳军所辖的临川、藤桥二镇又恢复为宁远县和吉阳县。

两宋时期海南设置的行政区划，基本上都是在南汉的基础上进行变更的。虽然设置的行政区划从数量上来说比南汉少了一县，但是在加强对海南的行政治理、开拓黎境、扩大统治区域等方面都取得了明显的进展。比如吉阳县(在今藤桥一带)就设置在黎族活动的中心区域。

宋代还一度在崖州附近的黎族中心地区设置镇州。"镇州，在县东北七十里。宋大观初，知桂州王祖道请于黎母山心立，又置倚郭县曰镇宁，寻废"①。《宋史·王光祖传》记载："蔡京开边，祖道欲乘时徼富贵……又言'黎族人为患六十年，道路不通。今愿为王民，得地千五百里。'……请于黎母山心立镇州，为下都督府，赐军额曰静海，知州领海南安抚都监，徙万安军于水口。召为兵部尚书，未行，与融州张庄谋，使庄奏言海南一千二十峒皆已团结，所未得者百七十峒，今黎族人款化，则未得者才十之一耳。于是徭、黎渠帅不胜忿，蜂起侵剽，围新万安军及观州，杀官吏。初，祖道徙城时，言黎族人伐木助役。及是诏问，不能对。"宋徽宗为此事下诏曰："国家际天所覆，悉主悉臣，薄海之南增置郡县，凡前世羁縻而弗可隶属者，莫不稽颡蹋蹴，顺附王化。奄有夷峒殆千余所，怀保丁民逾十万计。锡多列壤中直黎山，控扼六州为一都会，顾惟形胜实据上游。俾升督府之雄，庸示节旄之寄，式昭文德，永载舆图。"②

但在政和元年(1111)废镇州，说明宋代官方进入黎族中心区域，直接统治黎族的条件还不够成熟。③ 镇州的废除，也意味着在黎族中心地区实现直接教育活动的停止。《宋史·王光祖传》记载，王光祖诱王江酋杨晟免等使纳土，"诏以为怀远军，且颁诸司使至殿侍军将告命，使第补其首领。置二砦，为立学。"在新设置州县地区设立学校，是中央王朝"率土之滨，莫非王土；率

---

① 《正德琼台县志》卷二七《古迹》，第552页。
② 《宋会要辑稿》方舆七之二八。
③ 查群：《从镇州兴废看宋代海南岛经略思想的演变》，《海南师范大学学报》(社会科学版)2016年第5期。

土之民，莫非王臣"思维的直接体现。黎族中心区域镇州的废除，也意味着中央王朝为了统一民心进行的教育活动没有能够直接深入这些地区。

元代在海南行政区划的设置上基本沿袭了宋代的做法，将海南的行政区划设置为琼州路安抚司及三军共十三县。其中，把琼州改为琼州路，设琼州路军民安抚司，在宋代琼州五县的基础上又在黎族聚居地增设定安、会同二县。至此，琼州路共辖七县，即：琼山、澄迈、文昌、临高、乐会、定安、会同。又元文宗曾被贬逐至琼州，即位之后，将琼州路军民安抚司改为乾宁军民安抚司，而其下辖的定安县升格为南建州。南建洞主王官在元文宗被贬海南期间殷勤奉事，元文宗即位后，王官受封南建州知事，领军民。南宁军、吉阳军、万安军建制均沿袭南宋之制。南宁军下辖宜伦、昌化、感恩三县；吉阳军辖宁远一县，吉阳县被废置；万安军辖万安、陵水二县。元朝将统治区域向黎族聚居区扩大后，乐会与会同都设置了县学，黎族教育也随着乐会与会同县学的设立而有效开展。①

明朝在海南岛设置一府三州十县，这种格局被清朝完整延续，并一直持续到清朝灭亡。《明史·地理志六》记载："琼州府领县琼山、澄迈、临高、安定、文昌、会同、乐会；儋州领县昌化；万州领县陵水；崖州领县感恩。"明朝的行政区域在元朝基础上设立，没有大的变化，只是将海南岛从受广西行省管辖，改为由广东行省管辖。《明史·地理志六》记载："洪武二年三月以海北海南道属广西行中书省。四月改广东道为广东等处行中书省。六月以海南海北道所领并属焉。"由民族众多的广西行省管辖改为由经济发达的广东行省管辖，有效促进了海南经济文化发展。

随着经济的发展，有志之士呼吁在黎族聚居区的中心地带设置新的州县。如《咸丰文昌县志》卷一三《艺文志》记载了海南本地人韩俊的《节录议平黎疏》："各峒地方，内若险阻而实平夷，土地之美，物产之丰，各县三分不能及一。国初所以不立州县屯所者，盖其时黎民鲜少，土地荒芜，山岚瘴气犹未消灭故也。今方生齿众多，土地垦开，山岚瘴气已消灭八九。因无政

---

① 汤开建：《元代对海南岛的开发与经营》，《暨南大学学报》(哲学社会科学版)1990年第4期。

教，以治化之，是以蠢尔黎蛮，但以弓矢相尚，不知礼义相先，一遇有司刻剥，随即倡为悖逆……为今之计，莫若革去土舍、峒首，立以州县屯所。"韩俊认为，五指山一带的黎族地区人口增长迅速，农业也已经得到比较充分的发展，已经有了在这些地区设置新的州县的可能。而且这些地区虽然人口增加、农业发展，但是在礼仪文化等方面的表现还比较落后，因此也有必要在这些地区设置新的州县，移风易俗，促进当地更好地发展。

而在黎族聚居区的中心地带设置行政建制的构想，一直到20世纪30年代才得到真正落实。1935年6月，在黎族聚集地区设置乐东、保亭、白沙三县。乐东，"本县位于本岛西南部，其县治乐安偏于本县之西南隅。初名乐安，旋改今名……与保亭、白沙同为黎区，其县境由昌江县属之七叉，感恩县属之东方、马隆、鸡叨、峨叉、峨逆、抱由、田冲、峨沟等峒，崖县属之乐安、多涧峒、抱善峒、抱柱峒、龙鼻、潭寨、多港峒、头塘、万冲峒、番阳峒等黎区划分构成"。保亭，"将崖县之北打、六罗、首弓、抱龙峒、同甲峒、水满峒，陵水县属之保亭、五弓、六弓、七弓、乌牙峒、白石团、岭门团、五指山、七指山、分水岭、吊鸡山，万宁县属之税司、南桥、西峒、北峒，乐会县属之竹根峒、太平峒、茄槽峒、合水团，定安县属之船埠、南引团、加冬团、母瑞山等黎区划分构成"。白沙，"将儋县属之雅叉峒、白沙峒、元门峒、龙头峒、炳邦，昌江县属之南流峒、十万峒，定安县属之新市、营根铺、加钗峒、小水峒、思河团，崖县属之红毛上峒、红毛下峒、道栽、红茂村，琼山县属之加泉峒、淋湾峒等黎区划分构成"①。乐东、保亭、白沙三个黎族县的设置，有效推动了当地经济文化的发展。

---

①《海南岛新志》，第54—55页。

# 第二章 隋至元时期海南少数民族教育

隋唐宋元时期，随着中央王朝在海南岛统治的逐渐深入，海南岛上的学校也得以纷纷设立。加之部分官员重视对少数民族开展教育，海南岛少数民族教育取得了很大的效果。在儋州地区，编户齐民的黎族人在当地乡儒的教育下，文化水平逐渐提高。在琼山地区，随着少数民族教育的发展，对华夏文化的认同不断加深，民族共同体意识逐渐形成。

## 第一节 隋至元时期中央王朝对海南实行统治的基本情况

隋朝初年，朝廷在海南设置了三州，但对当地官员的任命采取的是流官制还是世袭制目前并不清楚。

因梁朝大同时期（535—546），冯宝及其夫人即冼夫人请命于朝廷，在海南设立崖州，使自汉元帝时起脱离大陆656年的海南岛重新回归中央政权的统治，从梁大同初年至唐天宝年间（742—756）约200年，冯冼家族及其子孙为海南地方的实际统治者，尤其海南岛北部更是冯氏家族的势力范围。因冼夫人帮助隋朝统一岭南立下了汗马功劳，隋朝皇帝也对冯冼家族大加封赐。随着冼夫人被隋高祖封赐，表明冯氏势力已经达到海南岛南部。"高祖嘉之，赐夫人临振县汤沐邑，一千五百户"。不过，由于冯氏在海南岛势力太大，中央王朝已经开始担心冯氏可能会和朝廷产生矛盾，并加以防范。《隋书·

炀帝纪上》记载："(大业六年)朱崖人王万昌举兵作乱,遣陇西太守韩洪讨平之。"《隋书·韩洪传》记载："朱崖民王万昌作乱,诏洪击平之。以功加位金紫光禄大夫,领郡如故。俄而万昌弟仲通复叛,又诏洪讨平之。"韩洪曾任廉州刺史,或许对岭南情况比较熟,故而被授命镇压海南的少数民族起义。这件事就反映了隋朝政府对冯氏势力的警惕。韩洪平定海南少数民族起义之后,隋朝在海南岛经营情况具体如何,已无清晰的史书记载。

隋朝末年,随着局势混乱,崖州等地被冯氏势力完全控制。《旧唐书·丘和传》记载："会炀帝为化及所弑,鸿胪卿宁长真以郁林、始安之地附于萧铣;冯盎以苍梧、高凉、珠崖、番禺之地附于林士弘。"《册府元龟·帝王部·招怀二》记载武德四年(621),"隋末高凉通守沈宝辄反,(冯)盎击破之,因北吞广州,西并苍梧,南牧朱崖之地,自称总管。至是来降,岭表悉定矣"。而且,随着冯氏在岭南的势力日愈强大,岭南冯氏家族和朝廷发生了矛盾。《新唐书·冯盎传》记载:"武德五年,始以地降,高祖析为高、罗、春、白、崖、儋、林、振八州,授盎上柱国、高州总管,封越国公。拜其子智戴为春州刺史,智彧为东合州刺史。盎徙封耿。贞观初,或告盎叛,盎举兵拒境。太宗诏右武卫将军蔺暮发江淮甲卒将讨之,魏征谏曰:'天下初定,创夷未复,大兵之余,疫疠方作,且王者兵不宜为蛮夷动,胜之不武,不胜为辱。且盎不及未定时略州县,摇远夷,今四海已平,尚何事?反未状,当怀之以德,盎惧,必自来。'帝乃遣散骑常侍韦叔谐喻盎,盎遣智戴入侍。帝曰:'征一言,贤于十万众。'时暮兵已出,欲遂有功,遣副将上盎可击状,帝不许,罢之。"这里清楚记载了因岭南冯氏势大和朝廷产生矛盾,朝廷处理该矛盾的过程。

不过,到了唐朝中期,岭南冯氏势力开始衰微。《新唐书·高力士传》记载:"高力士,冯盎曾孙也。圣历初,岭南讨击使李千里上二阉儿,曰金刚,曰力士,武后以其强悟,敕给事左右。"高力士作为冯盎曾孙,最后家族败落去当宦官。

唐朝中期之后岭南冯氏势力虽然已大不如前,但冯氏势力依然在海南岛上占据重要地位。唐玄宗时期,鉴真和尚东渡日本,船只遇到风暴漂流到海南岛,他在振州(今三亚一带)上岸后,"别驾冯崇债遣兵四百余人来迎"①。护送鉴真的万州大首领冯若芳,"每年常劫波斯舶二三艘,取物为己货,掠人为奴婢。其奴婢居处,南北三日行,东西五日行,村村相次,总是若芳奴婢之住处也"②。乾元元年(758),一伙海盗甚至洗劫了广州城。《旧唐书·西戎传·大食传》中记载:"乾元元年,波斯与大食同寇广州,劫仓库,焚庐舍,浮海而去。"《旧唐书·肃宗纪》记载:"(乾元元年九月)癸巳,广州奏大食国、波斯国兵众攻城,刺史韦利见弃城而遁。"《新唐书》对此也有类似记载。《资治通鉴》卷二二〇《唐纪三十六》综合记载:"(九月)癸巳,广州奏:大食、波斯围州城,刺史韦利见逾城走,二国兵掠仓库,焚庐舍,浮海而去。"按照唐朝诏书上奏到皇帝手中的时间来看,此事可能发生在七八月间,此时的唐朝与大食关系尚好。另外,唐朝到大食波斯的海路,一般是十一月左右出发。刘宝的研究表明,唐朝前期,冯氏割据海南岛,拥有庞大的势力,在乾元元年冯氏控制的海南海盗,以"大食波斯"的身份,袭击了广州。③ 也由此可见,此时冯氏势力在海南岛南部的影响虽有减弱,但仍不能轻视。

在海南岛北部,唐朝虽然设置有州县,但力量薄弱。直到李复等人收复琼山后,海南岛南部冯氏势力应该才真正逐渐退出历史舞台。《旧唐书·地理志四》记载:"贞元五年十月(789),岭南节度使李复奏曰:'琼州本隶广府管内,乾封年,山洞草贼反叛,遂兹沦陷,至今一百余年。臣令判官姜孟京、崖州刺史张少逸,并力讨除,今已收复旧城,且令降人权立城相保,以琼州控压贼洞,请升为下都督府,加琼、崖、振、儋、万安等五州招讨游弈使。其崖州都督请停。'从之。"此后,海南岛军政首脑均为外地人。④

唐朝中期之前,朝廷对海南岛官员任命采取何种方式,虽仍不明确,然《新唐书·地理志七下·羁縻州》记载,海南不属于羁縻州府政策地区;但万

---

① 真人元开著,汪向荣译:《唐大和尚东征传》,中华书局,1979,第67页。
② 真人元开著,汪向荣译:《唐大和尚东征传》,中华书局,1979,第68页。
③ 刘宝、张小贵:《唐肃宗年间"大食波斯同寇广州"考》,《暨南史学》2015年第1期。
④ 周泉根、涂琼:《唐代海南岛的军政首脑述考》,《新东方》2013年第5期。

州又存在大首领制度。可以据此猜测，其时，海南岛应该是流官制与世官制的混合地区。

宋朝统治者来到海南岛后，对海南黎族采取了招抚的政策。《宋史·李崇矩传》中记载："太平兴国二年……未几，移琼、崖、儋、万四州都巡检使，麾下军士咸惮于行，崇矩尽出器皿金帛，凡直数百万，悉分给之，众乃感悦。时黎贼扰动，崇矩悉抵其洞穴抚慰，以己财遗其酋长，众皆怀附。"

《续资治通鉴》卷三二八，"元丰五年七月丙子条"中亦记载："就差知钦州、供备库副使李时亮知琼州，冲替刘威。仍札与李时亮：昨以刘威擅讨黎族人，引惹边事，当用心怀抚，早令安帖。"

此外，苏过在《论海南黎事书》中说道："仆以为以力胜者，兵罢而复塞；以利复塞；以利啖者，贼贪而不叛也。朝廷若捐数官以数人，则贤于用师矣……今朱崖屯师千人，岁不下万缗，若取十一以为黎族人之禄，可以罢千师之屯矣。"在苏过看来，与其对黎族用兵，不如招抚其族人为官。

宋朝确实也对黎族首领采取了拉拢的措施，而且颇有效果，其中对黎族女首领王二娘及其家族后人的拉拢尤为典型。《岭外代答·海外黎蛮》记载："峒中有王二娘者，黎之酋也，夫之名不闻。家饶于财，善用其众，力能制服群黎，朝廷赐封宜人，琼管有令于黎峒，必下王宜人，无不帖然。二娘死，女亦能继其业。昔崇宁中，王祖道经略广西，抚定黎贼九百七峒，结丁口六万四千，开通道路一千二百余里，自以为汉唐以来所不臣之地，皆入版图，官僚皆受厚赏。淳熙元年，五指山生黎峒首王仲期，率其旁八十峒、丁口一千八百二十人归化。诸峒首王仲文等八十一人诣琼管公参，就显应庙斫石歃血，约誓改过，不复抄掠。琼管犒遣归峒……崇宁中王祖道抚定黎峒，其酋亦有补官，今其孙尚服锦袍银束带，盖其先世所受赐而服之云。"

观整个南宋时期，黎族中除偶尔有出现起义的情况，并没有和官方产生大规模战争级别的重大矛盾。可以说宋朝对海南黎族主要采取招抚政策、对黎族首领主要采取拉拢措施是有很大成效的。

元朝统一海南后，对黎族地区采取软硬兼施的政策。首先，派军队进入黎族活动的中心区域。"（至元）二十八年，本路安抚使陈仲达诣阙，陈平黎策,授海北海南道宣慰都司元帅,命同廉希恕等,将蒙古汉军、顺化军七千二百人,益以民兵一万四千收诸黎。仲达病卒,行湖广行省平章阔里吉思,以分省督师,命仲达子谦亨领万户,统诸兵;副元帅王信伯、颜于思,万户教化孙韩旺、杨显祖,副使林应瑞,副万户秦彪,千户蔡有闻,镇抚高佑,广西宣慰杨廷璧等分兵统剿。至又明年七月,被召还朝,乃以余贼付都元帅朱斌。斌统兵深入人迹不到之处,黎巢尽空。明年甲午春,刻石五指黎婆而还。凡三历年,剿平各州县清水等峒,诛苻十九等渠魁,降附者不可胜数,得峒六百,户口二万三千八百二十七,招收户口一万三千四百九十七。从省幕乌古孙泽议,立寨学,训谕诸峒,奏置屯田府,立定安、会同二县,万全一寨。"①其次,重用黎族首领为官,采取以黎治黎的办法。"至癸巳,阔里吉思平黎,奏立五原、仁政、遵化、义丰、潭揽、文昌、奉化、会同、临高、澄迈、永兴、乐会十二翼千百户,以总领之……元统二年,增置万安翼,为十三所。(元统二年十月,湖广行督咨中书省,奏准依广西屯田万户府例置黎兵万户府:万户三员,正三品;千户所十三处正五品,每所领百户所八处,正七品。万千百户兼用土人)"②"元黎兵万户府统十三兼管民兵,黎峒万千百户俱以土人为之,致黎寇乱终元之世。"③黎族土官在当地为官,有利于其自身文化水准的提升,也有利于当地地方文化水平的提高。

隋唐时期,由于长期对海南岛黎族实行羁縻政策,加上中原人对海南岛的印象还停留在荒蛮瘴疠之地中,故而到此为官的人中名人并不多。《唐会要》卷五《诸王》记载:"江王元祥,贪鄙多聚金宝,营求无厌,为民吏所患。时滕王元婴,蒋王恽,虢王凤,亦以贪暴。有授得其府官者,以比岭南恶处。为之语曰:宁向儋崖振白,不事江滕蒋虢。"

且史书记载隋唐时期的海南官员多是贬谪之官。然这些贬谪之官虽然政治上失意,但多有赤诚之人。他们中的有识之士积极主动展开了针对黎族子弟的教育活动。《旧唐书·王义方传》记载:"贬为儋州吉安丞。行至海南,

---

① 《万历琼州府志》卷八《海黎志》,第423—424页。
② 《万历琼州府志》卷七《兵防志》,第321页。
③ 《万历儋州府志·地集·统黎》,第197页。

舟人将以酒脯致祭……蛮俗荒梗，义方召诸首领，集生徒，亲为讲经，行释奠之礼；清歌吹钥，登降有序，蛮酋大喜。"

五代之后，随着了解的加深，中原地区人士对海南岛的印象大为改观。《宋史·李符传》记载："卢多逊贬崖州也，符白普曰：'珠崖虽远在海中，而水土颇善。春州稍近，瘴气甚毒，至者必死，愿徙多逊处之。'普不答。"海南岛在一些人眼中已不再是瘴疠之地。

## 第二节 地方官员对海南少数民族进行的教育活动

宋代对少数民族地区采取教化措施，海南岛整体文化水平得到提升的同时，黎族也在进一步提高教育水平。[1]

宋代，诸多官员建议和施行的教育措施，许多措施惠及众多黎族子弟。

彭次云，庆历年间(1041—1048)提刑。尝奏请颁赐监书于郡学。[2]

宋守之，庆历年间(1041—1048)知琼州。教诸生读五经于先圣庙，建尊儒亭，暇日躬自讲授，由是州人始知向学。

李时亮，"元丰中管帅。尝奏准赐书及修郡学，创御书阁，卓有政声"[3]。

韩璧，"长乐人，淳熙间管帅。出入阡陌，劳来不倦，期年化成。黎族人感慕，愿供田税。尝重修郡学及建知乐亭，朱文公皆为作记"[4]。朱熹《琼州知乐亭记》中记载："(韩璧)出入阡陌，劳来不息，行之期年，民吏洽和，俗以一变。化外黎族人，闻风感慕，至有愿得供田税比省民者。"[5]

刘椿，"字寿卿。先，领兵平澄、临、昌化三处寇。端平初，始来知军。

---

[1] 查群：《宋代海南岛教化推广与文化秩序构建》，《海南师范大学学报》(社会科学版)2019年第2期。

[2]《正德琼台志》卷三二《按部》，第678页。

[3]《正德琼台志》卷三三《名宦》，第695页。

[4]《正德琼台志》卷三三《名宦》，第696页。

[5]《万历琼州府志》卷一一《艺文志》，第807页。

买扶诸黎峒,闻风相率至琼迎,纳款输贡"。①

庆元初(1195),"通判刘汉修崇郡学,讲明道要,激劝生徒。创建社学,延师训导,捐帑廪给。'黎獠'犷悍,亦知遣子就学,衣裳其介鳞,踵至者十余人"②。

蒋科,"电白人,宝祐(1253—1258)进士,任郡学教授。校文以器识为先。捐资修学,移建御书阁。擢宜伦令,抚辑黎峒,教以诗书"③。

古革,"字仲通,梅州人(今嘉应州),绍圣间进士。教授琼州,训士不倦,峒蛮多遣子弟受学。会黎族人叛,郡檄入峒布谕,蛮俗素知敬革,遂率服。状闻于朝,擢守潮州,官至五品"④。

此外,《舆地纪胜·琼州·景物上》记载:"新学,在郡学之左庑,黎族人遣子弟入学。"⑤

宋朝时期,诸多被贬谪到海南岛的官员,也对黎族子弟开展了教育活动。《容斋随笔》卷一《朱崖迁客》记载了胡铨贬谪到崖州后,教育当地黎族子弟,还向当地黎族首领传授儒家法治思想的行为。"绍兴中,胡邦衡铨窜新州,再徙吉阳,吉阳即朱崖也。军守张生,亦一右列指使,遇之亡状,每旬呈,必令囚首诣廷下。邦衡尽礼事之,至作五十韵诗,为其生日寿,性命之忧,朝不谋夕。是时,黎酋闻邦衡名,遣子就学,其居去城三十里,尝邀致入山,见军守者,荷枷絣西庑下,酋指而语曰:'此人贪虐已甚,吾将杀之,先生以为何如?'邦衡曰:'其死有余罪,果若此,足以洗一邦怨心。然既蒙垂问,切有献焉。贤郎所以相从者,为何事哉?当先知君臣上下之名分。此人固亡状,要之为一州主,所谓邦君也。欲诉其过,合以告海南安抚司,次至广西经略司,俟其不行,然后讼于枢密院,今不应擅杀人也。'酋

---

① 《正德琼台志》卷三三《名宦》,第697页。
② 《万历琼州府志》卷八《海黎志》,第416页。"獠",《说文记载》记载"猎也"。獠人,是指主要以狩猎为业的族群。
③ 《乾隆琼州府志》卷二九《职官志·教科》,第579页。
④ 民国《琼山志》卷二三《官师志》,第1419页。
⑤ 《地理志海南六种》,第70页。

悟，遽释之，令自书一纸引咎，乃再拜而出。明日，邦衡归，张诣门悔谢，殊感再生之恩，自此待为上客。"从这段记载可以看到，胡铨对黎族子弟展开的教育和对黎族领袖进行的规劝取得了很好的效果。

元朝也有不少官员重视海南少数民族教育。

真圣奴，"廉访佥事。至正癸巳，重修珠崖学、伏波祠"。

实德资海牙，"至正中都元帅。重修海口浦、旧县学"①。

特穆实，河南洛阳人也，乃太师国王之孙，郑国忠宣公之子，随侍车驾。于至顺二年（1331）七月四日，洪禧殿内特奉圣旨，以承直郎授南宁军达鲁花赤。下车之初，一以宽和为政，诚意招徕，叮咛恳切。本军黎峒，皆知所归，同恶者，亦皆悔过自新。公悉推以赤心，力为划拔，皆按堵如故矣。时元统元年也。二年，公书谓予曰："南宁黎峒，既以复业，众欲创一堂以表其怀来之初，因扁（匾）曰'文德'，亦先生之所命也。其为我记之乎。"因复曰："远人不服，则修文德以来之。此先圣不易之论也。然黎顽靡常，不可为武备之撤。而文德之怀，亦其来之安之之效也。敢以是记。"鼎斋公所招谕怀来者，江花峒首符兆等，果塘峒首王凌等，郎抄峒首王祥等，参独峒首符表，命罗峒首王论，落基峒首符祥等。总记峒首黎族人屯户、流民、弓兵一百九十名，当使见其各坚向善之心，绝为恶之想，亦文德之一榜也。②

宋元时期还在地方建立学校，使不少少数民族子弟能够接受系统教育。

琼山县学，"宋置，在海口浦。元至正中，元帅实德资海牙重修"③。海口浦附近有不少疍民，应当有部分疍民子弟在此就学。

澄迈县学，"宋立，在县治之东。宝祐间，主簿纪应炎塞海港田为学费。咸淳乙丑，将领李才卿重修，增置学田。元至元己丑，司邑事李敦武选通经士，给凭据为儒籍，蠲徭役。大德间，教谕黄梦祥置祭器。皇庆癸丑，牛尹恢基修建。天历间，宪佥吕统拨田增赡学粮"④。澄迈县学在县的东南部，这

---

①《正德琼台志》卷三二《按部》，第680页。
②《万历儋州志·人集·罗伯龙·文德堂记略》，第230页。
③《正德琼台志》卷一五《学校上》，第352页。
④《正德琼台志》卷一五《学校上》，第356页。

里的少数民族分布较少,少数民族子弟在此处就学的应该不多。

临高县学,"宋立,随县迁改,后附今县治。宋元因之"①。

定安县学,"元始立,附县,在南资都南坚峒。天历二年(1329),县升为州,迁于琼牙乡,学亦改为州学,附于州之东南一里许,即今学基"②。定安县学最初建在南资都南坚峒,为黎族聚居地。可见在此兴办县学的主要目的,在于教育当地黎族子弟。

文昌县学,"宋立,附县治在何恭都。元至顺壬申,县迁于北山都,学随治于县之右"③。北山都是附近黎族聚落为主,④因此,有大量黎族子弟在此求学。

会同县学,"元至元二十八年,附县立于平定乡之梁堀村。皇庆元年,王高之变,随县迁于今之端赵都"⑤。由于"会同无黎族人,因分县时黎隶乐会"⑥。会同宋元时期蛋民较多,当有部分蛋民受益县学。

乐会县学,"旧附县治于会同县之泗村都。元至元二十四年,邑治徙于太平乡之调懒。三十一年,复徙万泉渡北,再迁渡南,学治漫无可考。延祐三年,海北廉访司照磨范梈始建庙学于邑治之东(梈按行至邑,捐俸命黎兵千户王有益建。有益亦舍学田)。天历元年,教谕蔡庆存请于县尹郭德贤重葺"。乐会黎族众多,元朝黎兵千户参与建设县学,故而有诸多黎族学生在此求学,"夫海之南,乾宁为都会。乾宁之县,乐会为远僻,分山阻岭,民居仅登十室,田野阔而不食,黎峒棋踞……海南之民,其含齿戴发,与中原无异也。其有安于黎习弗教之,率皆其自远自弃云耳。学立而教行。赋役必给,君臣之义明;鞠育必报,父子之伦叙;嫁娶必别,夫妇之分严;悌恭而和,兄弟之序顺。夫如是,跻其俗于邹鲁也不难矣"⑦。

---

① 《正德琼台志》卷一五《学校上》,第357页。
② 《正德琼台志》卷一六《学校下》,第361页。
③ 《正德琼台志》卷一六《学校下》,第363页。
④ 后文将有涉及此内容。
⑤ 《正德琼台志》卷一六《学校下》,第364页。
⑥ 《乾隆琼州府志》卷八《海黎志·黎岐》,第829页。
⑦ 《正德琼台志》卷一六《学校下》,第365—367页。

儋州县学，"宋立在州城之东。绍兴二十一年，知军陈适徙于城东南隅。绍兴二十二年，知军叶元璘又徙于城之南。至元二十一年，知军吴桂发置学田，大德九年，复迁于城东旧址"。儋州由于黎族分布较多，故而宋元时期，诸多黎族子弟在县学学习。"儋州值寇攘，依惚不暇，及至顺癸酉，大师国王之孙、郑国忠宣公之子特穆实，号鼎斋，钦奉特旨来监南宁军事。下军谓予曰：'仆在京都，有主章阁艺文监局副吴伯寅，述其先父东园吴公桂发，以前宋咸淳登进士第之乙科，仕至通判南宁军民事。国朝混一，举城以归，即拜奉训大夫南宁军事，在任十年。至元甲申，舍己帑置新榕田一庄，计种二十六石有奇，入本军儒学赡士。招黎族人子弟入学，教之以诗书，率之以孝弟，而民俗于变，可与中州比。至元年辛卯，赴国朝见，特授奉议大夫，道州路同知，总管府事。寿八十有一。'"[1]

昌化县学，"宋立于旧县之东（昌江二水洲上）。元初，县尹符璨欲新殿而未果。至元二十一年，权尹吕举乃迁文庙于故基之东……至正九年，知县黄半山迁于县治西南"。昌化县"则介乎宜伦、感恩之间，离郡城五日，于黎峒为密迩。自古立学以昌风化，基在县治之东，前瞰清流，马岭镇其南，神山拱其北"。昌化县学建立后，诸多黎族子弟受益。"大元以儒学为重。此其废坏也久，盍作而新之，使人伦可以明，教化可以行，习俗可以美，诸黎子弟一知向学，岂不伟欤？"[2]

万州县学，"宋旧治城西，以寇毁迁城东。赡学有田。元大德丁酉，同知徐应重建殿堂，门垣皆备……至顺二年，寇火群书。至元三年，判官张光大重葺，知军孙实重建大成殿。至正七年，监郡大都乃新绘饰，遣吏如杭求鲁司寇像、祭器、书籍。十二年，土寇犯城，图书、祭器被掠。二十六年，邓酉以置复纵民拆庙，学治残毁"[3]。万州黎族分布东部，当有部分编户齐民的黎族子弟受益。

---

[1]《正德琼台志》卷一六《学校下》，第368—371页。
[2]《正德琼台志》卷一六《学校下》，第373—374页。
[3]《正德琼台志》卷一六《学校下》，第376—377页。

陵水县学，"宋立，附县治（那亮乡）。元，县经屡迁，学亦随之"①。那亮乡有疍民，② 当有部分疍民子弟受益。

崖州县学，"宋立，在州城外东南。郡倅慕容居中移城北，后郡守莫豫复故。淳熙十四年，郡守周康重修。淳祐五年，郡守毛奎移于郡城西南……泰定三年，学正陈世卿、达鲁花赤脱脱木、郡倅王起复移于城东。天历二年，清复学田。见罗伯龙记。至正五年，同知罗伯颜移于城西，后复徙于城外西南隅。"③由于宋元崖州学并没有建立在城中，一部分熟黎子弟受益于崖州学。宋代的崖州"熟黎峒落稀少，距城五七里许，即生黎所居"④。所以，崖州学建立在城外，有部分编户齐民的黎族子弟受益于学校教育。

感恩县学，宋立于县治之左，元因之。⑤

此外，还有地方士绅兴建学校，少数民族子弟也能够入学就读。

附廓学，宋庆元初，通守刘汉创建。国朝崇饰人文，学校遍天下。琼之为州，在天下极南，文物彬彬，有中土风。士之聚于学，廪给之养，特厚于广右诸郡。定学以来，垂二百余年，小学独诿置弗及讲……于是创小学，群里闲之既成童，既衣以佩觿，且虑其亡赀从师，捐公帑之美，为钱五百缗以廪之。率七十员，分隶诸斋，延师训导，日有课程，旬复习诵，月尝试。公择其优者，时课以勉其进。又为之鬻民田，募工垦耕；官有闲地，辟为房廊，悉收其租，充小学廪，岁入亦数百缗。厥今垂髫之童，执策争奋，唯恐或后，而曰向之矜佩挑达逸于城阓者咸无焉。不宁惟是，凡公至黄堂，延遇大学诸生，相与讲明道要，且寓诸文，用示激劝……远而支郡闻风来游。虽黎獠犷悍，亦知遣子就学，衣裳其介鳞，踵至者十余人。⑥这段记载也说明了当时黎族百姓已经有了渴望受到官方主流文化教育的迫切愿望。

---

①《正德琼台志》卷一六《学校下》，第379—380页。
②《正德琼台志》卷一二《乡都》，第283页
③《正德琼台志》卷一六《学校下》，第381—382页。
④赵汝适著，冯承钧校注：《诸蕃志校注》，中华书局，1956，第145页。
⑤《正德琼台志》卷一六《学校下》，第383页。
⑥《正德琼台志》卷一七《社学》，第385—386页。

仁政乡校，在遵都，宋乡人建创，敦请师儒以训子弟读书习礼。至元废，今石基尚存。① 遵都在琼山，到了明代这里成为编户齐民的黎族聚集区域。宋元时期，此地编户齐民的黎族子弟的人数也不少，有机会在仁政乡校接受正规的学校教育。

珠崖乡校，在郡南十九里上那邕都。元至元辛卯，阔里吉思建。至正癸未，佥宪袁永澄重修。附庙祀二伏波，拨田供祀。今废。珠崖乡校主要是对黎族子弟进行教育。"元运启新，文轨混一，自京师而郡县，学庠校序塾弦歌相闻，声教远暨。前至元戊寅，阿里海牙平章清复海表，辛卯，阔里吉思荣禄征收南黎，因其珠崖设学，求儒诱民成俗。后至元丁丑，郡委前雷庠二教张宜举董修水利，因重修学，市廊店以便商贾，发明诗书礼乐以化民黎。郡金承直庄公胜火儿、县令汪诚、郡博士林友仁，合谋复新其学，鼎创路、马之祠，勉张君共图之。至正癸未冬，适宪金中顺袁公永澄、宪掾赵克诚分按于琼，张君据实以告，公乐从，捐金计料，建学塑像，拨供祀之田，申水利之禁，一举而三事成，开先成传，功德于赫史简"②。

惠通乡校，"在县东四十里符离都，元元帅陈谦亨近东坡所命惠通泉创建。集乡子弟为生员，设教谕教之"③。符离都属于琼山外义丰乡，周围有盐场。是否有疍民子弟受惠，还有待进一步研究。

此外还有蒙古学，"城内。至元癸巳，阔里吉思师还，从乌古孙泽议，立各寨学，命儒学分掌"④。但蒙古学教育的内容和受益人群并不清楚。

元代黎族土官在地方影响力很大。在县学和地方学校兴办过程中，他们考虑到了黎族教育的需要，将县学兴办至黎族聚集区。此外，元朝依靠黎族土官治理黎族，在兴办学校过程中也考虑到了黎族的实际需要。黎族子弟入学不再只是个陪衬，而是进入为自己所设立的学校学习。这是黎族教育史上的一大变化。

---

① 《正德琼台志》卷一七《社学》，第386页。
② 《正德琼台志》卷一七《社学》，第386—387页。
③ 《正德琼台志》卷一七《社学》，第387页。
④ 《正德琼台志》卷一七《社学》，第387页。

隋唐宋元时期，海南岛黎族教育具体取得了怎样的成就，由于资料缺乏，很难判断。史载宋代海南有十三名进士，其中南宋十名。[①]这些进士中有无黎族出身，根据现有的文献资料都无法判断。而人数更多的举人和秀才的情况，也由于史料缺乏，无法判断其族属，故而无法深入研究当时少数民族教育的成就。

不过，隋唐宋元时期，黎族文化水平逐渐提高，是显而易见的。《舆地纪胜·琼州·官吏》中记载："李廷臣顷官琼管。一日过市，有獠子持锦臂鞴鬻于市者，织成诗一联，取视之，乃仁庙景祐五年赐新进士诗也，云'恩袍草色动，仙籍桂香浮'。廷臣以千钱易得之，贴之小屏，置几席间，以为朝夕玩。"[②]这里的记录不仅表明黎族子弟知道进士诗内容，而且黎族妇女也知道了进士诗的内容，并将其绣在黎锦上，成为日常用品。这很能说明黎族百姓文化水平的提高。

《岭外代答·海外黎蛮》中也记载："黎族人半能汉语，十百为群，变服入州县墟市，人莫辨焉。日将晚，或吹牛角为声，则纷纷聚会，结队而归，始知其为黎也。"这也说明一部分编户齐民的黎族文化水平逐渐提高。

总的来说，隋唐五代时期，海南岛黎族等少数民族虽然科举成就不高，但随着地方官员在少数民族地区开办学校的努力，少数民族地区的文化水平得以逐渐提高。

## 第三节　乡儒与宋代儋州地区少数民族教育

晚唐五代，军阀割据的基础之一就是控制地方，主要是控制地方的土地、赋税和人口。在传统以农业税为主的时代，乡村是国家的经济命脉，控制乡村，就控制了地方社会。晚唐五代时期的军阀，通过镇将排挤甚至取代

---

[①] 查群：《宋代海南岛教化推广与文化秩序构建》，《海南师范大学学报》（社会科学版）2019年第2期。

[②]《地理志海南六种》，第79页。

县令的权威，达到控制地方社会的目的。① 宋朝建国后，鉴于晚唐五代混乱的局面，设置县尉，将乡村治理权逐渐收归县尉管理。962 年，诏中书门下："每县复置县尉一员，在主簿之下，俸禄与主簿同。凡盗贼、斗讼，先委镇将者，诏县令及尉复领其事。自万户至千户，各置弓手有差。"主要原因是，"五代以来，节度使补署亲随为镇将，与县令抗礼，凡公事专达于州，县吏失职。自是还统于县，镇将所主，不及乡村，但郭内而已。从枢密使赵普之言也。"②直到元丰五年(1082)，提举河北路保甲司认为："诸县尉通管县事外，惟主捕县城及草市内贼盗，乡村并责巡检管勾，缘边把截控扼巡检兵级并依旧。其定州望都、曲阳、北平、唐县，祁州蒲阴，保州保塞，广信军遂城，安肃军安肃，顺安军高阳，永宁军博野，沧州清池，霸州文安、大成，莫州任丘，雄州归信、容城，逼近边界，旧以使臣为尉，其职与内地不同，乡村盗贼，恐难一例专责巡检。欲并令尉依旧条，惟不干预教阅。"朝廷最后采纳了其建议。③ 这表明在宋代，县尉最终掌握了县的治安管理权力。④

但是，县级以下的基层社会如何管理？柳田节子的研究表明，在宋代基层社会，乡老仍然发挥着重要作用。他们掌握土地的界限与田土的高下、位置和所属关系，县令等官员也需要依靠他们处理有关土地纠纷以及如何兴修水利工程等基层社会遇到的重大问题。灾害时期，乡老还负责将百姓诉求与地方官员进行沟通，还要举行祈雨或祈晴的宗教活动等。此外，乡老还掌握本地人口与居民实际财产情况，对户口登记与赋税等级的划分有发言权。⑤

宋朝控制海南岛后，对海南的管理逐渐深入和正规化。⑥ 宋代中期，朝

---

① 林文勋、谷更有：《唐宋乡村社会力量与基层控制》，云南大学出版社，2005，第 178—179 页。
② 李焘：《续资治通鉴长编》卷三，建隆三年十二月癸巳。
③ 李焘：《续资治通鉴长编》卷三二四，元丰五年三月乙酉。
④ 陈振：《宋代的县尉》，邓广铭、徐规等主编：《宋史研究论文集(一九八四年年会编刊)》，浙江人民出版社，1987，第 311 页。
⑤ 柳田节子著，游彪译：《宋代的父老——关于宋代专制权力对农民的支配》，《漆侠先生纪念文集》，河北大学出版社，2002，第 333—335 页。
⑥ 周伟民、唐玲玲：《海南通史》(宋元卷)，人民出版社，2017，第 3 页。

廷对海南岛的统治逐渐强化。① 不过，宋朝在海南岛控制区域内的基层社会与组织的具体情况，学界涉及很少。苏轼在儋州期间，留下了部分儋州基层社会的资料，本部分通过对这些资料的分析，以管窥宋代儋州基层势力的真实情况，及其对当地少数民族进行教育的过程中所能发挥的作用。

### 一、儋州附近的乡村势力

苏轼贬谪到儋州后，起初连一个像样的住处都没有。苏轼在给好朋友张逢的信中写道："舍弟居止处，若得早成，令渠获一定居。遣物离人，而游于独，乃公之厚赐也。"②儋州刺史张中看到苏轼居住条件太差，就让人修缮驿站，即伦江驿，供苏轼居住。苏轼的居住条件由此大为改善，他给张逢的另一封信中写道："新军使来，捧教字，具审比日起居佳胜，感慰兼集。"③

但好日子没有持续多久，正在此地的广西查访使董必得知苏轼居住在伦江驿，下令苏轼搬出伦江驿，还向朝廷奏明当地官员失察，"丙子，朝散大夫、直秘阁、权知桂州、广南西路都钤辖程节降授朝奉大夫。户部员外郎谭掞降授承议郎。朝散郎、提点荆湖南路刑狱梁子美降授朝奉郎。先是，昌化军使张中役兵修伦江驿，以就房店为名，与别驾苏轼居。察访董必体究得实，而节等坐不觉察，故有是命"④。

苏轼只得另外寻找居住的地方。此次苏轼在城南找到一个地方，买地建房。苏轼在《与程秀才书》中写道："仆既病倦不出，出亦无与往还者，阖门面壁而已。新居在军城南，极湫隘，粗有竹树，烟雨蒙晦，真疍坞獠洞也。"⑤"初赁官屋数间居之，既不可住，又不欲与官员相交涉，近买地起屋五间一灶头，在南污池之侧，茂木之下，亦萧然可以杜门面壁少休也。但劳

---

①查群：《从镇州兴废看宋代海南岛经略思想的演变》，《海南师范大学学报》（社会科学版）2016年第5期。
②林冠群编注：《新编东坡海外集》，中州古籍出版社，2015，第19页。
③林冠群编注：《新编东坡海外集》，中州古籍出版社，2015，第26页。
④李焘：《续资治通鉴长编》卷五〇八，元符二年四月丙子条。
⑤林冠群编注：《新编东坡海外集》，中州古籍出版社，2015，第180页。

费窘迫尔。此中枯寂,殆非人世,然居之甚安。"他在《天庆观乳泉赋》里还说过:"吾谪居儋州,卜筑城南,邻于司命之宫。"

新的居住地点虽然很简陋,但苏轼对此非常满意。苏轼在《和陶和刘柴桑》中写道:"万劫互起灭,百年一踟躇。漂流四十年,今乃言卜居。且喜天壤间,一席亦吾庐。稍理兰桂丛,尽平狐兔墟。黄橼出旧枿,紫茗抽新畬。我本早衰人,不谓老更劬。邦君助畚锸,邻里通有无。竹屋从低深,山窗自明疏。一饱便终日,高眠忘百须,无妻老相如。"①苏轼此后还有诗《新居》,在这首诗中描写了新居附近的田园风光。"朝阳入北林,竹树散疏影。短篱寻丈间,寄我无穷境。旧居无一席,逐客犹遭屏。结茅得兹地,翳翳村巷永。数朝风雨凉,畦菊发新颖。俯仰可卒岁,何必谋二顷。"②从"结茅得兹地,翳翳村巷永"可以看到,苏轼在城南居住之所,其实是在城、郊接合部的乡村。在新居中,苏轼接触最多的是当地的乡老。苏辙在《亡兄子瞻端明墓志铭》中叙述了苏轼在新居期间交游情况:"(绍圣)四年,复以琼州别驾安置昌化。昌化,非人所居,食饮不具,药石无有。初僦官屋,以庇风雨。有司犹谓不可,则买地筑室。昌化士人,畚土运甓以助之,为屋三间。人不堪其忧,公食芋饮水,着书以为乐。时从其父老游,亦无间也。"③

苏轼在新居期间,主要交游的有黎氏兄弟。在《和陶田舍始春怀古二首并引》的引言中写有:"儋人黎子云兄弟,居城东南,躬农圃之劳。偶与军使张中同访之。居临大池,水木幽茂。坐客欲为醵钱作屋,余亦欣然同之。名其屋曰载酒堂,用渊明《始春怀古田舍》韵。"诗文中也明确记载:"(其一)退居有成言,垂老竟未践。何曾渊明归,屡作敬通免。休闲等一味,妄想生愧腼。聊将自知明,稍积在家善。城东两黎子,室迩人自远。呼我钓其池,人鱼两忘反。使君亦命驾,恨子林塘浅。(其二)茅茨破不补,嗟子乃尔贫。菜肥人愈瘦,灶闲井常勤。我欲致薄少,解衣劝坐人。临池作虚堂,雨急瓦声新。客来有美载,果熟多幽欣。丹荔破玉肤,黄柑溢芳津。借我三亩地,结

---

① 林冠群编注:《新编东坡海外集》,中州古籍出版社,2015,第128页。
② 林冠群编注:《新编东坡海外集》,中州古籍出版社,2015,第132页。
③ 苏辙著,陈宏天、高秀芳点校:《苏辙集》,中华书局,1990,第1126页。

茅为子邻。䫂舌倘可学，化为黎母民。"①

在《被酒独行，遍至子云、威、徽、先觉四黎之舍三首》中也写有："半醒半醉问诸黎，竹刺藤梢步步迷。但寻牛矢觅归路，家在牛栏西复西。总角黎家三小童，口吹葱叶送迎翁。莫作天涯万里意，溪边自有舞雩风。符老风情奈老何，朱颜减尽鬓丝多。投梭每困东邻女，换扇惟逢春梦婆。"②通过诗文可以明确，黎氏兄弟居住在农村，所以才写有"但寻牛矢觅归路，家在牛栏西复西"。

黎氏兄弟居住在农村，经济条件也相对较差，但在乡村中却有一定的影响力。《书药方赠民某君》中写有："予在儋耳，民有相殴内损者，不下粥饮，且不能言。予以家传接骨丹疗之，乃能言。又以南岳活血丹授之，下少黑血，乃能食，然尚呻号不能转动也。小圃中有地黄，然地瘠，根细如发，乃并叶捣治，饮、傅之，取血块升余，遂能起行。此人与进士黎先觉有亲，乃书以授之，使多植此药，以救人命。"③黎先觉的亲戚与他人斗殴，伤势严重，但没有走司法之路解决纠纷，可见双方都有在当地有影响力的家族势力。

除了黎氏兄弟之外，苏轼还和周边的一些老书生有交游。《东坡志林》卷一《儋耳夜书》记载："己卯上元，余在儋耳，有老书生数人来过，曰：'良月佳夜，先生能一出乎？'予欣然从之。步城西，入僧舍，历小巷，民夷杂揉，屠酤纷然，归舍已三鼓矣。"从"步城西"来看，苏轼等人应是从城郊进城的，老书生等人当居住在苏轼新居附近。

在儋州城北农村，也能见到有影响力的人。《东坡志林》卷二《唐村老人言》记载："儋耳进士黎子云言：城北十五里许有唐村，庄民之老曰允从者，年七十余，问子云言：'宰相何苦以青苗钱困我？于官有益乎？'子云言：'官患民贫富不均，富者逐什一益富，贫者取倍称，至鬻田质口不能偿，故为是法以均之。'允从笑曰：'贫富之不齐，自古已然，虽天公不能齐也，子

---

① 林冠群编注：《新编东坡海外集》，中州古籍出版社，2015，第77页。
② 林冠群编注：《新编东坡海外集》，中州古籍出版社，2015，第204—205页。
③ 林冠群编注：《新编东坡海外集》，中州古籍出版社，2015，第185页。

欲齐之乎？民之有贫富，由器用之有厚薄也。子欲磨其厚，等其薄，厚者未动，而薄者先穴矣！'元符三年，子云过予言此。负薪能谈王道，正谓允从辈耶？"允从对青苗钱的感悟，以及其与黎子云的交游来看，允从应该是唐村中有一定经济地位的长者。

在《书城北放鱼》中，苏轼记载了当时儋州城南地区有影响的人物的情况："儋耳鱼者渔于城南之陂，得鲫二十一尾，求售于东坡居士。坐客皆欣然，欲买放之。乃以木盎养鱼，舁至城北伦江之阴，吴氏之居，浣沙石之下放之。时吴氏馆客陈宗道，为举《金光明经》流水长者因缘说法念佛，以度是鱼……会者六人，吴氏之老刘某，南海符某，儋耳何旻，潮阳王介石，温陵王懿、许琦，舁者二人，吉童、奴九。元符二年三月丙寅书。"① 可见在城北中，吴氏势力比较大，文中就描述了吴氏身边除有馆客陈宗道之外，还有吴氏之老刘某，刘某可能是专门负责吴氏生产与生活的长者。

## 二、乡村势力与当地少数民族教育

宋代儋州城内，官学似乎并不发达，甚至有衰落的迹象。苏轼在《和陶示周掾祖谢》中写有："闻有古学舍，窃怀渊明欣。摄衣造两塾，窥户无一人。邦风方杞夷，庙貌犹殷因。先生馔已缺，弟子散莫臻。忍饥坐谈道，嗟我亦晚闻。永言百世祀，未补平生勤。今此复何国，岂与陈蔡邻。永愧虞仲翔，弦歌沧海滨。"② 庆历新政期间，范仲淹提出精贡举的改革主张，庆历四年（1044），朝廷下令在州县设立学校。③ 儋州一带也设有了学校，但学生并不多，出现"先生馔已缺，弟子散莫臻。忍饥坐谈道，嗟我亦晚闻"的现象，可能与地方财力不足有关。

虽然官办学校并不发达，但乡村中还是有不少读书人。苏轼新居附近，就有不少学生。苏轼在建房过程中，得到了城南学生的帮助，在另一封《与程秀才书》中写有："近与小儿子结茅数椽居之，仅庇风雨，然劳费已不赀

---

① 林冠群编注：《新编东坡海外集》，中州古籍出版社，2015，第203页。
② 林冠群编注：《新编东坡海外集》，中州古籍出版社，2015，第23页。
③ 李焘：《续资治通鉴长编》卷一五七，庆历四年三月丙子。

矣。赖十数学生助工作,躬泥水之役,愧之不可言也。"①此外,在《迁居之夕,闻邻舍儿诵书,欣然而作》中写有当地儿童读书的情景:"幽居乱蛙黾,生理半人禽。登然已可喜,况闻弦诵音。儿声自圆美,谁家两青衿。且欣习齐咻,未敢笑越吟。九龄起韶石,姜子家日南。吾道无南北,安知不生今。海阔尚挂斗,天高欲横参。荆榛短墙缺,灯火破屋深。引书与相和,置酒仍独斟。可以侑我醉,琅然如玉琴。"②

那么,究竟是哪些人从事乡村教育呢?我们可以发现,宋代儋州地方势力中有支持地方教育的。比如《书城北放鱼》中提到的吴氏馆客陈宗道,陈宗道可能是吴氏聘请的私塾教师,除了教育家族子弟外,还可能教育周边地区少数民族子弟。

另外,还有一部分乡村势力直接从事教育。释惠洪在《冷斋夜话》中记载:"有村校书,年已七十,方买妾馈客。东坡杖藜相过,村校喜,延坐其东,起为寿,且乞诗。东坡问:'所买妾年几何?'曰:'三十。'乃戏为诗,其略曰:'侍者方当而立岁,先生已是古稀年。'此老滑稽于文章如此。"③村校书就是农村从事教书的儒生。刘克庄有《村校书》一诗:"短衣穿结半瓢空,所住茅檐仅蔽风。久诵经书皆默记,试挑史传亦旁通。青灯窗下研孤学,白首山中聚小童。却羡安昌师弟子,只谈论语至三公。"④村校书,以教学为生。刘克庄的笔下,村校书似乎家庭条件并不好。但苏轼所见的村校书,七十岁还要买妾,可见此村校书家庭条件不错,当是村中的富户。

宋代儋州地区,儒学为核心的精英文化向基层社会渗透,乡村乡儒化,乡儒成为乡村社会的控制者,这对宋代海南少数民族教育有重要意义。

宋代儋州地区,部分黎族过着定居的生活,苏轼在《与程全父书》中写道:"但黎、蜑杂居,无复人理,资养所给,求辄无有。初至,僦官屋数椽,

---

①林冠群编注:《新编东坡海外集》,中州古籍出版社,2015,第142页。
②林冠群编注:《新编东坡海外集》,中州古籍出版社,2015,第132—133页。
③释惠洪:《冷斋夜话》卷五《东坡滑稽》,中华书局,1985,第25页。
④刘克庄著,王蓉贵等校点:《后村先生大全集》卷四《村校书》,四川大学出版社,2008,第131页。

近复遭迫逐，不免买地结茅，仅免露处，而囊为一空。困厄之中，何所不有，置之不足道也，聊为一笑而已。"①在《访黎子云》中他写道："野径行行遇小童，黎音笑语说坡翁。东行策杖寻黎老，打狗惊鸡似病风。"在《与殷晋安别(和送昌化军使张中罢官赴阙)》中也写有："孤生知永弃，末路嗟长勤。久安儋耳陋，日与雕题亲。"表明苏轼居住地区有诸多黎族后裔。《续资治通鉴长编》卷一七六"至和元年五月丙子"条记载："今儋、崖、万安皆与黎为境，其服属州县者为熟黎，其居山峒无征徭者为生黎，时出与郡人互市。"苏轼在《和拟古九首》中写有："黎山有幽子，形槁神独完。负薪入城市，笑我儒衣冠。生不闻诗书，岂知有孔颜。翛然独往来，荣辱未易关。日暮鸟兽散，家在孤云端。问答了不通，叹息指屡弹。似言君贵人，草莽栖龙鸾。遗我吉贝布，海风今岁寒。"这些也记录了黎族百姓过着定居生活，并且与汉族百姓过着杂居的生活。

随着乡儒势力向地方渗透，支持或者直接进行教育活动，提高了黎族的教育水平，促进了定居黎族的文化水平的提升。

## 第四节　周一娘买地券与海南少数民族华夏化②

1984年，在海口琼山府城镇林村的南宋墓中，出土了两方买地券，其内容基本一致："维绍兴十九年，太岁己巳，正月一日甲申朔，十四日丁酉，即有琼州琼山县义丰乡丁赖村居博磨里往止承陇西郡周氏一娘，行年八十六岁，因魄散松门，魂归蒿里，今就地下仙人安都承尉武夷山王事张坚固、李庭度买此地，坐甲向庚，四向各五十步，与亡人周一娘安尸，得银钱万万九千九百九十九贯九百九十九文九分九厘九毫九抹九缺，其银钱地二面交相分

---

①林冠群编注：《新编东坡海外集》，中州古籍出版社，2015，第141页。
②本部分在李文涛教授《南宋海南买地券中郡望等问题考》(《海南热带海洋学院学报》2020年第3期)基础上修改而成。

44

付讫,保人松门,见人篙里,安尸后不得拒违,太上老君急急丧口律令敕。"①

学术界对该买地券的研究,主要以道教文化、佛教文化在海南的扩散视角。但细读该买地券,还有值得进一步研究之处。

该买地券令人生疑之处为"居博磨里往止承陇西郡周氏一娘",周氏一娘的郡望为陇西,与历史和习惯颇不符合。郡望的产生与门阀制度发展相关,郡望反映了门阀高低及其社会地位,因此即使在同姓中也严格郡望,防止混淆郡望导致婚姻、官宦等失序。

周姓的来源,据《通志》卷二六《氏族略·以国为氏》记载:"周氏:姬姓,黄帝之苗裔……赧王为秦所灭,黜为庶人,百姓号曰周家,因为氏焉。又平王之子别封汝南者,亦为周氏,见志犹详。又有周公,夏肩之后,世为周卿士。又商有太史周任,岂其食采于周与?又秦相有周恢。又有姬氏,唐先天中避明皇嫌名改为周氏。又上元中,暨佐时准制改为周氏。又代北复姓有贺鲁氏改为周氏。又时魏献帝次兄普氏改为周氏。又后周改周氏为车非氏。"②

周姓的郡望,唐代《新集天下姓望氏族谱》文献记载:"豫州汝南郡,出二十六姓:周……常州晋陵郡,出四姓:蒋、苻、莫、周……太山郡四姓:兖州。胡、周、羊、鲍……沛郡三姓:徐州。朱、张、周。"③从中我们可以发现,唐代周姓郡望主要在汝南郡、晋陵郡、太山郡、沛郡。随着隋唐时期人口的迁徙,也出现了一些新的郡望。根据《古今姓氏辨证》记载,周氏旧望八处:沛国、陈留、汝南、寻阳、临川、庐江、太山。新望九处:河间永安、临汝、华阴、河东汾阴、清河、江陵、长安、河南、昭州。这些郡望,大都分布在今天河南、河北、山西、陕西一带。④唐代周氏郡望并无陇西。

郡望与婚宦、仕途密切相关,《新唐书·儒学传中·柳冲传》记载:"魏

---

① 高文杰:《海南出土宋代买地券考》,《中原文物》2012年第2期。
② 郑樵著,王树民点校:《通典二十略》,中华书局,1995,第40页。
③ 郑炳林:《敦煌地理文书汇集校注》,甘肃教育出版社,1989,第323—328页。
④ 邓名世:《古今姓氏辨证》,江西人民出版社,2006,第260—266页。

氏立九品，置中正，尊世胄，卑寒士，权归右姓已。其州大中正、主簿，郡中正、功曹，皆取着姓士族为之，以定门胄，品藻人物。晋、宋因之，始尚姓已。然其别贵贱，分士庶，不可易也。于时有司选举，必稽谱籍，而考其真伪。故官有世胄，谱有世官，贾氏、王氏谱学出焉。由是有谱局，令史职皆具。"

魏晋南北朝时期，南北士人流动比较频繁，出现郡望混乱的现象。辨别郡望，通晓谱牒成为专门的学问。《隋唐嘉话》卷上记载："秦王府仓曹李守素，尤精谱学，人号为'肉谱'。"①《大唐新语》卷九记载："代有释昙刚制《山东士大夫类例》三卷，其假冒者悉不录，署云'相州僧昙刚撰'。左散骑常侍柳冲，亦明氏族，中宗朝为相州刺史，询问旧老，咸云自隋朝以来，不闻有僧昙刚。盖惧见害于时，而匿其名氏耳。"此事反映出朝廷对当时冒充山东郡望士族的不满。

唐朝时期，出身低微的人冒充社会地位高的姓氏郡望成为普遍现象。《新唐书·高俭传》记载："古者受姓受氏以旌有功，是时人皆土著，故名宗望姓，举郡国自表，而谱系兴焉，所以推叙昭穆，使百代不得相乱也。遭晋播迁，胡丑乱华，百宗荡析，士去坟墓，子孙犹挟系录，以示所承，而阀阅显者，至卖昏求财，汨丧廉耻。唐初流弊仍甚，天子屡抑不为衰。至中叶，风教又薄，谱录都废，公靡常产之拘，士亡旧德之传，言李悉出陇西，言刘悉出彭城，悠悠世诈，讫无考按，冠冕皂隶，混为一区，可太息哉！"

五代之后，门阀制度退出历史舞台，人们逐渐以户籍所在地来表明自己；郡望成为一种象征。《十驾斋养新录》卷一二《郡望》记载："自魏晋以门第取士，单寒之家，屏弃不齿，而士大夫始以郡望自矜。唐宋重进士科，士皆投牒就试，无流品之分，而唐世犹尚氏族，奉敕第其甲乙，勒为成书。五季之乱，潜牒散失，争宋而私谱盛行，朝廷不复过而问焉。士既贵显，多寄居他乡，不知有郡望者，盖五六百年。惟民间嫁娶名帖，偶一用之。言王必曰琅琊，言李必曰陇西，言崔必曰清河，言刘必曰彭城，言周必曰汝南，言

---

① 刘𬟽：《隋唐嘉话》，中华书局，1979，第4页。

顾必曰武陵，言朱必曰沛国。至于始祖何人，迁徙何自，概自不问，此习俗至甚可笑者也。"①

五代之后的人们，言郡望之说社会上最流行的，也是隋唐时期最高贵门阀郡望，郡望在宋代之后的中国成为一种象征性的东西。

因此，海南买地券中的周氏一娘，按照隋唐郡望，周氏应该在旧望八处、新望九处之中；按照宋代的社会习俗，周氏郡望为汝南郡。买地券中周氏一娘郡望为"陇西郡"，既不在隋唐新旧郡望之中，又不用宋代以后流行的汝南郡。造成这种现象的原因，笔者认为，可能与周氏的族群为黎族以及买地券的性质相关。

北宋初年，海南岛纳入中央版图后，朝廷采取因俗而治的办法，《续资治通鉴》卷七记载："初，平岭南，命太子中允周仁浚知琼州，以儋、崖、振、万安属焉。帝谓宰相曰：'遐荒烟瘴，不必别命正官，且令仁浚择伪官，因其俗治之。'辛卯，仁浚列上骆崇璨等四人，帝曰：'各授检校官，俾知州事，徐观其效可也。'"宋徽宗时期，中央政权统治力量一度到达海南中部山区，"昔崇宁中，王祖道经略广西，抚定黎贼九百七峒，结丁口六万四千，开通道路一千二百余里，自以为汉唐以来所不臣之地，皆入版图，官僚皆受厚赏"。在中部山区，还设置了统治机构："遂以安口隘为允州，中古州地为格州，增提举溪峒官三员。又言羁縻知地州罗文诚、文州罗更晏、兰州韦晏闹、那州罗更从皆内附，请于黎母山心立镇州，为下都督府，赐军额曰静海，知州领海南安抚都监，徙万安军于水口。"但在政和年间，所设置的统治机构镇州被废除，可见当时中央政权力量还无法在黎族聚集区立足。②

唐宋力图将统治力量延伸到黎族居住的山区，均以失败告终。但在平原地区，很多地方黎汉杂居，华夏文化逐渐被黎族接受。唐太宗时期，王义方被贬为儋州吉安丞，在当地推广教育，"蛮俗荒梗，义方召诸首领，集生徒，亲为讲经，行释奠之礼；清歌吹钥，登降有序，蛮酋大喜。"天宝年间，在今

---

①钱大昕：《十驾斋养新录》，上海书店出版社，1983，第268页。
②查群：《从镇州兴废看宋代海南岛经略思想的演变》，《海南师范大学学报》(社会科学版)2016年第5期。

海口琼山一带，"十月作田，正月收粟。养蚕八度，收稻再度。男着木笠，女着布絮。人皆雕蹄凿齿，绣面鼻饮，是其异也"①。此处"人皆雕蹄凿齿，绣面鼻饮"的居民，是保留本民族风俗的黎族人，但他们都是已经从事农业生产的居民。苏轼谪居儋州时，创作了大量反映黎汉交融的诗歌。《书上元夜游》记载；"己卯上元，予在儋州……步城西，入僧舍，历小巷，民夷杂糅，屠沽纷然。"反映在儋州城内，汉人与黎族人混居。《用过韵冬至与诸生饮酒》中写道："小酒生黎法，干糟瓦盎中。芳辛知有毒，滴沥取无穷。"反映当时黎族酿酒技术已为汉族所接受。《欧阳晦夫遗接䍦琴枕戏作此诗谢之》中也记有："携儿过岭今七年，晚途更着黎衣冠。白头穿林要藤帽，赤脚渡水须花缦。"可见黎族服饰也受到汉人的喜欢。《劝农六首》中记有："咨尔汉黎，均是一民。鄙夷不训，夫岂其真。怨忿劫质，寻戈相因。欺谩莫诉，曲自我人。天祸尔土，不麦不稷。民无用物，怪珍是殖。播厥熏木，腐余是穑。贪夫污吏，鹰鸷狼食。……逸谚戏侮，博弈顽鄙。投之生黎，俾勿冠履。霜降稻实，千箱一轨。大作尔社，一醉醇美。"反映苏轼要求周边黎族和汉族都要从事农业生产。

苏轼在《劝农六首》还提到有"生黎"。"生黎"与"熟黎"之称最早见于宋人范成大的《桂海虞衡志》："黎，海南四郡岛土蛮也。……岛之中有黎母山，诸蛮环居四傍，号黎人。内为生黎，外为熟黎。……蛮去省地远，不供赋役者名生黎，耕作省地供赋役者，名熟黎。"②后来"生黎"与"熟黎"之分，主要是从统治者的角度来划分的，成为封建统治者对接受和不接受统治的两种黎族人的称呼。所谓"生黎"，是指不向国家缴纳赋税的黎族人。熟黎则是经过编户齐民，向国家缴纳赋税的黎族人。《续资治通鉴长编》卷一七六"至和元年五月丙子"条记载："今儋、崖、万安皆与黎为境，其服属州县者为熟黎，其居山峒无征徭者为生黎，时出与郡人互市。"不过，也有部分熟黎，是与黎族同胞杂居的汉人。《岭南代答·外国门·海外黎蛮》记载："熟黎多湖广、

---

① 真人元开著，汪向荣校注：《唐大和尚东征传》，中华书局，1979，第69页。
② 范成大撰，孔凡礼点校：《范成大笔记六种》，中华书局，2002年，第157页。

福建之奸民也，狡悍祸贼，外虽供赋于官，而阴结生黎以侵省地，邀掠行旅、居民，官吏经由村峒，多舍其家。"由于与汉族长期接触，一些黎族人也懂得了汉语，"黎族人半能汉语，十百为群，变服入州县墟市，人莫辨焉。日将晚，或吹牛角为声，则纷纷聚会，结队而归，始知其为黎也"。

由于黎族人过着定居的生活，在北宋就记载当时黎族人与外来移民发生冲突，《续资治通鉴长编》卷三一〇"元丰三年十二月庚申条"记载："今既投降入省地，止纳丁身及量纳苗米，而海北之民，乃作请田文字，查其田土，使无所耕种。又或因商贩以少许物货令虚增钱数，立契买峒民田土，岁久侵占，引惹词讼，比及官司追逮，往往拔刀相杀，乞一切禁止。黎峒宽敞，极有可为良田处，欲候将来事定选官，拣愿耕少壮之人，籍成保甲，与黎族人杂处分耕。各限以顷亩，教以弓矢武艺，足以枝梧边寇。"

随着黎族定居生活以及移民的增长，宋代，在海南北部的郡县，政府所控制的人口增加，《旧唐书》记载："崖州下，隋珠崖郡，旧领县七，户六千六百四十六。"唐朝的崖州，其治所在今海口一带。到了宋代，"琼州，元丰户八千九百六十三"。宋代琼州，治所也在海口附近。从唐朝到宋朝，琼州一带政府控制的人口只增加了二千余户，增长率比较低，但比起海南岛其他地区，政府直接控制人口的增长还是可观的。随着经济文化的交流，宋代民族融合的趋势加快。[①] 宋代黎族文化吸收了诸多汉族文化，特别是唐宋贬谪文化因素。

在宋代，即便是编户齐民的黎族，其族群在地方影响力仍然很大，绍兴三十年（1160），"初知琼州定南寨刘荐贷黎族人王文满银马香钱而不偿，文满怒，率其徒破定南寨，荐遁去，其子为所执。文满遂掠临高澄迈二县。广西转运判官邓祚时为琼管安抚，调土兵击文满，逐之，夺其田以赐有功者，至是以闻"[②]。黎族人王文满因不满刘荐赊欠，率领族人攻破定南寨，并掠夺府君地区，此事发生在绍兴初年，但持续了近三十年，可见当地的黎族人势

---

[①] 李超：《宋代黎族分布和王朝治黎政策》，《海南热带海洋学院学报》2019年第3期。
[②] 李心传：《建炎以来系年要录》，中华书局，1988，第3131—3132页。

力庞大。从"夺其田以赐有功者"来看，王文满应该是定居的黎族人，属于编户齐民的黎族体系。

部分黎族被编户齐民后，要向国家缴纳赋税。在户口登记的过程中，自然产生姓名。黎族平时只称呼名字，在要了解其各种社会背景时，才称呼姓。黎族没有文字，在编户齐民的过程中，黎族在原有姓氏基础上，取一个相应的恰当的汉姓。① 南宋时，黎族主要的姓氏为黎姓和王姓，"四郡之人多黎姓，盖其裔族。而今黎族人乃多姓王云。"②据现有的文献，隋唐海南岛黎族姓氏还有陈姓、林姓、符姓、黄姓。周姓也是现在黎族主要姓氏，但唐宋史籍中几乎没有记载周姓黎族人。在明朝永乐年间(1403—1424)，史书出现周姓黎族人活动情况，《明史·广西土司传三》记载："(永乐八年)文昌县斩脚寨黎首周振生等来归，赐以钞币，俾仍往招诸峒。九年，临高县典史王寄扶奉命招至生黎二千余户，而以峒首王乃等来朝。命寄扶为县主簿，并赐王乃等钞。十一年，琼山县东洋都民周孔洙招谕包黎等村黎族人王观巧等二百三十户，愿附籍为民。"周姓黎族人较早出现在史籍中是明初，但这个黎族人姓氏的时间出现应该比较早，唐宋出现的可能性也是存在的。

如果买地券中的周氏一娘是黎族，则其郡望与汉族周姓不相同，这种情况是可以理解的。宋代海南岛平原地区黎汉接触频繁，黎族也自然接受了汉人郡望的概念。但为什么不直接写郡望汝南呢？这可能与买地券的性质有关，买地券是人与神定的契约。③ 买地券是向神购买阴间土地的契约，契约要保证其真实性，所以周氏一娘买地券郡望不能为汝南；但周氏一娘家族受到华夏文化的影响，虚构郡望为陇西。这种灵活处理方式，符合少数民族华夏化过程中处理的方式。

中国历史上，少数民族受到华夏文化影响，在有关自己身份的认定中，

---

①高泽强：《有趣的黎族姓氏》，《琼州大学学报》2000年第4期。
②李心传：《建炎以来系年要录》，中华书局，1988，第3132页。
③鲁西奇：《汉代买地券的渊源、实质与意义》，《中国史研究》2006年第1期。

往往有"攀附先世"情况。① 在关于海南历史的研究中,由于资料的局限性与研究视野的限制,出身黎族却认同华夏文化的这部分人群难以得到关注。故而在研究中很少揭示海南黎族华夏化过程中如何进行身份认同。周氏一娘买地券揭示了部分黎族受到教育后,随着文化水平的提高,接受了华夏的文化,也开始对自己的祖先与郡望进行了构造,认为自己祖先来自中原地区,反映出这部分黎族逐渐进入中华体系之中。

---

①仇鹿鸣:《"攀附先世"与"伪冒士籍"——以渤海高氏为中心的研究》,《历史研究》2008年第2期。

# 第三章 明朝海南少数民族教育

明朝时期,海南不再被视为化外之地;与此同时,随着海南政治军事地位的提高,有志之士建议在海南大力发展少数民族教育。除此之外,明朝政府重视对海南土官子弟的教育,海南土官子弟文化水平大为提高,进而成为当地社会精英。明朝少数民族族群在科举上也取得了很大成就,琼山出现了黎族科举聚落。少数民族教育也使得编户齐民的黎族后裔出现祖先认同,其中典型的是李德裕后裔化黎的传说。

## 第一节 明朝海南少数民族教育政策与成就

明朝统治海南后,已经不将海南岛看成化外之地。《明太祖实录》卷四八记载,洪武三年(1370)正月壬寅,"吏部奏凡庶官有罪被黜者宜除广东儋崖等处,上曰:'前代谓儋崖为化外以处罪人,朕今天下一家,何用如此。若其风俗未淳,更宜择良吏以化导之,岂宜以有罪人居耶。'"因此,明朝对海南岛少数民族,采取了"化导"的措施。永乐四年(1406)三月,琼州属县生黎峒首罗显、许志广、陈忠等三十人来朝。"初,以生黎多未向化,遣通判刘铭赍诏招抚。至是,向化者万余户。……自是诸黎感悦,相继来归。仍敕陈忠等归谕村峒人民,免其供应差发。敕谕琼山县南岐村首黎陈忠等:'恁每都是好百姓。此先只为军卫有司官吏不才,苦害恁上头,恁每害怕了,不肯出来。如今听得朝廷差人来招谕，便都一心向化，出来朝见。都赏赐了回去！今后恁村峒人民都不要供应差发，从便安心乐业，享太平的福。但是军卫有司官吏、军民人等非法生事，扰害恁的，便将着这敕谕，直到京城来说，我将大法度治他。故谕。'"①

明朝统治者十分重视学校教育，立国之初就确立了"治国以教化为先，教化以学校为本"的文教政策，要求大力发展教育。《明史·选举志一》记载"洪武二年，太祖初建国学，谕中书省臣曰：'学校之教，至元其弊极矣。上下之间，波颓风靡，学校虽设，名存实亡。兵变以来，人习战争，惟知干戈，莫识俎豆。朕惟治国以教化为先，教化以学校为本。京师虽有太学，而天下学校未兴。宜令郡县皆立学校，延师儒，授生徒，讲论圣道，使人日渐月化，以复先王之旧。'于是大建学校，府设教授，州设学正，县设教谕，各一。俱设训导，府四，州三，县二。生员之数，府学四十人，州、县以次减十。师生月廪食米，人六斗，有司给以鱼肉。学官月俸有差。生员专治一经，以礼、乐、射、御、书、数设科分教，务求实才，顽不率者黜之。十五年，颁学规于国子监，又颁禁例十二条于天下，镌立卧碑，置明伦堂之左。其不遵者，以违制论。盖无地而不设之学，无人而不纳之教。庠声序音，重规叠矩，无间于下邑荒徼，山陬海涯。此明代学校之盛，唐、宋以来所不及也。"

明朝所设的官方学校里除了发展儒学，还大力发展社学等。《明史·选举志一》中记载："社学，自洪武八年，延师以教民间子弟，兼读《御制大诰》及本朝律令。正统时，许补儒学生员。弘治十七年，令各府、州、县建立社学，选择明师，民间幼童十五以下者送入读书，讲习冠、婚、丧、祭之礼。然其法久废，浸不举行。"

虽然有些官员认为海南岛是边远之境，不必设学，但随着海南经济文化的发展，更多有识之士认识到在海南少数民族地区发展教育事业的重要性。韩俊在成化年间（1465—1487）奏稿建议，"今方生齿众多，土地垦开，山岚

---

①黄佐：《嘉靖广东通志·琼州府》，海南出版社，2006，第526页。

瘴气已消灭八九。因无政教,以治化之,是以蠢尔黎蛮,但以弓矢相尚,不知礼义相先,一遇有司刻剥,随即倡为悖逆。自臣生长以来,曾见三次矣。前后戮杀人民,伤害军士,费耗钱粮,盖不可以千万计也。为今之计,莫若革去土舍、峒首,立以州县屯所。量拨在外军民,杂处其中。方引辟开五指山十字道路,均通四处往来。遍立地方吏、甲,严为法制禁约。除军与余丁外,余人有持弓矢者,就便擒拿赴官,问边远充军。夫然数年之后,老者弃弓不持,幼者忘弓不执,武艺自废,礼乐方兴。虽有贪官污吏生事刻剥,亦得与州县小民隐忍甘受,谁敢倡为乱阶,伤民害物至于此哉。"①韩俊看到海南岛中部土地开垦后,人口增多,但因未设置学校对百姓进行教育,产生诸多问题,因此建议设立屯所,创办各级学校发展教育。

林如楚在看到水会城设置学校之后,效果很好,要求在海南其他少数民族聚集地区也兴办学校,发展教育。他在《琼岛图说》中建议:"昔之画黎者,以征抚为入门,开十字路为实地。今水会城,抚绥有官,守御有所,敷教有塾,通商有市,民黎熙熙,已隐然州邑规模,而又据诸獠腹心矣。东达万、陵,西通儋、感,北出琼、定,十字已丁矣。若逾五指而抵崖一路,中草聘、阳春、磨菜、草提、合唠诸黎,虽新招纳粮向化,而喃恺、喃唠、磨菜、磨赞、番统、降文、磨唊与崖之凡阳诸岐峒,络绎二百余里,皆人力之所不至之地。诸獠兽聚山谷,别为世界,据一时兵力非不可介,然成路能保其终不茅塞乎?今诚与崖招村辟村,招峒辟峒,山泽气通,混屯自判,如冻解之后,蛰虫悉启户而出,则全岛舆图,宁是十三州邑哉?"②

海瑞在《平黎疏》中指出:"黎族人居处皆宽广峒场,耕作皆膏腴田地,非得地不可耕而食。文昌县斩脚峒等黎,琼山县南岐峒等黎,今悉输赋听役,与吾治地百姓无异。儋州七方峒今亦习书句、能正语。以此例之,非得人不可畜而使……伏乞陛下明敕群臣中知识事机、力可大任、不贪富贵、志在立功者,以之充兵备副使,以专治黎之任。琼去京师万里,当事请裁,或

---

①《康熙文昌县志》卷一〇《艺文志·节录议平黎疏》,第225—226页。
②《道光琼州府志》卷二二《海黎志》,第917—918页。

致迟误。设县立所，限其大概；乘机审势，听其便宜。凡一切招民、置军、设里、建学、迁创县所、屯田、巡司、驿递诸事宜，许抚臣等从中节制，年年借用。"①

俞大遒认为："五年之后，事宜已定，渐次制其土舍，行令更为里长，该管黎族人就编属之，以为甲首。纳粮之外，不得再加差役。其各州县掌印官务将管下黎族人，严禁童女不得如前披发纹身，男子务着衣衫，不得仍前赤身露腿。各村黎童之幼小者，设社学以教之，使其能言识字。每一年之间，守巡官查考各州县官变化各熟黎几村，招抚过生黎为熟者几村，具呈抚按衙门，以为殿最。如此经略，渐次举行，熟黎既不得倚生黎以为祸，土舍亦不得假熟黎以生奸，不数年间，皆登州县之版籍也矣。"②

杨理在《上欧阳郡守四事》中说道："今见本府文昌等县，失业良民实难度日，是有人而无可耕之田；又见本卫十一所屯军，多懒惰不务农，为强窃祸害乡村，是有田而无肯耕之人。俱为失处。从今凡遇征剿之后，黎既死散，即招前项文昌等民列村居住，分耕其田，十一所之屯随近拨还州县，给民耕种，照民苗起科，而移军人屯于此。凡有一征，必此一举，且随其所近处之数征之，后则通郡皆有处矣。如此，则穷民无流离之苦，强军无侵盗之害，并军民丛聚之势，可以御侵内之黎，陶衣服伦理之久，可以变化外之俗。所谓立州、立县、置学、置师，皆不劳而定矣。"③

海南岛的官员，也多有重视少数民族教育之人。

林如楚，"福建人。先以副使督广东学政，万历三十年复起，以按察使分巡海南。厘剔诸弊，注意学校，考课先德行而后文艺，士风丕变。时郡以马矢之役，供亿绎骚，百姓疲敝，如楚镇以清静。黎平后建水会所，设城池，创公廨，议兵饷，严守御，立社学，化黎童，综理微密，阖郡晏然"④。

翁汝遇，"浙江仁和人，进士，万历三十七年任。兴利厘弊，施药赈贫，

---

①海瑞：《海瑞集》，海南出版社，2004，第113—114页。
②《道光琼州府志》卷二二《海黎志》，第928页。
③《道光琼州府志》卷二二《海黎志》，第930—931页。
④《乾隆琼州府志》卷五《职官志·监司》，第552页。

训课士子，安集流离。建桥梁以免厉揭，谨烽堠而亲守望。旱祷格天，抚黎向化。四十一年，调河南卫辉府，去任"①。

吴俸，"浙江会稽人，府通判。琼自万历二十年以督捕兼抚黎，至二十九年添设抚黎通判。俸乘马矢剿定之余，开示信义，招抚黎族人，听招者数十峒。时建设水会所社学，取府学生儒教黎童习读，黎族人因此知学"②。

罗杰，"南昌人，成化九年知儋州，廉明多绩。兴学校，黜淫祠，疏水利，建桥梁，抚循生黎，儋俗丕变。以内艰去，百姓流泣随送"③。

萧宏鲁，"庐陵人，嘉靖初知儋州。修社学，招生黎。在任七年，以廉能著声，民谣云'七载廉能怀老萧'。升金华府同知"④。

郑邦直，"云南永昌人，万历中知崖州。兴利除害，缓征恤刑，加意茕独，作养人才，捐俸买田赡学士，民尸祝之。祀名宦"⑤。

瞿罕，"湖广黄梅廪生。崇祯六年，注《孝经疏义》进呈。十三年，征辟，授知崖州，以兴教育才为己任"⑥。

吕琳，"四明人，天顺间判儋州，刚果有为。兴学校，课农桑，化刁强，除盗贼，政绩赫然"⑦。

董俊，"河南人，洪武二年知昌化。时方新附，民犹梗化，俊有干局，明礼法，宣威德，劝农桑，兴学校，黎民乐业，士类兴行。后升知睢州"。

崔帖穆，"北庭人，洪武间知临高。纯良好善，招黎向化。后升儋守，有政声"⑧。

吴定实，"南昌人，永乐间由上海典史升定安知县。才能练达，善抚民

---

① 《乾隆琼州府志》卷五《职官志·郡守》，第559页。
② 《乾隆琼州府志》卷五《职官志·郡守》，第560页。
③ 《乾隆琼州府志》卷五《职官志·州牧》，第564页。
④ 《乾隆琼州府志》卷五《职官志·州牧》，第565页。
⑤ 《乾隆琼州府志》卷五《职官志·州牧》，第566页。
⑥ 《乾隆琼州府志》卷五《职官志·州牧》，第566页。
⑦ 《乾隆琼州府志》卷五《职官志·州牧》，第566页。
⑧ 《乾隆琼州府志》卷五《职官志·县令》，第570页

黎。拆毁黎神庙，革黎族人杀牛祀鬼之俗。任满，因民请，复任三年。祀名宦"。①

黄道充，"江西南城人，知感恩。赈饥化黎，遐迩歌颂"②。

徐琦，"字廷振。正统举人，授崖州知州：崖民多黎，戴竹笠子，垂髻，来见。琦喻以服色当从中国，为易方巾直领之制；简率俊秀，使趋于学，教以婚丧礼。在崖九年，俗为之变"③。

成化初年，涂棐在儋州知州期间，大力兴办社学，在黎族和疍民等聚集区增加社学数量，"若乃仁温乡之抱驿都，其先已有长坡、田头、大村、大员诸社矣，今又东取乐基为一社，均之为教黎也。取仁温乡之大英都为一社，则灶、疍皆教焉。呜呼，儋之民有四，而教始均，天其以成我公之美，而均之于余乎"④。

汪廷贞，"湖广石首人，为盐课提举。公寓海外琼郡，立沿海诸场社学，以教俊秀。其在小英者曰乐古书院，置义产为诸生膏火，专使延请新会陈献章主讲，以老病辞，因复书致意，廷贞录书刻石于小英，筑一亭，名曰'怀沙'"⑤。汪廷贞兴办的社学，主要以教育疍民子弟为主。

在万宁也有疍民子弟读书的社学，"民社学六，曰周屯社学，在会通都；冯吴社学，在仁孝都；莲塘社学，在南城都；小南山社学，在富仁都；番浦社学，在福泽都；椰屯社学，在明德都"⑥。会通都是疍民聚集地，周屯社学主要学员是疍民子弟。

万宁的疍民教育也因社学的建立而大有发展，万宁有不少疍民子弟考中秀才，"河泊所鱼课……凡疍籍人丁有充员役，止优免在州粮，不优免在州丁。于万历四十一年，疍籍生员钟元声、周翙运等赴提学道副使姚告免所中

---

①《乾隆琼州府志》卷五《职官志·县令》，第575页。
②《乾隆琼州府志》卷五《职官志·县令》，第576页。
③周广：《广东考古辑要》卷三七《名宦》。
④《万历儋州志·人集》，第233页。
⑤《咸丰琼山县志》卷一八《官师志》，第733页。
⑥《康熙万州志》卷二《学校志·社学书院》，《万州志二种》，第77页。

丁课，蒙准批州查审。该本州知州曾审将疍籍生员除免州中米二石，又再免所课米二石，折作二丁，如民籍充员役免丁之数。免去课银，以通所课米，通融均派，充额随据。各疍唯唯，金同以励疍家将来子弟。申详批允，就四十四年为始"①。从中可以看到，钟元声、周翊运是考中秀才的。又由于万宁疍民子弟考中秀才比较多，所以要免除这些人的徭役，以鼓励更多疍家子弟求学上进。

海南的回族主要依靠教内有知识之人来传授知识，"礼拜寺，在州东一百里番人村，洪武间建。中只作木庵，刻番书……有识番书称先生者，俱穿白布法衣"②。

明代海南少数族群通过教育取得的科举成就，可以通过编户齐民都图来判断。明代海南少数民族编户齐民的都图有：

琼山：烈楼都图二(第二图疍)；西黎都(黎)。

澄迈：那留都(民、疍)；丰盈都(民、疍)；都水图二(俱疍)。西黎都(黎)，西黎中都(黎)；南黎都二(俱黎)。

临高县：英丘都二图(民、疍)；英丘都三图(民、疍)；英丘都四图(民、疍)，东塘都二图(民、疍)，西塘都三图(民、疍)。

定安：南乡，在县南，领都里十一。南远都，南间里二。思河都，光螺都(以上四都里俱黎)。

文昌：奉化乡，在县西，领都图十，迈陈都三图(疍)，迈陈都四图(疍)。

会同：太平乡，在县东北，领都图七，太平都三图(疍)。

乐会：博鳌蒲莫村都(疍)。

儋州：人温乡，在县东南，领都图十三。新英都图三(旧九图，今并。俱疍)，大英都图三(旧十一图，今并。俱疍)，抱驿都图五(旧二十三图，累并。俱黎)。

---

① 《万历儋州志·天集·丁役》，第86—87页。
② 《正德琼台志》卷二七《寺观·崖州》，第574页。

昌化：居仁乡，南黎都；由义乡，北黎都。

万州：会通都(疍)；买扶都，黎兴都，卑凹都，思马都，卑纽都，普礼都。

陵水：那亮二图(民、疍、灶)，岭脚乡二图(民、灶、疍)。

崖州：董平里三(今属黎)，保平里，望楼里，番坊里，大疍里(上四里俱疍)。①

此外，《万历琼州府志》记载，琼山县，"永兴乡……东黎一，向化久编差；东黎二，近增入"。澄迈县："疍籍：东水一都；东水二都。四黎籍：西黎一都；西黎终都；南黎一都；南黎二都。崖州……五都，六都，七都(以上俱属董平乡，多管黎土舍，借在图眼版籍熟黎户)。保平里，番坊里，望楼里，所三亚(以上四里属河泊所，番疍采鱼纳课，多佃食民田)"。②

根据上书记载，结合相关资料，我们可以发现明朝诸多海南少数族群开始接受儒学教育，并在科举上取得了不少成就。《康熙琼州府志》卷七《人物志》记载了明朝崖州少数族群科举情况："县学：陈子瑞，五都人，镇江知事。黄孔文，五都人，交趾云屯知县。潘隆，五都人，监生。吴何敬，五都人，交趾右藤县县丞。黄钟，五都人，南京刑部检校。郑芳，五都人，海北盐仓大使。王安，五都，海北盐课提举司批验所大使。王宣，五都人，句容主簿。王富，五都人，冠带。冯廷器，五都人，廷圭之弟，北流训导。冯廷圭，光之子，兴业训导。符铭，五都人，梧州守御所吏目。黄福，五都人，昌化训导。符山，五都人，琼山训导。潘桂，五都人，化州教谕。冯文宪，五都人，广西按察司照磨。王有本，五都人，淮府教。陈高，保平人，漳浦知县。徐鉴，保平人，藤县训导。秦一麟保平人，苏州训导。陈廷，保平人，藤县教谕。麦克谦，番坊人，柳州照磨。麦全，番坊人，监生。此外，还有五都人王景祥、王以武、赵纪、郑江、麦盛(系洪熙贡)、潘澄、王隆、王文彦。保平人陈俊、王本谦。番坊人麦齐。董平乡人，陈成章。"

---

①《正德琼台志》卷一二《乡都》，第279—283页。
②《万历琼州府志》卷三《地理志·乡都》，第108—111页。

据以上可知，明朝有海南生员三十余名，其中不少海南生员还外出为官。另外，崖州人蒲盛因为文化水平比较高，还在明朝鸿胪司担任翻译官。"蒲盛，回村人，以晓占城番字，授鸿胪司宾署序班"①。因明朝和阿拉伯地区往来频繁，蒲盛才有机会从事翻译工作。

澄迈县学之中，"徐养裕，西黎族人"②，可以明确判断黎族后裔徐养裕考中秀才。明朝澄迈县学中有很多丰盈都和那留都的人，但是否为疍民后裔，由于史料缺乏，并不确定其身份。

明代临高县没有黎族都图的记载，从相关记载中，依然可以推断出一些黎族后裔居住的都图，只不过这些都图的黎族后裔也已编户齐民，与汉族没有差别，史书上对他们已经无差别对待了。《光绪临高县志》卷五《建置志》记载："田牌巡检司，旧在县城南二十里之蚕村都。"③"县属现存熟黎二峒，曰番溪峒，曰旱青峒，厂袋白里。自县城正南一百四十里人番溪峒，向设峒长一名管黎⋯⋯自县城西南一百八十里人熟黎阜青峒，设峒一名管黎。"④从以上记载可知，明朝在临高县城南二十里至一百八十里均是编户齐民黎族后裔生活区域。这些区域在明朝为新化乡，"距县治之南。领都四，图二十有三。安历都，曰名探历，今改此，领图四。蚕村都领图五。罗绵都旧名那绵，今改此，领图五。遵宪都旧名黎畔，今改此，领图九"⑤。

这些都图现在分布在临高的南部，罗（那）绵都领五图，为现在波莲镇的乾彩、和绵、和郎至新盈镇的龙兰、和东和南宝乡的武郎、郎基、松梅等地区。

蚕村都领五图，为现在博厚镇的南贤、透滩、抱河、抱珍，美台乡的头星、吾鲁，多文镇的抱利、头神，红华农场的抱桂、进贤等地和龙波镇的大部分地区。

---

① 《光绪崖州志》，第440页。
② 《康熙琼州府志》卷七《人物志》，第596页。
③ 《光绪临高县志》，第115页。
④ 《光绪临高县志》，第388页。
⑤ 《光绪临高县志》，第94页。

探(安)历都领四图，为现在皇桐乡的富雄、金波、古风、武维、美香到红华农场的拔吉、雅训等地区。

遵宪(黎畔)都领九图，为现在加来农场、和舍镇、东江、南宝乡的大部分地区和美台乡的抱瑞、录道等地区。①

以现在地图来看，新化乡分布在今临高、儋州交界处，为古代黎族活动频繁的区域。

《康熙临高县志》记载，明朝张赵德，"遵宪人，永乐初举人才"。举人中有：王子中，永乐戊子乙科，授柳州府同知；罗公著，那虞人，永乐癸卯乙科。王佐，蚕村人，历高州、邵武、临江三府同知，统丁卯乙科。吴瑞，蚕村人，府学中正德丙子科式。吴日乙，蚕村人，由府学中嘉靖乙酉科式，天资颖异，措辞奇古，授兴业知县。

贡监：秦彝，罗绵人，授交趾三江府通判。林悠成，那虞人，授交趾通判。吴善政，蚕村人，授交趾巡检。张志，遵宪人，授浙江诸暨县丞。王敏，安历人，授南直六安州吏目。王京，罗绵人，寿宁知县。吴仁，蚕村人，授江西上饶训导。吴道贤，蚕村人，授海康教谕。王智之，安历人，授永淳教谕。张维屏，遵宪人，授江西吉安府经历，历零都知县。曾唯，蚕村人，徐闻教谕。谢乔，罗绵人，授侯官主簿，历长汀县丞，淮府纪善。王之屏，罗绵人，授灵山训导，历从化教谕。吴日壬，蚕村人，授雷州府训导。王弼，蚕村人，授福建汀州府经历。吴愈曾，蚕村人，授永安训导。李仕栋，遵宪人，授翁源训导。

此外，还有遵宪人张沐、王会极、符道元、王仕英、符信通、王佩、李应会、王化淳、符璿、冼梦松。安历人王聪、王源、丘嗣贤。蚕村人王忠、王盈、王时勉、吴克教、吴善政、王时勉、吴道辅、王汝铨。罗绵人王锡、冯玺、冯瑶、王元、王熙元等也为贡监。②

又"隆庆二年，生黎袭杀坟横峒首王颜，生员王虞亦与害"③。可见王虞

---

①郑其豪：《临高县古代乡都和墟市初考》，《临高文史》第5辑。
②《康熙临高县志》卷八《人物志》，第136—142页。
③《康熙临高县志》卷一〇《黎岐志》，第161页。

是明确的黎族生员。

新化乡居民不一定都是黎族,但即使是汉族,也都和黎族关系友好,双方相处融洽。明朝临高学者王佐,其父亲为管理黎族事务的官员,并带着黎族首领进京朝贡,足见其在当地黎族影响很大。"父承籍伯祖元翼黎官世业,抚有本县东黎之土。永乐四年,率首领王寻、王旺赴京贡方物,蒙太宗皇帝授以本县抚黎县丞职,事传世袭,仍守其土。玺书二道,专敕督首领王寻、王旺招抚"①。

临高的英丘都和东塘都、西塘都生活着大量疍民,而举人谢贞、钟广进、谢彦英、符文秀、林茂生、谢宁皆为英丘人;薛思诏为东塘人。② 可憾由于资料的缺乏,无法具体判断哪些人为疍民后裔。

万州黎族与疍民分布都比较广泛,在疍民生活的会通都也开设有社学,但关于万州黎族与疍民在科举上的成就没有直接记载。据《道光万州志》记载:明朝时期,"那夫章(当为那天章)衡州通判,为人宽厚,捐七十金置学田,济贫生",此外还有例监那登瀛、那登云。③ 那姓在满族与汉族中都有分布,却比较少见;而明代海南黎族为那姓较多,④ 考虑移民等情况,那天章应该是黎族人的后裔。而关于疍民的科举情况,就没有相应史料,无法判断。

明代初年文昌还存有黎族活动的记载,《明太宗实录》卷一一一"永乐八年十二月甲午"记载:"琼州府文昌县斩脚寨黎首周振生等来朝,赐以钞币,俾仍往招诸峒生黎。""文昌黎曰斩脚峒。治平已久,田地经丈量有司。特人丁尚属土舍,随军听调而已。"⑤"洪武二十年,白延寨诸黎乱。广东都指挥花茂率卫指挥石坚等讨平之。永乐二年,白延林彬招服斩脚洞黎三十余村。授彬土官典史,有敕世袭。宣德年间,去土官,称土舍。田地经丈入官,附白延、多寻二都。黎兵五十名,属土官管辖,随军征调。故文昌无黎。然地

---

① 王佐:《先母行状》,《鸡肋集》,海南出版社,2004,第237—238页。
② 《康熙临高县志》卷八《人物志》,第136—137页。
③ 《道光万州志》卷二《选举表》,第261、268页。
④ 吴永章:《黎族史》,广东人民出版社,1997,第280页。
⑤ 戴禧、欧阳灿:《万历琼州府志》卷八《海黎志·诸黎村峒》,海南出版社,2004,第411页。

处写僻，时有伏莽。"①林彬为"土官典史"，可知其为黎族后裔。故而可以判断，白延、多寻二都大部分居民多是黎族后裔。

明代中期文昌黎逐渐编户齐民，《正德琼台志》记载："文昌……奉化乡，在县西，领都图十，前山都，北山都，那郭都，多寻都，南砣都，白延都，迈陈都一图（民、灶），迈陈都二图（灶），迈陈都三图（疍），迈陈都四图（疍）。"从"奉化"这一词以及相关记载来看，奉化乡很多都图都是华夏化很深的黎族后裔。

明朝白延都、北山都的黎族后裔在科举上取得了很大成就。在举人级别上，嘉靖辛卯科，林兴，亚魁，白延都人。嘉靖甲午科，李裕，北山都人，李忠曾孙；钟鸣治，钟昈曾孙。天启辛酉科，陈是集，前山都人，成进士。天启丁卯科，林有峨，白延都人。崇祯庚午科，陈是行，陈是集堂弟，前山都人。

恩贡：林兆甲，白延都人。

岁贡：林继烈，白延都人，平南知县。黄文光，北山人，惠安训导。林树，白延都人，徽州府经历。林梗，白延人。林椿，白延都人，广州府训导。林梾，白延都人。林有鹗，白延都人。

此外还出现了进士林华，"隆庆戊辰罗万化榜，户部主事"②。

在明朝政府以及地方官员的重视下，海南黎族教育得到了较快发展，在科举上也取得了很大成就，大量黎族子弟考中秀才、举人，甚至外出为官。这些人知识面扩大，成为社会精英，在地方上推广教化，儒家文化逐渐渗透到地方。

## 第二节　明代海南土官子弟教育

明朝初期在统治海南的策略上，深感元朝土官制度的弊端，废除了当地

---

① 马日炳：《康熙文昌县志》卷八《海黎志·黎情》，海南出版社，2003，第191页。
② 马日炳：《康熙文昌县志》卷八《海黎志·黎情》，海南出版社，2003，第145页。

的土官制度,《天下郡国利病书》卷一〇四《广东下》中记载:"洪武初,尽革元人之弊,土酋主郡者,元帅陈乾富以降免罪,徙为广西平乐通判,州县各另除官,不用土人,兵屯子孙尽革为民,以管峒黎。"

洪武年间,明朝在废除土官制度之后采取"以峒统黎"的措施,对黎族地区进行统治,"多从之垦田开山,负固恃险,各置村峒,以先入者为峒首,同入共力者为头目,凡豪酋皆其种落。外连居民,慕化服役,因名熟黎。今其人家犹藏昔时文诰。峒各有主管领。岁久人众,父死子继,夫亡妇主。峒之大小不同,大者千余家,小者百余家"①。

不过,黎族的社会结构决定了明朝政府在黎族的统治还得依靠当地首领。明太祖时期,设立巡检司,任命黎族为官,负责当地的治安问题。"凡遇差征,征税秋粮,有司俱凭峒首催办,官军征捕亦凭峒首指引。今所属各有防黎及备倭巡检司,如将各处峒首选其素能抚服黎族人者,授以巡检司职事,其弓兵就于黎族人内佥点应当,令其镇抚熟黎当差,招抚生黎向化,如此则黎民帖服,军民安息矣。诏如所请。明年五月十一日,琼州府宁远县藤桥巡检司添设副巡检黄旗,通远巡检司添设副巡检黎让。十月十一日,万宁县莲塘巡检司添设副巡检王钱,陵水县苗山巡检司添设副巡检符森"②。

明朝时期,黎族人口在海南人口中占到相当大的比重,而且分布广泛,几乎遍布全岛。为了对黎族进行有效管理,明成祖对黎族实行了一系列以抚为主的政策,又在海南岛实施了土官制度。《明史·广西土司传三》记载,明成祖时期御史汪俊民言:"琼州周围皆海,中有大、小五指,黎母等山,皆生熟黎族人所居。比岁军民有逃入黎洞者,甚且引诱生黎,侵扰居民。朝廷屡使招谕,黎性顽狠,未见信从。又山水峻恶,风气亦异,罹其瘴毒,鲜能全活。近访宜伦县熟黎峒首王贤祐、尝奉命招谕黎民,归化者多。请仍诏贤祐,量授以官,俾招谕未服,戒约诸峒,无纳逋逃。其熟黎则令随产纳税,悉免差徭;其生黎归化者,免税三年;峒首则量所招民数多寡授以职。如此

---

① 《万历儋州志·地集·原黎》,第177页。
② 《万历广东通志·琼州府》,第212页。

庶几黎族人顺服……(永乐)四年，琼州属县生黎峒首罗显、许志广、陈忠等三十三人来朝。初以生黎多未向化，遣铭招抚。至是向化者万余户，显等从铭来朝，且乞以铭抚其众。帝遂授铭琼州知府，专职抚黎，仍授显等知县、县丞、巡检等官，赐冠带钞币，遣还。自是诸黎感悦，相继来归。琼山、临高诸县生黎峒首王罚、钟异、王琳等来朝，命为主簿、巡检。六年，铭复率土黎峒首王贤祐、王惠、王存礼等来朝，贡马。命贤祐为儋州同知，惠、存礼为万宁县主簿。八年，文昌县斩脚寨黎首周振生等来归，赐以钞币，俾仍往招诸峒。九年，临高县典史王寄扶奉命招至生黎二千余户，而以峒首王乃等来朝。命寄扶为县主簿，并赐王乃等钞。十一年，琼山县东洋都民周孔洙招谕包黎等村黎族人王观巧等二百三十户，愿附籍为民。从之。临高民黄茂奉命招抚深峒、那呆等二十四峒生黎，率黎首王聚、符喜等来朝贡马，黎民来归者户四百有奇。通计前后所抚诸黎共千六百七十处，户三万有奇，盖皆本庙算云。"

海南土官，主要负责招抚未归顺的黎族，如永乐年间在昌化任职的汤衡，"时抚黎土官桀骜抗县，居民深受其害，衡具以事闻，请削其权，俾归统于州县。自后，诸黎敛戢，不复敢肆"[1]。此后，抚黎土官不再干涉地方行政事务，"各验其招抚多寡受赏，除官有差。专一抚黎，不预他事"[2]。

明代还在海南实行土舍黎兵制度。土舍是属于明代海南土官中的一种，即武职土官。土舍由有影响力的黎族峒首担任，并可以世袭。明朝初年，在琼州建立土舍41所，"辖黎兵多寡不等。遇有调拨，随军征进，专为前锋。无事则派守各营，听管营官调度"。其中，"琼山县土舍三，澄迈县土舍三，临高县土舍四，安定县土舍四，文昌县土舍一，乐会县土舍二，儋州土舍七，昌化县土舍二，万州土舍三，陵水土舍一，崖州土舍九，感恩土舍一"[3]。

土官、土舍制度逐渐暴露出消极作用，遂被废除。土官、土舍往往成为

---

[1]《光绪长哈县志》卷九《人物志》，第299页。
[2]《万历儋州志·地集·统黎》，第198页。
[3]《康熙琼州府志》卷五《兵防志·土舍黎兵》，第333—334页。

称霸一方的地方豪强,包揽赋税的征收和诉讼,土舍"征徭任其科算,尽入私囊"①,对黎族农民的土地也"可予夺于土舍"②。故"宣德四年,以峒黎多侵扰,革去抚黎流官。正统五年,琼州知府程莹奏革抚黎土官,自是悉领于郡县,民黎相庆"③。"感恩设土舍二所,黎兵共一百名。万历四十四年,革土舍,易以粮长"④。

土舍制度虽然被革除,但在实际生活中,原来的土官土舍的后裔仍然有相当大的势力。唐胄认为:"抚黎土官,其百余年之祸根乎。永乐初,敕谕不给于招者,而给所招之黎,职名之加,则威以专一,抚绥不得与州县事,此皆防微杜渐之深意。及来归后,果诏夺其敕以威己,列于衔座以敌县,皆逾制命矣,此程莹奏革所以为便也。然土官虽革,而土舍随后养成恶逆,犯法数多,不可以不裁抑明矣。"⑤"然革官子孙犹称土舍,仍统前黎。平居则剥黎肥家,党与则阻黎向化,幸黎灾则声势借重,当边患则泄机无功。"⑥

景泰三年(1452)六月,"己卯,敕广东琼州府万州土官判官王琥曰:'朝廷昔以尔祖父能招抚黎族人向化,故特授以土官职事。尔能继承其志,荣授官职,亦既有年。兹特降敕付尔赍回抚谕该管村洞黎族人,务各安生乐业,永享太平之福,不许仿效别洞生黎恣肆非为,自取罪愆。仍谕所在军卫有司官吏军民人等不许擅入村洞,扰害激变,如违,悉治以重罪。'"⑦可见,土官制度并未被完全废除。

成化年间,海南发生符南蛇起义,户部主事、海南本地人冯颙建议为参与镇压符南蛇起义有功的黎族首领恢复土官身份,"户部主事冯颙奏本府远

---

①屈大均:《广东新语》卷7,中华书局,1997。
②吴应廉:《光绪定安县志》卷九,海南出版社,2004。
③唐胄:《节录抚黎土官事以备后论》,《传芳集》,第179页。
④《民国感恩县志》卷一一《经政志·兵制》,第250页。
⑤唐胄:《节录抚黎土官事以备后论》,《传芳集》,第179页。
⑥《康熙定安县志》卷四《黎岐》,第292页。
⑦《明英宗实录》卷二一七,景泰三年六月乙卯条,《明清〈实录〉中的海南》,海南出版社,2006,第36页。

在大海之南，中有五指山峒，黎族人杂居，外有三州、十一县、一卫、十一所，周三千里。国初，民黎安堵。永乐间，军民潜通贸易，始从招抚，置土官知州、知县等，分属节制。寻皆革罢，犹统其属，抚安如故。成化间，黎族人作乱，三度征讨，将领贪功妄杀，残及无辜。弘治间，知府张桓贪残私敛，大失黎心。继以知府余溶贪刻尤甚，黎族人苦之，相聚为乱，致有今日符南蛇之祸，二人已经罢黜。南蛇等先后所为，或自相攻击，倚山阻险剽，掠村落而已。有司不察，过于传报，以致兴师动众，百姓死于锋镝，血肉膏于野草，诚可悯恻。臣生长是土，亲所见闻，其五指山林箐深密，川泽险阻兵，不可入。黎众聚散不常，攻之则不能穷其巢穴，置之则伤我官军，今虽称窜避，实则侵掠未已。乞勾考原设土官、应袭土舍、熟知夷情险易者，给之赏犒，使各集土官，可得万数，期集五指山，听分巡、分守官节制奋击。有能擒斩首恶符南蛇者，复其祖职。此以夷攻夷之道，不烦军旅而数月之间当有献俘之报。不然，臣恐师旅之兴无已日也。""兵部覆奏谓颙言可采，请下镇巡官议处，追激变首恶者以闻。"①

海南的土舍制度，直到清朝初年，依然可见其存在。"顺治四年，土舍林兆初亡，黎丁无复辖属。土贼林杰、林眇目、赤须、周奇振负隅为巢。贼平，而黎亦燀。"②

由此可见，明朝时期，海南土官土舍制度持续时间长，形成了一个庞大的既得利益阶层。明朝对各地的土官集团，在教育上都采取了比较优厚的措施。

国子监设有土官学生。《明史·选举志一》中记载："每岁天下按察司选生员年二十以上、厚重端秀者，送监考留。会试下第举人，入监卒业。又因谏官关贤奏，设为定例。府、州、县学岁贡生员各一人，翰林考试经、书义各一道，判语一条，中式者一等入国子监，二等达中都，不中者遣还，提调教官罚停廪禄。于是直省诸士子云集辇下。云南、四川皆有土官生，日本、

---

①《明孝宗实录》卷一九三，弘治十四年十一月壬申条，《明清〈实录〉中的海南》，海南出版社，2006，第52页。

②马日炳：《康熙文昌县志》卷八《海黎志·黎情》，海南出版社，2003，第191页。

琉球、暹罗诸国亦皆有官生入监读书,辄加厚赐,并给其从人。永、宣间,先后络绎。至成化、正德时,琉球生犹有至者。"

对于在国子监学习的土官子弟,还要求有关部门进行关照。洪武二十三年(1390),五月己酉,"播州、贵州宣慰使司并所属宣抚司官各遣其子来朝,请入太学。上敕国子监官曰:移风善俗,礼为之本;敷训导民,教为之先。故礼、教明于朝廷,而后风化达于四海。今西南夷土官各遣子弟来朝,求入太学,因其慕义,特允其请。尔等善为训教,俾有成就,庶不负远人慕学之心"①。

岁贡对土官子弟亦有单独的照顾:"贡生入监,初由生员选择,既命各学岁贡一人,故谓之岁贡。其例亦屡更。洪武二十一年,定府、州、县学以一、二、三年为差。二十五年,定府学岁二人,州学二岁三人,县学岁一人。永乐八年,定州县户不及五里者,州岁一人,县间岁一人。十九年,令岁贡照洪武二十一年例。宣德七年,复照洪武二十五年例。正统六年,更定府学岁一人,州学三岁二人,县学间岁一人。弘治、嘉靖间,仍定府学岁二人,州学二岁三人,县学岁一人,遂为永制。后孔、颜、孟三氏,及京学、卫学、都司、土官,川、云、贵诸远省,其按年充贡之法,亦间有增减云。岁贡之始,必考学行端庄、文理优长者以充之。其后但取食廪年深者。"

《大明会典》卷七七《贡举》记载:"弘治十三年奏准,自十四年为始,各处州学,俱四年三贡。其云南四川贵州等处,除军民指挥使司儒学,军民相间,一年一贡。其余土官及都司学,各照先年奏准事例,三年二贡。"

此外,"凡起贡。洪武十八年,令云南所属学校生员有成才者,不拘常例,从便选贡。永乐元年,令广西湖广四川土官衙门生员,照云南例选贡"。

土官子弟还可以进入地方儒学学校学习,不受学校名额限制。史书记载:"成化中,定卫学之例:四卫以上军生八十人,三卫以上军生六十人,二卫、一卫军生四十人,有司儒学军生二十人;土官子弟,许入附近儒学,

---

①《明太祖实录》卷二〇二。

无定额。"另外，为了维护土官子弟利益，禁止冒充土官儒学，《大明会典》卷七八《学校》载"凡土官入学。成化十七年，令土官嫡子，许入附近儒学。正德十六年奏准，归顺土官子孙，但经一次送顺天府学食廪者，不论事故及中式，俱不许再补。嘉靖二十六年题准，归顺土官子孙，照旧例送学食廪读书。万历四年题准，广西、云南、四川等处，凡改土为流州县，及土官地方建有学校者，令提学官严加查试，果系土著之人，方准考充附学。不许各处士民、冒籍滥入学规"。

此外，也监督土官子弟的学习，"生员入学，初由巡按御史，布、按两司及府州县官。正统元年始特置提学官，专使提督学政，南、北直隶俱御史，各省参用副使、佥事。景泰元年罢提学官。天顺六年复设，各赐敕谕十八条，俾奉行之。直省既设提学，有所辖太广，及地最僻远，岁巡所不能及者，乃酌其宜。口外及各都司、卫所、土官以属分巡道员，直隶庐、凤、淮、扬、滁、徐、和以属江北巡按，湖广衡、永、郴以属湖南道，辰、靖以属辰沅道，广东琼州以属海南道，某肃卫所以属巡按御史，亦皆专敕行事"。

通过这些措施，海南岛土官子弟逐渐士大夫化。海南大学者王佐的姐姐，就嫁给了土官子弟，王佐的父亲，也是本地土官，"适父原恺为继室，生女二，男一。女长曰村，适澄迈县下岭谢教；次曰兰，适本县西黎土官主簿倪通男晟；男一即佐"①。

儋州地区的符节是一名深受儒家思想影响的土官子弟，"国朝永乐初，符添庆者，率其人朝阙庭。文皇帝嘉其功，授宜伦县令，以抚其人，世袭其职。及宗孙符节，应世其官，以俊选入昌化县庠为弟子员。今有司以充贡上春官，既引赴奉天门，试中，例该升进太学，循资出身"。符节主要治《春秋学》，"节自幼有志世用，潜心经史，而专门于《春秋》"。然而，符节因为要袭土官，不得不放弃在国子监读书的机会，"初志固欲出一奋，以光大我宗祊也。但以祖父来官乡土，节忝为宗子，当继其职，而为一祊人所附。土

---

①王佐：《先母行状》，《鸡肋集》，海南出版社，2004，第237—238页。

俗，非其宗不属也。不得已，舍己之所业，以缔先世之所基。恒念先考无恙时，为屋数楹，中有黄堂，为祖宗栖托之地，旁有列馆，为会友读书之所"。丘濬要求他："汝尚懋乃德，延师儒教汝之子弟，广圣化以率汝之甿庶，使汝子若孙，若曾，若玄、云、来，世世相引，敬承先志，丕振家声，善而继之，光而大之，引而申之，延而长之，永永勿替，以供汝祖宗之祀事，岂不伟欤？"①

琼山的王钦，"世籍土舍，少为诸生，刚方尚义，善骑射。万历二十六年，居林、居禄二峒黎反，钦募兵捐饷，同官军讨平之，编隶版图。两走京师，请豁黎浮田税，乡人至今称颂之"②。

弘治元年（1488）六月戊申，"广东崖州故土官县丞陈迪、冠带舍人崇佑率黎首人等贡土产方物。赐钞锭、缎绢、衣服有差。以崇佑能抚黎族人、逋逃复业者千三百六十余户也"③。

史料记载，不少土官子弟文化水平颇高，在当地的威望也颇高。

在黎族传统社会中，其首领在日常生活中发挥着重要作用。黎族土官子弟接受教育后文化水平得到很大提高，这对于儒家教育深入少数民族地区有重要的意义和重大的作用。

## 第三节　明清琼山黎族聚落科举研究④

元代琼山黎族分布广泛，元人范梈在《琼山出郭》中写有："自出琼州古郭门，更无平衍似中原。重叶暗桄榔雨，知是黎族人第几村？"⑤"古郭门"，即唐代琼山县治所在地，在今琼山西南的旧州镇，这表明，元代琼山西南黎

---

①丘濬：《世引堂记》，《民国儋县志》，第522—524页。
②《咸丰琼山县志》卷二〇《人物志》，第785页。
③《明孝宗实录》卷一五，《明清〈实录〉中的海南》，第45页。
④由于该聚落明清之间有延续性，所以本节内容中也涉及清朝部分。
⑤《咸丰琼山县志》卷二八《艺文志》，第1189页。

族分布比较广,"知是黎族人第几村"说明了这一带的黎族百姓都过着定居的生活。

随着生产力的发展,部分黎族逐渐过上了定居生活,在与汉族交往中,接受了汉族的部分风俗习惯,并接受编户齐民。虽然史书对他们族属的记载模糊化,没有刻意强调其族群,但是在农业社会,如果没有战争、瘟疫与大规模移民出现,本族语言就具有较强的稳定性与延续性。明清海南社会相对稳定,语言的演变也比较缓慢,与语言相关的族群分布,可以通过方言的分布来判断。

《咸丰琼山县志》记载:"绕郭人家所言者,俗谓之客语。东北一带都图语音与郡城同;西南一带都图居石地者尽言黎语,其不居石地者黎音十之四,客音十之六,客音止一派,黎音分多种,非习听者少有能解。"①从上述记载来看,琼山西南一带的黎族,在明代黎族后裔占主体地位。

清代琼山黎族分布,"水尾司巡检一员,其属大乡九:西黎一图,城西南一百三十里;西黎二图,城西南一百四十里;怀义保图,城西南一百八十里;踵科图,城西南一百九十里;环琅一图,城西南一百九十里;西黎中图,城西南二百二十里;环琅二图,城西南二百二十里;林湾图,城西南二百二十里;南坤图,城西南二百二十里"。②

《道光琼州府志·海黎志》记载:"琼山黎,东曰清水峒,明嘉靖二十一年编为东黎,今改开文,立里甲编差。南曰南岐、曰南椰、曰南虚、曰琅环、曰南坤、曰居采岭、曰平沙湾、曰居碌、曰居林,九峒前编为西黎都,今南岐五峒编差。"③

《咸丰琼山县志·建置志》记载:"仁政乡,在县西南,领都图二十二。今当作领都图三十八。暂都、遵都、宅念都(原宅念二)、那环都、雷虎都、梁老都、永都(今分为东保、西保,东保又分永都一、永都二、永都三、永都四)、上游都(新增)、西潭都、梁陈都一、梁陈都二(今分为二,曰梁陈

---

① 《咸丰琼山县志》卷二《舆地志·语言》,第51页。
② 《广东都图》卷六七。
③ 《道光琼州府志》卷二〇《海黎志》,第843页。

二东，梁陈二西）、原宅都、东洋一、东洋二（今从东洋分出者曰东保都）、射钗一、射钗二、苍原一、苍原二、西黎一、西黎二、林湾都。今查仁政乡，尚有西黎三一图，其从西黎三析出者曰荫棠都、踵科都、富谷都、集雅都、崇德都，此外又有冠南都、安仁都、环瑯都、怀义都、南坤都，俱新增。安仁都，县房查隶五原乡，环瑯都，房未详所隶。怀义、南坤二都，房查漏。"此外，加上永兴乡的开文都（原东黎一）、德兴都（原东黎都），①仁政乡周围就形成了一个以黎族为主体的聚落。

明代诸多史料也记载了仁政乡黎族的情况，（永乐）"十一年春正月庚子，琼山县言东洋都民周孔珠招谕包黎等村黎族人王观巧等二百三十余户，愿附籍为民。从之"②。有研究以为周孔珠是汉人，实际上应该是华夏化得比较深的黎族。《明史·广西土司三》记载，招募黎族的要么是官员，要么是编户齐民黎族首领。周孔珠若是普通汉人，在黎族中没有威信，招募是不会成功的。故而周孔珠应该是华夏化黎族中的首领。也可以判断，东洋都一带的居民，大部分应该是黎族后裔。

史书又记载，"张善教，五原人，万户贤子。洪武丙子，由贡中应天乡试，授岑溪教谕"③。元朝万户多有黎族担任，故五原当是黎族后裔占主体的地区。

又"王振，遵都人，元千户助四世孙。博涉经史，征辟不就，寿八十一"④。

此外，"蔡氏，疊村蔡九娘之妹，遵都王和妻。至正壬寅贼陈子瑚党丘田欲犯之，不屈，自缢死"⑤。又"烈女姓蔡，名九娘，琼山垒村人，元黎兵千户教止之女也。少有姿色，多智略。父亡弟幼，不肯以黎土属之他人，故亲统父兵，俟弟之壮，不肯适人。值末寇乱，能驭众守境，乡人赖时控制

---

①《咸丰琼山县志》卷五《建置志·都市》，第249—250页。
②《嘉靖广东通志·琼州府》，第526页。
③《咸丰琼山县志》卷一八《官师志》，第743页。
④《咸丰琼山县志》卷二一《人物志·隐逸》，第837页。
⑤《咸丰琼山县志》卷二三《人物志·死节》，第869页。

……未几，东寇陈子瑚者陷乾宁城，据之。纵兵四出掠地，支郡属邑皆为所有，凡村寨棚堡无不降者。垒村去郡城约四五十里许，四围石壁巉岩，村居其中。九娘独奋聚其村人，备捍御具，且敌且守。贼兵攻之久不下，诱以甘言，务图生致，而九娘守益坚"①。又"蔡杰，遵都叠村人，有勇力，善骑射。康熙年间，杨胡须陷定安，渡江破苍原员山等村，转围叠村。杰率众捍御，出战遇伏，遂遇害，所骑马奔回至家，尸始僵。郡城救兵到，围得解"②。可知蔡九娘统兵遵都垒村所辖区域为黎族聚集区域。

元朝千户多由黎族担任，王振所居住地，黎族后裔居多。综合王振和蔡九娘的情况来看，遵都是一个黎族后裔居住地区。

明朝时期，仁政乡科举成就较高。举人方面有：

苍原人有符朝宗（交趾知县）、黄宣、陈经（灌阳训导）、陈邦经、陈繗、孙集义（泸溪知县）、陈世美（万年知县）、陈政、陈传尧（宜章知县）、陈极、王懋昭、陈宗濬（陈宗濂弟）、陈宗濂（陈傅嘉孙、陈钺子、洙泗弟、陈宗濬兄）。

东洋人有周浩、谢憼、周昇、周宾、周奇健、甘永泰、林士元、周著、周仲良（周宾堂弟）、周世昭（周仲良子）、周鸣皋、周博、周伤宾（华亭知县）。

宅念人有冯徽、曾英、林杰、曾鹏、曾应昌、周宗本、曾绳武（曾祖曾英、祖曾鹏、儿子曾淳）、曾淳（曾绳武子）。

梁老人有蔡嵩、蔡齐宸、蔡秉乾（贵县知县）。

遵都人有王濂、蔡仕储、蔡伯祥（翁源训导）、蔡廷相（藤县知县）、蔡时行（蔡廷相子）、蔡一旸（蔡一德弟）。

射钗人有许益光（亚元，浏阳知县）、林宪夔、许晖斗（许益光孙，子汝都，顺天府推官，升户部主事）、许汝都（朔州知州，升本府同知）。

梁陈人有陈一松、梁云龙、陈所有、梁必强、梁梅鼎、何质义。

---

①王佐：《蔡烈女传》，《鸡肋集》，海南出版社，2004，第230页。
②《咸丰琼山县志》卷二〇《人物志·奋勇》，第786页。

暂都人有吴尚贤。

进士方面有：林养高，射钗人，刑部主事，员外郎，鹤庆知府，嘉靖二十九年(1550)唐汝辑榜。遵都人蔡一德(崇祯十五年(1642)或十三年(1640)进士)。梁老人何其义也是进士，万历二十九年(1601)张以诚榜，任北京户部主事。①

此外，西黎等黎族人聚集区域有王观梅，昌化籍恩贡，西黎一人，山阴县丞，升蒙阴令。王焕，昌化籍拔贡，西黎一人，崇祯甲申科。②

不过，到了清朝，仁政乡的科举成就并不高。举人有梁陈人梁际运、卢肖贤(本姓梁)；遵都人周正府、王荣、黄金华、蔡藩；永都人王之藩；雷虎人吴魁朝；东洋人周景；西黎一人，陈开潢。西黎一都还有廪贡生陈谟，任西宁训导；增修岁贡生王之佑；恩贡生王成英，陵水籍恩贡。清朝仁政乡科举成就的衰落，与清朝琼州科举衰落一致。③

但科举成就的衰落并不意味着当地文化氛围差，"粤东文风，以广、潮、肇庆、嘉应等府州为最，惠、高、雷、廉、罗定次之，南、韶、连又次之，琼州虽隔海洋，涵濡文治日久，实与广潮诸府相埒，其琼山、文昌、会同等县，颇知留意经籍，文理较优惟陵水、昌化、感恩三县僻远尤甚，尚属□陋"④。而"广、潮、嘉应为粤省人文最盛之区，应试生童各以万计"⑤，琼州等地学风与广潮等地区差不多，应试童生的人也必不少，可惜科举成就不高。

明代时期仁政乡士子还积极从事地方教育，提高当地黎族的文化水平。"蔡仕储，字钟秀，号石南，遵都人。质粹行纯，博极群书，年十八为人师，年长以倍者皆北面执弟子礼，有河汾之风。有司欲周其贫，坚守皭如也。高

---

①《康熙琼山县志》卷七《人物志·进士》，第174页。
②《咸丰琼山县志》卷一六《选举志》，第620页。
③付永杰：《清康乾时期琼州科举探析》，《中国地方志》2020年第2期。
④平恕：《广东学政平恕为报廉州等地生童岁科试情形事奏折》，中国第一历史档案馆：《乾隆中晚期科举考试史料》(上)，《历史档案》2002年第3期。
⑤平恕：《广东学政平恕为报潮州等地生童岁科试情形事奏折》，中国第一历史档案馆：《乾隆中晚期科举考试史料》(上)，《历史档案》2002年第3期。

雷之士越海从游者甚众。正德庚午领乡荐，游太学，发《尚书》人心、道心之旨，申明义利之辨，祭酒湛若水深服之。林参政士元赞其为明道先觉，潜德化乡云。学者称石南先生。祀乡贤"①。"蔡廷椿，字一卿，遵都人，仕储子。七岁失怙，哀毁骨立。由陵水岁贡任霍丘丞，归橐萧然。居乡课子弟，捐田四十亩供膏火，乡族有不善者惟恐其知之。子希皋，狷悫好修，士论贤之。孙光前，岁贡生，能继祖父志"②。

地方士人也兴办书院，"三台书舍，在雷虎都儒本村。乾隆间，吴启贤等倡建，并置学田。进士王之藩、举人吴魁朝、王荣诵读于此。同科中式，有'文风丕振'匾额，今尚存"。"虎峰书舍，在雷虎都儒成村。乾隆间，郑文举等重建，捐赀以备修脯"。"翰香书院，在暂都。咸丰二年，附贡王中裕、吴攀桂同各图衿者等捐建，捐宾兴钱一千余千文，交殷实衿耆掌管，生息以为院考、乡会试卷资公项之费"。"永茂文昌阁，在遵都永茂岭。道光二十八年，吴有训等建，并捐宾兴"③。

明清仁政乡士子或关注地方事务，或接济宗亲，或是孝子，成为当地的道德标杆。

吴延福，梁老都人，性慷慨。康熙年间征银初开，福以已赀为通都完纳，偿者取之，不偿者听之数年。官司闻其事，邑侯李绳祖题"义孚乡评"匾赠之。

陈开潢，西黎一人，由拔贡中乾隆壬申恩科乡试。工诗文，尤笃于行。幼聘王女为室，后女病废，外氏以婿业成名，请退婚。开潢恻然曰："此女不我归，将无所归矣。"急娶之，乡评以为难。

张玉鹏，字程万，五原人，邑增生，庠生书绅长子。与弟增生玉凤同居，终身不分产业，授徒以品行为先。呈控攻散地方贼党，人赖以安。子锦，例贡生，鏻，万州营守府。孙瑞龙，万州外委，觐光，龙门千总。

黄翔雁，苍原人，监生，勇于为善。乾隆乙卯淫雨，河溢，有玉夏、马

---

①《咸丰琼山县志》卷一八《官师志》，第758—759页。
②《咸丰琼山县志》卷一八《官师志》，第776页。
③《咸丰琼山县志》卷四《建置志·书院》，第216—217页。

坡二村水暴涨，翔雁备舟拯溺，全活者众。子宏汉，字庆云，由廪贡历署东莞教谕、和平训导，轻财好义，婚丧穷乏则助之，暴骨败茔则掩之。卒年八十余。

王翰周，字充甫，暂都莲塘村人，庠生。敦伦饬纪，笃于友爱。兄翰学，廪生，夭殁，母事寡嫂吴氏，及卒，请建坊旌表。人子弟视如己子弟，乐为裁成。有巨贼经大案拘禁逃脱，周见，督众捕送，地方赖以安。卒年六十六。弟翰文，岁贡生。

吴廷标，遵都人。家贫极，古貌古心。一日浴于溪，有同浴人浴毕先去，遗一包，标浴毕，见之，守以待。其人忙然复回，标曰："忙何为者？"曰："失一物。"标举以还，中有白金百，分十金以酬，标曰："不百金之取而取十金乎？"其人感谢。后标病重，忽见同浴人谓曰："公来此何为者？二十年后始与公遇。"时妻子已哭泣矣，标竟得愈。后二十年，果以是日卒，年七十余。

周正绂，字赤如，东洋人，郡庠生。诗文精简，品行端庄，谨事续母胡氏，人无间言。居家塾，子侄贫而好学者不取脩脯，有儋州何照荣从游，待如子，教兼以养，食饩后始命旋里。卒年七十五。子廷瑞，邑庠生。

蔡宜藻，字书圃，遵都人，岁贡生。曾祖十朋，字贝伍，岁贡生，任仁化教谕，造就有方。兄宜卜，字弼廷，岁贡生，通经史，尤酷嗜左氏，为文力追先正。宜藻少失怙，曲尽子道，母病痢，衣服皆亲洗，年余，告人曰："母将愈矣。"人问故，曰："余尝其粪，恶气除，以是知之。"果不数日而愈。卒后，有偶道及者，辄流涕，历终身如一日。读书手不释卷。子升平，监生，廷辉，庠生。[①]

此外，仁政乡还有诸多列女。

叶氏，东洋人，定邑庠生轩学女，年十八，适周璧。二十二岁，璧故，矢志守贞以奉翁姑，抚孤子斐章食饩。雍正七年旌，年五十七。

周氏，开文人，廪生其焜女，陈毓英妻。二十三岁毓英故，矢志孀守，

---

[①]《咸丰琼山县志》卷二一《人物志·卓行》，第821—832页。

抚孤执中名贡成均。氏年五十有三，乾隆十年旌。

周氏，开文图陈毓蛟妻，坚贞自守，乾隆十五年旌。

冯氏，苍原陈君仲妻，年二十一仲故，欲殉之。或以孤儿劝，不答。又曰："如舅姑何？"氏乃誓不再适，训子景昌游郡庠。道光八年旌。

覃氏，遵都人，儒童蔡江妻，太学生正心母。年二十四孀居，贞节不改，始终如一，道光十年旌。

梁氏，西黎一都王炳妻，年二十三夫故，梁励节冰霜，白头无玷。道光十五年旌。①

另外，国家认同观念在仁政乡表现非常强烈。

蔡从龙，梁陈二人，明崇祯岁贡生，举义兵，被戮于前村村前大石边。

崔上臣，海南卫崔斌子。顺治四年四月初二，王师徇琼，臣匿身西黎。七月，破家募黎兵，与定安廪生吴履泰赴难，垒于上那邕都迈元坡。县丞翟天擢领兵夹击，杀吴履泰于江边，执臣以归。②

清初，蔡从龙与崔上臣都是在黎族聚集地召集民众反抗清朝，反映了当地黎族对明王朝的认同，对中原文化的认同。可见经过明朝长期的教育，当地黎族对国家观念有强烈的认同。

综上所述，仁政乡黎族聚集的聚落，经过长期的教育，明清时期科举时取得了很大成就，儒家思想渗透到当地居民各方面。

## 第四节　少数民族教育与李德裕家族后裔化黎传说

李德裕后裔在三亚化黎传说的研究，首起于郭沫若。郭沫若在点校《光绪崖州志》时对相关资料进行了比较详细的考证，认为唐时的崖州在今三亚一带，李德裕后裔化黎可信度很高。③ 谭其骧则认为唐代崖州在今琼山东南

---

①《咸丰琼山县志》卷二三《人物志·旌节》，第877—882页。
②《咸丰琼山县志》卷二〇《人物志·忠勇》，第786页。
③张巂等著，郭沫若点校，《光绪崖州志》，广东人民出版社，2011，第521页。

三十里的旧州市,崖城多港峒李姓黎族人传说他们始祖德禧为李德裕之弟,为附会而已。① 卢业时等人认为唐代的崖州在今琼山,不在现在的三亚一带。② 韩敏从人名、宋元间贬谪到今三亚一带的官员的诗文以及明代海南籍文人均无李德裕后裔化黎的记载来分析,认为李德裕后裔化黎是附会之言。③虽然观点不同,但郭沫若以及韩敏等人的研究,均以《光绪崖州志》的相关记载为依据,未参考其他文献,且对李德裕后裔化黎的记载缺乏历史的分析。本部分借鉴顾颉刚的"层累地造成的中国古史"理论,④ 探讨李德裕后裔化黎传说的出现与演变,并分析其中的原因。

## 一、李德裕后裔化黎传说的流布

李德裕后裔化黎最早出现在明代王兆云《漱石闲谈》卷下《李赞皇后》中:"李赞皇之南迁也,卒于崖州,子孙遂为獠夷,族亦有数百人,自相婚姻。吴人顾朝楚为儋州同知,以事至崖州,召而见之,其状与獠夷无异耳。缀银环,索垂至地,言语亦不相通,德裕诰命至今尚存其家。此正德间事,今不知如何矣。"⑤

顾朝楚,《万历儋州志》中作顾玠,并介绍说:"苏州人,嘉靖间任。敏达有为,革弊弭奸,升南安府通判。"⑥《康熙儋州志》中并没有提及顾玠。民国《儋县志》卷一二《职官志·州同》中记载:"顾玠,苏州人,革弊弭奸。嘉靖年任。"《万历儋州志》与《民国儋县志》中的记载"玠"为"玠"有误,《万历南安府志》卷五《秩官表二》中记载:"顾芥,长洲人,监生,儋州同知升任,大计降(此字有疑)级。"⑦可见,顾玠即顾芥。顾芥在嘉靖元年(1522)至嘉靖

---

① 谭其骧:《谭其骧全集》,人民出版社,2010,第650页。
② 卢业时:《李德裕在海南贬地考》,《海南大学学报》(社会科学版)1985第1期。
③ 韩敏:《李德裕后裔化黎辨》,《海南大学学报》(社会科学版)1992年第2期。
④ 顾颉刚:《古史辨自序》,河北教育出版社,2000,第4页。
⑤ 王兆云:《漱石闲谈》,四库全书存目丛书编纂委员会:《四库全书存目丛书》(子部二四八),齐鲁书社,1995,第349页。
⑥《万历儋州志·天集·秩官志·文职·国朝同知》,第55页。
⑦《万历南安府志》卷五《秩官表二》,书目文献出版社,1990,第368页。

六年(1527)间在儋州为官,其事迹颇多。《万历儋州志》载:"宁济庙,在州治南,儒学右。嘉靖二年,同知顾岕以其庙逼近儒学,奉提学魏明文,因毁五显佛像而迁于其庙焉。"①又载:"嘉靖二年,符南蛇从子崇仁、文龙卓立仇杀,诸黎阴助。副使胡训命州同顾岕抚之。"对于符南蛇的子侄们因争立而引起黎族内部仇杀,故有顾招抚黎族人有功之事。郭棐在《万历广东通志》中也记载:"命儋州同知顾岕抚之。事宁,岕掩为己功,升岕二级,擢南安府通判。"②顾岕自己也在《海槎余录》中详细记载了其中过程,并写道:"地方平妥。余后复从事广西,竟有加俸二级恩命,檄未下而已转官南安矣。"③《嘉靖广东通志》也记载了此事,④ 并引用了《海槎余录》相关文字。可以看到,顾岕在海南为官六年之久,进行了大量抚黎工作,对海南岛风俗,特别是黎族的风俗是有比较详细的了解的。

顾岕在海南所见所闻收录在其著的《海槎余录》之中。不过,现存的《海槎余录》中并没有关于李德裕后裔化黎之事的相关记载。其原因在于现存的《海槎余录》只是保留了其收集的一部分材料,而原书的大部均已遗失。《海槎余录·序》记载:"儋耳孤悬海岛,非宦游者不能涉,涉必有鲸波之险,瘴疠之毒。黎獠之冥顽无法,为兹守者,多不能久,久亦难其终也。余自嘉靖龙飞承乏是郡,迄于丁亥,乃有南安之命,山川要害,土俗民风,下至鸟兽虫鱼,奇怪之物,耳目所及,无不记载。共几百余则,藏之箧笥,将谓他曰南归,客有询及兹郡之略,即举以对。既而水陆跋涉,颇多散失,遂至湮灭无遗矣。"⑤

因此,现存的《海槎余录》中虽然没有收录李德裕后裔化黎之事,但顾岕是否将此事收录于《海槎余录》原文,虽不好查明,但也不好否认。根据顾岕的经历,他完全可以将此事讲述给王兆云,且由王兆云记录下来,此过程是

---

① 《万历儋州志·地集·庙》,第122页。
② 《万历广东通志·琼州府·外志·俚户》,第218页。
③ 顾岕:《海槎余录》,中华书局,1991,第27页。
④ 《嘉靖广东通志》,第532页。
⑤ 顾岕:《海槎余录》,中华书局,1991,第1页。

可信的。

《漱石闲谈》流传并不广，齐鲁书社1995年影印本底本是抄本。可见在民国之前，这本书并没有雕版印刷；或者即使有雕版印刷，印数也少，故而流传并不广。但此书在江南学术圈中还是为人所知。

《涌幢小品》卷九记载："李赞皇贬崖州，卒，虽得归葬，而子孙遂有留其地者，至今蕃衍，蛮人极知敬重，不敢讲钧礼。氏李者至多，北陷于虏，南没蛮中，而皆雄盛，此他姓所无者。"①

《涌幢小品》成书时间在1621年左右，书中所记李德裕后裔化黎的大致内容与《漱石闲谈》记载一致，其史料来源应该是来自《漱石闲谈》。

清朝初年的《峒溪纤志》卷上引《漱石闲谈》："李赞皇之南迁也，卒于崖州，子孙遂为獠，俗数百人，自相婚配。正德间，吴人顾朝楚为儋州同知，以事至崖，召见其族，状与苗獠无异耳。缀银环，索垂至地。言语亦不相通。德裕诰敕尚在。"②《峒溪纤志》刊印于1683—1687年间。③《峒溪纤志》流传比较广，《雍正广东通志·艺文志·杂事·李德裕后》全文引用了《峒溪纤志》中记载的内容。④ 成书于乾隆时期的《黎岐纪闻》中记载："唐相李德裕贬崖州，其后有遗海外者入居崖黎，遂为黎族人，其一村皆李姓，貌颇与别黎殊，唐时旧衣冠闻尚有藏之者。"⑤这段材料应该也是源于《漱石闲谈》。

不过，李德裕后裔化黎的传说，在海南本地的记载出现得比较晚。长期在崖州生活的钟芳，其诗文中也并有提及。现存的《正德琼台志》因为存在散佚，原始版本是否有记载，目前还不清楚。

但在海南岛民间中，李德裕后裔化黎的传说还是流传比较广。万历十九年(1591)至万历二十年(1592)，在徐闻县当典史的汤显祖写有《琼人说生黎中先时尚有李赞皇诰轴遗像在，岁一曝之》一诗："英风名阀冠朝参，麻诰丹

---

① 朱国祯著，王根林点校：《涌幢小品》，上海古籍出版社，2012，第155页。
② 陆次云：《峒溪纤志》(燕台笔录等四种)，商务印书馆，1960，第12页。
③ 邓长风：《明清戏曲家考略续编》，上海古籍出版社，1997，第117页。
④ 《雍正广东通志》，第336页。
⑤ 张庆长著，王甫校注：《黎岐纪闻》，广东高等教育出版社，1992，第117页。

青委瘴岚。解得鬼门关外客,千秋还唱《梦江南》。"①汤显祖在徐闻时间虽然比较短,其间或许来到海南岛,写了大量有关海南岛的诗歌。② 因此,汤显祖记载的李德裕传说,应该是在徐闻或者海南岛听海南人,或者在海南居住过的人转述,这反映了在明朝末年,海南岛上李德裕后裔化黎的传说流传比较广。

至今在海南民间,还广泛流传着李德裕后裔化黎的传说,并为人们津津乐道。如符桂花主编的《黎族民间故事大集》中讲述了《李德裕在黎寨》《李德裕治贼》等故事,并在《李德裕的传说》一文中说到李德裕"去世后,子孙们都按照他的教诲,世代居住在山区和黎族人民打成一片。现在相传,'南仇'村李姓的人家就是李德裕的后裔"③。符震、苏海鸥编写的《黎族民间故事集》一书中的《李德裕在黎寨》也讲到住在黎寨的李德裕和黎族同胞相处愉快,"黎胞爱德欲,德欲爱黎胞",李德裕还和孔南村的女歌仙互相爱慕,并"结了亲,生男育女,现在该村李者甚多,据说就是李德裕的后裔"④。

编撰于约万历四十五年(1617)的《万历琼州府志》记载:"李德裕谪崖,居于毕兰村。后故,归葬。其弟德禧寓崖,因水冲毕兰,徙抱班。后又见抱劝田地肥饶,移居焉。今其村李姓者百余家,俱化于黎。见收德裕遗物,尚存。副使李德至崖,招出验之,再三叹息。今考《唐书》宰相世系表,吉甫二子,长德修,刺史;次德裕,未尝有德禧。又德裕传子烨,徙郴州,余皆从死贬所,亦无云禧者。况贬崖州犹以为远,尚肯至振州耶?"⑤

这个传说版本应该是海南当地士人整理的版本,因为《新唐书·李德裕传》明确记载:"乃贬为崖州司户参军事。明年,卒,年六十三。德裕既没,见梦令狐绹曰:'公幸哀我,使得归葬。'绹语其子滈,滈曰:'执政皆其憾,

---

① 汤显祖著,徐朔方笺校:《汤显祖全集》,北京古籍出版社,1998,第461页。
② 姚品文:《汤显祖与海南岛》,《海南师范学院学报》(社会科学版)2003第4期。
③ 符桂花:《黎族民间故事大集》,海南出版社,2010,第44页。
④ 符震、苏海鸥:《黎族民间故事集》,花城出版社,1982,第258—259页。
⑤《万历琼州府志》卷一二《杂志·遗事》,第947页。

可乎?'既夕，又梦，绹惧曰：'卫公精爽可畏，不言，祸将及。'白于帝，得以丧还……(李德裕)子烨，仕汴宋幕府，贬象州立山尉。懿宗时，以赦令徙郴州。余子皆从死贬所。"①

故而传说李德裕后裔化黎，与史书记载有冲突。将李德裕后裔化黎改为李德禧后裔，可以避免与史书记载相矛盾。但《万历琼州府志》的作者对此产生怀疑，主要是李德裕贬谪的崖州，在唐代是今海口琼山区一带。

李德裕之弟李德禧后裔化黎的传说，清代崖州一带比较流行，编撰于1668—1694年间的《康熙崖州志》载："李德裕谪崖，居于毕兰村，后故，归葬。其弟德禧寓崖，因水冲毕兰，徙抱班。后又见抱劝田地肥饶，移居焉。今其村李姓者百余家，俱化于黎，见收德裕遗物尚存。副使李德至崖，招出验之，再三叹息。"②

同书卷二《艺文志》中说："将相当时任独专，勋名谁似两朝贤。天南出谪一万里，朋党相倾四十年。海畔孤亭空望阙，蛮村遗裔有荒烟。千年祠屋苍崖里，断碣残碑闻暮蝉。"③王瑞瑄是崖州康熙年间拔贡，此诗时间应该比较早。类似的记载在《乾隆崖州志·灾祥志·遗事》中。

《光绪崖州志》卷五中也有类似的记载："毕兰村，相传于保平、港门之间。李卫公谪崖时居此。"④该书卷二二也保留了《漱石闲谈》中的大致内容。⑤

到了晚清时期，张之洞任两广总督时，也十分关心在崖州的李德裕后裔问题。张之洞在《致琼州朱道、徐守，崖州唐牧》中说："闻唐相李卫公德裕有后裔在崖州多冈村，已变为黎俗，务速访求两三人，须确实有征验者，善为劝导，资送来省，当优给衣根，令谋出路。其家如有李相故物，婉为购致一两种，重价不惜。啸。"⑥

唐牧来电："李亚法来城，曲传宪谕，彼亦感动。二次率子弟十余人来，

---

① 欧阳修、宋祁：《新唐书》，中华书局，1975，第5341—5343页。
② 《康熙崖州志》卷一《疆域志·遗事》，第44页。
③ 《康熙崖州志》卷二《艺文志·王瑞瑄·吊李卫公德裕》，第81页。
④ 《光绪崖州志》卷五《建置志·古迹》，第166页。
⑤ 《光绪崖州志》卷二二《杂志》，第681页。
⑥ 周伟民、唐玲玲：《张之洞经略琼崖史料汇编》，海南出版社，2015，第222页。

选年二十以外者，粗俗难化且惧赴省，幼者皆在十二三岁以上，尚有韶秀者数人，其父母怯于远离，容再开导。故物碑版遍索无存，城东望阙亭亦圮，但民黎共确指为卫公的裔，当不讹也。镜沅禀。"①

此后，朱道还向张之洞汇报李德裕后裔的情况："李卫公后裔二人由谢提督带至郡城，职道面问，一名亚六，年十八岁，一名亚洪，年十六岁。重译始得言语，均不愿远出。职道采禀。鱼。"②

对李德裕后裔崖州化黎或者是李德禧后裔崖州化黎的传说，史书中记载不一致的问题，亦早有学者提出疑问并探究了出现不同说法的原因。《光绪崖州志》记载了本地学者古大文《上唐芷庵刺史书》的怀疑："第有言焉者，崖州多港黎族人李姓百余家，建祠祀卫公，自称为公后裔，存有卫公冠带。《州志》载副使李德至崖，招出验之，再三叹息。又载公弟德禧，初往毕兰村，次徙居抱班，后利抱劝田美，移居焉。今多港良田甲于西峒，与《志》书符合。岂今日多港，即昔日抱劝耶？毕兰虽不可考，而抱班尚属崖西黎峒。书载李德裕与柳仲郢善，公以为郑州刺史，又以为京兆。大中朝，历官显贵。后仲郢感卫公之知，伤李氏无禄仕者，乃取其兄子从质为推官，知苏州院事，令以利禄赡南宅。意者刘邺虽以神榇归葬，而子弟犹留寄崖州，未归洛中，仲郢乃如此图报欤？由是以观，则李公贬所为琼山，昔日之崖州；其子弟移居，又为宁远，今日之崖州矣。稽诸史志，参以见闻，未知有当否……未知《文集》编年之误，抑《通鉴考异》之误也。"③

但遗憾的是，古大文最终并没有对此给出合理的解释。

## 二、李德裕后裔化黎传说出现的背景

李德裕家族后裔化黎传说的出现，首先与宋代以来福建居民多种途径向海南岛的移民有关。《建炎以来系年要录》记载："闽商值风水荡去其货，多

---

①周伟民、唐玲玲：《张之洞经略琼崖史料汇编》，海南出版社，2015，第223页。
②周伟民、唐玲玲：《张之洞经略琼崖史料汇编》，海南出版社，2015，第237页。
③《光绪崖州志》卷二〇《艺文志》，第604—605页。

入黎地耕种不归。"①《桂海虞衡志》载："闽商值风水荡去其赀，多入黎地耕种不归……熟黎贪狡，湖广福建之奸民，亡命杂焉，侵轶省界，常为四郡患。"②《岭外代答》载："熟黎多湖广、福建之奸民也。"③《诸蕃志》载："闽商值风飘荡，赍货陷没，多入黎地耕种之。"④《明史》载："琼州黎族人，居五指山中者为生黎，不与州人交。其外为熟黎，杂耕州地。原姓黎，后多姓王及符。熟黎之产，半为湖广、福建奸民亡命，及南恩、藤、梧、高、化之征夫，利其土，占居之，各称酋首。"⑤

《正德琼台志》中也载："赵宋以来，闽越江广之人，仕商流寓于此者，子孙多能收家谱是征。至元戍守之士，又多中原人。及文宗潜邸时，公卿宰辅相从朱琼者盖不少，而气化寖改。……逮南渡至今，又三百余年，中州迁谪、宦寓、商戍，多华胄子弟，乐其土地之善，占籍益众。"⑥可见，从宋代开始，有大量福建移民移居海南岛。

《岭外代答》中还记载："钦民有五种……四曰射耕人，本福建人，射地而耕也。子孙尽闽音。五曰蜑人，以舟为室，浮海而生，语似福、广，杂以广东、西之音。"⑦这些宋代钦州福建移民后裔也有不少辗转到海南岛。

在崖州附近，有不少来自福建的移民。《乾隆崖州志》载："方语，有六种。曰官语，即中原正音，州城七坊言之。其始皆中原人，或仕宦，或商贾，家于崖，故其语犹存。曰迈语，音与高凉、东莞相似，附城五厢及东、西里言之。曰客语，与闽音相似，永宁乡、保平里及西六里言之，与郡语同。曰番语，所三亚里言之。曰地黎语，黄流及黎伏里言之，与崖黎语相似。俗传其先本黎族人，后化为民，语音犹未尽变也。曰黎语，东、西岐黎

---

①李心传：《建炎以来系年要录》，中华书局，1956，第3232页。
②胡起望、覃光广：《桂海虞衡志辑佚校注》，四川人民出版社，1986，第221页。
③杨武泉：《岭外代答校注》，中华书局，1999，第70页。
④冯承钧：《诸蕃志校注》，中华书局，1956，第147页。
⑤张廷玉：《明史》，中华书局，1974，第8276—8277页。
⑥《正德琼台志》卷七《风俗》，第138页。
⑦杨武泉：《岭外代答校注》，中华书局，1999，第144—145页。

言之，亦互有异同。"①这里说的"客语"，即是福建移民后裔的语言。

唐宋时期，大量李姓迁徙到福建，其中包括大量的唐朝李氏皇族。李姓在宋代为福建第五大姓氏，近代为福建第八大姓氏②。这些福建移民人口来到海南岛后，在黎族居住地耕种土地，与海南岛黎族联姻过程中，很容易出现黎化。一方面因为经商失败或者其他原因移民来到海南岛的男性居多，经济基础较差，他们娶黎族女性为妻，成本比较低。另一方面，由于编户齐民的黎族地区赋税负担相对较轻，这些移民愿意到黎族地区生活，这也促使他们多数与黎族通婚。在通婚与生活过程中，汉族的后代容易黎化，这种现象在海南方言村话形成中尤为明显。村话主要分布在海南东方市、昌江县一带，在三亚也有一定的分布。村话是迁徙到海南的汉人在与黎族女性通婚中形成的，他们后代在日常交流中使用母系语言，但保留了部分父系语言的某些称谓。③近人黄强在《五指山访黎记》记载："晚饭后，接见数人。中有龙某，石城人，年六十余，曩随冯子材入峒，现设肆崖县之藤桥。又有吕某，陆川人，前属龙济光部，龙败流落，娶黎女，家住大旗。二人均以收账来此。此辈与前日加钗所见之李某，均属散兵流落，同化于黎。黎族复杂，可以概见。"④可见，与黎族女性通婚后，汉黎结合后裔第二代就出现了黎化的趋势。

在黎化的福建移民中，李姓人数不少。《诸蕃志》记载："去省地远者，为生黎，近者为熟黎。各以所迩隶于四军州。黎之峒落，日以繁滋，不知其几千百也。咸无统属，峒自为雄长；峒为雄长，止于王符张李数姓……四郡之人，多黎姓，盖其裔族；而今黎族人，乃多姓王。"⑤这表明王姓，是黎族，特别是未纳入朝廷统治黎族的主要姓氏；而编户齐民的黎族中，存在张姓、李姓等，其中不少黎族首领为李姓。

---

①《乾隆崖州志》卷八《风土志·风俗》，第297页。
②林国平、邱季端：《福建移民史》，方志出版社，2005，第375页。
③符昌忠：《海南村话》，华南理工大学出版社，1996，第4页。
④黄强：《五指山访黎记》，《近代琼崖旅行记四种》，海南出版社，2016，第132页。
⑤冯承钧：《诸蕃志校注》，中华书局，1956，第146—147页。

明代以后，李德裕贬谪在琼山一带的崖州被误认为是三亚的崖州。《正德琼台志》载："望阙亭，在琼山县张吴都颜村，唐崖州址南。李德裕贬时建。李德裕诗：独上江亭望帝京，鸟飞犹用半年程。青山也恐人归去，百匝千遭绕重城。按：《旧志》列此亭于今崖州城南十里。《外纪》因论今崖州乃唐振州，而李德裕事实俱在焉，岂以珠崖为总名而振州亦称崖州欤？今考《崖志》，又称亭在城东南三里新兴坊，为宋丁谓所建。唐崖州在今琼山颜村，德裕事迹安得在彼？必承传之误，故今依《永乐志》移列于此。"①

这表明，在明朝中期，就有人认为李德裕贬谪之地是三亚的崖州。清代以后，崖州建祠祭祀李德裕，《光绪崖州志》记载："五贤祠，在州城西门外，祀唐李德裕，宋赵鼎、胡铨，元王仕熙，明王倬。康熙十一年，知州张擢士修。久圮。乾隆十九年，知州宋锦重建。道光八年，知州袁斯熊迁建鳌山书院左。"②五贤祠的建立，进一步固化了李德裕贬谪之处在三亚崖州的印象。

此外，明朝以土官治理黎族地区，黎族子弟有大量被荐举进入学校读书以及进朝为官的机会。即使土官制度被废除之后，这种机会依然存在。明代崖州地区可考的黎族州学生有二十九人，其中永乐年间最多，有九人。③ 随着教育的发展，黎族子弟获得教育机会大为增加，不少黎族首领逐渐提高儒学知识，并逐渐出现士大夫化的倾向，丘濬在文章《世引堂记》记载了海南当地黎族首领符节："以祖父来官乡土，节忝为宗子，当继其职，而为一坊人所附。土俗，非其宗不属也。"④这表明，黎族首领子孙已经逐渐士大夫化。⑤加上明清时期黎族地区不断推行里甲制度以及交通要道的改善，教育逐渐深入到黎族地区，加深了他们的国家认同感。与此同时，崖州附近的黎族也逐

---

①《正德琼台志》卷二四《阁楼上·琼山县》，第478页。
②《光绪崖州志》卷五《建置志·坛庙》，第148页。
③张朔人：《明代海南文化研究》，社会科学文献出版社，2013，第216页。
④《民国儋县志》，第523页。
⑤贺喜：《编户齐民与身份认同——明前期海南里甲制度的推行与地方社会之转变》，《中国社会科学》2006第6期。

渐编户齐民，在宋代时期，崖州"熟黎峒落稀少，距城五七里许，即生黎所居"①。到了明代中期，"崖州，厢四，乡二，都一，里十四"②。崖州附近的居民结构发生变化，以汉族或者熟黎为主。生活在崖州周围的黎族随着文化水平的提升，也开始产生士大夫化倾向。在这一过程中，作为编户齐民黎族中的大姓李姓也自然士大夫化，开始有了身份认同。

明清海南开始大量修订家谱，③随着黎族受教育程度提高，越来越多人受到中原文化的影响，编户齐民的黎族后裔也开始对祖先进行追溯。《崖州直隶州乡土志》中说："生熟黎姓皆与汉人同，最多王、符、高、董、苏、林、周、李。散居于州北诸岭前后，居岭前者为熟黎，居岭后者为生黎。汉人足迹能到者，凡四百七十余村峒。州境黎族人居十之七纳赋税。间有读书识字、剃发改装者。"④

该书还记载："州属氏族，以陈氏为最大，林、邢二姓次之，孙、王、黎、张、吉、罗、关、韦、郑、黄、符、周诸氏又次之。多由福建莆田县甘蔗村来，惟邢氏由文昌县来，黎氏由乐会县来，韦氏为韦执谊之后。他如裴氏为晋公之后，卢氏为多逊之后。自迁崖至今，或二十余代，或十余代不等。又，多港峒黎族人李姓者，丁口数千，系德裕弟德禧之后。今其村有李阁老祠。"⑤

到了近代，有调查还表明："四差系唐代李德裕及乡贤邢宥之子孙避世入山，渐化为黎。"⑥这说明，在三亚一带的邢氏，也有黎化的现象，他们追溯祖先为邢宥。据此，李德裕家族后裔化黎传说的出现，也合乎情理。

### 三、李德裕后裔化黎传说的文化意义

王明珂指出，华夏边缘人群华夏化过程的普遍策略，就是寻得或者假借

---

①冯承钧：《诸蕃志校注》，中华书局，1956，第145页。
②《正德琼台志》卷一二《乡都》，第283页。
③邓玲：《海南家谱与汉文化南迁研究》，华中师范大学2012年博士论文，第22页。
④《崖州直隶州乡土志》，第712页。
⑤《崖州直隶州乡土志》，第713页。
⑥彭成万、殷汝骊：《调查琼崖实业报告书》，海南书局，1937，第85页。

一个华夏祖先传说。假借华夏祖先做法，史书记载颇多，比如秦王室和楚王室都说自己是颛顼之后，越王勾践说自己祖先为大禹，匈奴、鲜卑、羌都说自己是祖先为华夏。华夏边缘人群华夏化过程中，华夏人也可以寻回失落先人的后裔。这样，华夏与华夏边缘人群有共同祖先记忆，二者能相互接纳。①到了中古时期，随着谱牒的流行，华夏边缘人在追溯祖先时，除了认同华夏祖先时，还往往虚构郡望与世系，带有很强的汉化色彩。②

三亚黎族李氏起初居住在"毕兰村"，在崖城西南一带，为客语区，即福建移民后裔居住地区，后辗转到"抱劝村"，为黎族居住地区，反映其由汉转黎的过程。抱劝村地理条件比较优越，适合农耕，这些黎化李氏在此定居之后，日出而作日落而息，生活稳定，文化水平也得到提高，遂将其祖先追溯到李德裕家族，一方面符合海南移民史的特点，另一方面符合传统的谱牒特征。李德裕家族后裔化黎有两个版本，一个是江浙一带的版本，为李德裕后裔化黎；一个是海南岛流传的版本，为李德裕之弟李德禧后裔化黎。这两个版本差异出现的原因，是李德裕死后，史书明确记载归葬，因此在当地或者家族知识分子的参与下，将李德裕后裔变为李德禧后裔，避免与史书记载的矛盾。这也反映了随着教育的普及以及黎汉交融发展，部分黎族上层逐渐士大夫化，并在谱牒文化系统中定位自己的身份，获取身份认同与文化认同。

李德裕后裔化黎的传说，也体现了海南岛民族融合的独特性。"黎融为汉的主要动力来自封建王朝在海南上推行的'编户齐民'政策。相反，汉融为黎主要来自民间自然涌动的力量"③。宋代以后，移居到海南岛的士大夫，有明确的世系记载，"子孙多能收家谱是征"④。普通人移居海南岛并逐渐黎化后，在追溯自己的祖先时，并没有追溯到遥远不可知的先祖，而是追溯到与

---

① 王明珂：《华夏边缘：历史记忆与族群认同》(增订本)，浙江人民出版社，2013，第188—190页。
② 龙成松：《中古胡姓家族研究：以族源、地域、文化为中心》，武汉大学2016年博士论文，第85页。
③ 于华：《海南民族团结进步的历史考察》，《海南热带海洋学院学报》2020年第3期。
④ 《正德琼台志》卷七《风俗》，第138页。

海南有渊源的祖先。李德裕与邢宥后裔化黎，反映了这种现象。而这种现象的出现，是在明代海南少数民族教育获得发展的情况下产生的。由此可见，随着少数民族地区文化的进步，黎汉交融程度加深，追溯祖先也成为编户齐民黎族后裔的文化追求。

# 第四章　清代海南少数民族教育

清代对海南岛少数民族教育比较重视,在国家层面上出台了诸多有利于海南岛少数民族教育的措施。海南黎族逐渐"向化",儒家思想被少数民族接受。清代澄迈一带少数民族华夏化程度加深,就是其中的典型表现。鸦片战争之后,清朝国力削弱,清代晚期发生的"土客冲突"使清政府认识到重视在海南岛少数民族中开展教育,是避免少数民族百姓起义的重要手段。清朝末年,随着科举制度的废除,新式教育也在海南少数民族聚集区出现。

## 第一节　清代前期海南少数民族教育及其成就

随着经济文化发展,清代海南少数民族分布出现了较大变化,黎族分布区域比较集中;回民分布集中在三亚一带;疍民逐渐减少,分布区域更加集中。

清朝海南岛越来越多的黎族逐渐编户齐民,"自来琼患在黎,近则黎多向化,昔日所视异类者,将来或齐之编氓,渐磨之久则然耳"。①

澄迈,"县属旧有黎峒三,曰南黎一都,曰南黎二都,曰正中都,内有

---

①《广东图说》卷六七《琼州府》。

黎村一百三十有七。今皆薙发编入版图，无异齐民，向无峒长哨官"。①

定安，"归化图，城西南二百三十里。内有黎峒七并见，上喃唠峒，水满峒，红毛上峒，红毛中峒，巢居穴处，未入版图。十万峒，蚺蛇峒，加钗峒，编入版图"②。

乐会，"其属黎峒四。上南峒，城西南一百一十里，内有黎村七，设黎长一。中南峒，城西南一百一十里，内有黎村三，设黎甲一名。下南峒，城西南一百一十里，内有黎村五，设峒长一名。北峒，城西北一百里，内有黎村六，设黎甲六名"③。

临高，"其属黎峒二。番溪峒，城南一百八十里，内有黎村十四，社峒长一名。阜青峒，城南一百八十里，内有黎村十六，设峒长一名"④。

儋州，"沙锅岭……山之北，州民居之，山之南，黎族人居之。龙头岭，黎族人居之。牙旺岭……西南为薄沙峒黎居之。冯墟峒，熟黎居之。七坊峒，熟黎居之。黎婺山，生黎居之。其属黎峒四。龙头峒，城南一百里，内有黎村二十六；十六村熟黎，九村生黎，一村苗黎，设黎管一名，哨管二名。七坊峒，城南一百五十里，内有黎村二十六，二十二峒熟黎，四村霞黎；设黎管一名，哨管二名。薄沙峒，城南一百六十里，内有黎村三十三，九村熟黎，二十四村生黎；设黎管一名，哨管二名。冯墟峒，城南一百六十里，内有黎村八十三，六十村熟黎，二十二村生黎，一村霞黎；设黎管一名，哨管二名"⑤。

万州，"其属黎峒三，西峒，城西八十里，内有黎村十二。北峒，城西北六十里，内有黎村八。太平峒，城西北一百八十里，内有黎村十二。向设峒长一名，黎首十二名"⑥。明朝分布在思马等地区的黎族聚集地已经华

---

①《广东图说》卷六八《澄迈》。
②《广东图说》卷六九《定安》。
③《广东图说》卷七二《乐会》。
④《广东图说》卷七三《临高》。
⑤《广东图说》卷七四《儋州》。
⑥《广东图说》卷七六《万州》。

夏化。

昌化，"有黎峒二。大村峒，城东北八十里，内有黎村九，设总管一名，哨管一名。大员峒，城东北一百里，内有黎村八，设总管一名，哨管一名"①。明朝的南黎四图、北黎五图等已经华夏化。

陵水，"宝亭巡检司一员，驻宝亭市，其属黎峒三十二，梯村弓等十四弓为熟黎，设总管三名；宝停弓等十八弓为生黎，无峒长哨官。脚一图，民黎杂处。亮一图，其属黎峒六，为熟黎，社总管一名"②。

崖州，"其属黎峒二。东峒，城东北一百二十里，内有黎村七十四。西峒，城西北一百八十里，内有黎村四十二。旧社峒长六名，总管三名。正三亚里，城东北九十里，民黎杂处。永宁里，城东二百里，民黎杂处"③。

清朝文昌没有黎族分布，主要是编户齐民，与汉族风俗习惯没有多大差异。会同在县的设置过程中，将黎族划分给乐会县，故而也没有黎族。

清朝疍民主要分布在三亚。乾隆期间，疍民还在三亚广泛分布。"疍民世居保平港、大疍港、望楼港濒海诸处。男女罕事农桑，惟缉麻为网罟，以渔为生。子孙世守其业，税办渔课。间亦有置产耕种者。妇女则兼织纺为业"④。但到了光绪时期，已经是"今无疍民"⑤。

在万宁一带，"疍人隶州者，若新泽、东澳等处。茅屋，居海滨。业鱼，赶墟换谷，岁纳鱼课。妇人髻垂后，或插簪包金。戴平头藤笠，负贩。长至日宰牲备酒，招亲邻，曰'作冬节'。近日不使得捕鱼，仍纳岁课焉"⑥。

文昌也有疍民，"文昌县邑无黎而有疍。疍，世渔户也。茅檐覆地，屋顶出入"。

清朝海南的回民，分布区域减少。海口的回民，逐渐演变为疍民。"蕃民所，在海口浦，即今海田村，元建。所置官，立其民之长麻林为世囊总

---

① 《广东图说》卷七五《昌化》。
② 《广东图说》卷七七《陵水》。
③ 《广东图说》卷七八《崖州》。
④ 《乾隆崖州志》卷八《风土志》，第296页。
⑤ 《光绪崖州志》卷一《舆地志》，第52页。
⑥ 《康熙万州志》卷三《土俗志》，第141页。

管。今子孙犹存,为蛋家。"①

万州也有回民。"番,本古占城人,元初遭乱,泛舟泊州境海滨,寻迁居城西,曰'番村'。明初,隶于所。与军余同事,多蒲姓,番语。不食猪肉。宰牲,必见血方食。不供祖先。识番书者,为番长。设庙祀番神,朔望诵经,合掌罗拜。每月轮斋。当斋者,涎不下咽,见星月乃食。男子素帛缠头,不饮酒。妇女髻垂后,短衣长裙。以烧灰染菁为生。女将嫁,亲邻往馈贺,以手摸其面,慰之。没,不棺,但以布裹骸,侧身而葬"②。

不过,清代回民主要分布在三亚。"番民,宋元间因乱挈家泛舟而来,散居大蛋港、酸梅铺海岸。后聚居所三亚里番村。初本姓蒲,今多改易。不食豕肉,不供先祖,不祀诸神……念经礼拜,信守其教,至死不移。吉凶疾病,亦必聚群念经。有能西至天方,拜教祖寺茔,归者群艳为荣。岁首每三年必退一月。本月朔见月吃斋,以次月朔见月次日开斋,为元旦。捕鱼办课,广植生产。婚不忌同姓,惟忌同族。不与汉人为婚,人亦无与婚者。"③

清朝比较重视教育,要求地方设置义学。义学的设立有利于编户齐民的少数民族教育。顺治九年(1652)要求:"每乡置社学一区,择其文义通晓、行谊谨厚者,补充社师。免其差役,量给廪饩养赡。提学按临日,造姓名册申报查考。"

顺治十五年(1658)规定:"土司子弟有向化愿学者,令立学一所,行地方官,取文理通明者一人,充为教读,以司训督。岁给饩银八两,膏火银二十四两,地方官动正项支给。"

另外,康熙五十二年(1713)也要求:"令各省府、州、县多立义学。延请名师,聚集孤寒生童,励志读书。"

雍正元年(1723)下诏:"各直省现任官员自立生祠、书院,令改为义学,延师授徒,以广文教。又议准:州、县设学多在城市,乡民居住辽远,不能

---

①《康熙琼山县志》(康熙二十六年本)卷四《建置志·顾忌》,第79页。
②《康熙万州志》卷三《土俗志》,第141页。
③《光绪崖州志》卷一《舆地志》,第52页。

到学。照顺治九年例，州、县于大乡、巨堡各置社学，择生员学优行端者补充社师。免其差役，量给廪饩。凡近乡子弟年十二以上，二十以内有志学文者，俱令入学肄业。仍造名册，于学臣按临之日申报查考。如社学中有能文进学者，将社师从优奖赏。如惰于教习，钻营充补，查出褫革。并该管官严加议处。务期启发黩童，成就俊义，以备三代党庠术序之法。"[1]

清朝比较重视少数民族教育，一些政策也惠及黎族。《清史稿·选举志一》记载："又有义学，社学。社学，乡置一区，择文行优者充社师，免其差徭，量给廪饩。凡近乡子弟十二岁以上令入学。义学，初由京师五城各立一所，后各省府、州、县多设立，教孤寒生童，或苗、蛮、黎、瑶子弟秀异者。规制简略，可无述也。"

雍正十三年(1735)议准："粤东凡有黎猺之州县，悉照连州，一体多设官学，饬令管理厅员督同州县，于内地生员内，选择品行端方，通晓言语者为师，给以廪饩，听黎猺子弟之俊秀者入学读书，训以官音，敦以礼义，学为文字，每逢朔望，该学师长率共徒众，亲诣附近约所，恭听宣讲《圣谕广训》，申明律例，务令通晓，转相传诵，俟其观摩日久，渐通文字，该督、抚另行酌量题请设学，以示鼓励。"[2]

乾隆时期，地方官员奏请朝廷要重视海南黎族教育。有关档案记载，乾隆六年(1741年)二月二十五日："广东按察使臣潘思榘谨奏，为请设黎童义学以广圣朝文教，以化边愚事。洪惟我朝列圣相承，诞敷文德，西被东渐，凡含生负性之伦，莫不蒸蒸然慕义向风，乐亲长吏，是以云贵、湖南等省设有苗童义学，以施教育，诚旷古未有之盛典也。粤东向有俍、瑶、黎三种，俍人世居高凉，为梁陈时冯盎部落，即今高州府茂名县辖属之地。前明尚有俍兵，自我朝以来，渐染教化，改其旧俗，陆续附入民籍，读书应试，衿监日多，并耻有俍人名目，将所居俍饶都改为朗韶都，此即涵濡文教之明征

---

[1] 索尔纳等编纂，霍有朋、郭海文校注：《钦定学政全书》卷七三《义学事例》，武汉大学出版社，2009，第287页。

[2] 索尔纳等编纂，霍有朋、郭海文校注：《钦定学政全书》卷七三《义学事例》，武汉大学出版社，2009，第288页。

也。至瑶人散居者极为安静，即连州八排之瑶，山深类繁，向颇顽梗，近年来输税皈诚，渐摩声教，已经设有瑶童义学，延师课诵，听各瑶人分造子弟就学，亦日就蒸陶变化矣。惟黎族人僻处海南，其性更为愚朴，如地方官以恩信抚绥，其爱戴皈命之诚较之瑶人倍切，第以不识字画数目，往往被土棍汉奸诈欺扰害。臣在海南道任，严行禁戢，并于黎族人赴诉时详为开导询访，知黎族人赋性虽愚，其知识原与齐民无异，未尝不愿知书识礼，所以因循旧习，不能染被文教者，实由本地民人惟恐黎族人知识字义难以诈欺，故群相遏抑，而地方官又向以化外驱之。第抚循以遂其生，全未尝教训以开其心志，以致黎族人终古颛蒙如居长夜，殊非圣朝广宣文教、化海边愚之至意也。臣查琼属十三州县，文昌县无黎，琼、澄、临、会、乐五县黎族人无多外，其崖、陵、昌、感、儋、万、定七州县，黎族人最多。除生黎住居深山，其余各黎多与民村错居间处，非若苗瑶另居峒寨，与民人不相往来者可比。且黎族人与民人贸易往来，语言相习，并有通晓官音者，更非苗瑶之语言不通者可比。是黎族人就学从师，本属便易，应请于崖、陵等七州县均照苗童义学之例，令该州县官酌量地方远近，设立义学，择本地贡生生员品学兼优之士，令其实心教诲。所需膏火，即照民人义学酌量支给。地方官如系因公赴乡，即亲诣该学劝谕开导，如黎童中有能识字成诵者，量给花红、纸笔，以示奖励。有能通文应试者，许令一体考试，格外优奖。其贡生生员，果能实心教诲、著有成效者，地方官给与匾额，并详明学臣列之优等，以示鼓励。如此则黎族人熏沐教泽，愈知安分守法，土棍、汉奸无由施其诈欺扰害，黎地永享敉宁之福。抑且渐摩礼仪，化导转移，将尽去其椎髻、文身之陋，一如俍籍之化为编氓，益光圣朝文治矣。臣目睹黎族人情形可施化诲，不揣愚昧，谬陈管见。是否可采，伏祈皇上训示。谨奏。"①

乾隆皇帝朱批的是"将此折交督抚，听其奏议"。《清高宗实录》卷一三七记载乾隆六年(1741年)二月三十日："(潘思榘)又奏，琼州府属崖、陵、

---

① 练铭志、张菽辉主编：《〈清实录〉与清档案中的广东少数民族史资料汇编》，广东人民出版社，2011，第40—41页。

昌、感、儋、万、定七州县，黎族人最多，除生黎居深山，其余多与民错处，言语相习，并通晓官音，就学从师本易，请照苗童义学例，量地方远近设义学，择本地贡生生员中品学兼优之士教之，资以膏火。有识字成诵者，量加奖劝；能文章应试者，许考试。则黎族人熏沐教泽，愈知安分守法，土棍汉奸，末由欺诈。"

第二年，潘思榘的上奏获得批准，《清高宗实录》卷一七二记载，乾隆七年（1742）八月十一日，"大学士议准：署两广总督庆复议复广东按察使潘思矩奏称，琼南四面环海，中有五指山，住居生熟黎族人，性质愚蒙，不知读书。应照云、贵、湖南苗童之例一体教导，于黎峒相近之区崖、陵、昌、感、儋、万、定等七州县设学一十三所，选择品学兼优之贡生生员，每年给予修脯，令实心教诲。果有识字成诵者，量赏纸笔；能通文应试者，另编黎字号，每州县额取一名，一体乡试。下部议行"。

因此，这一年，"乾隆七年议准：广东崖岭等七州县，各于黎峒相近之区，准设义学一十三所。择本地品学兼优之贡生、生员，令其实心教诲。每年各给修脯银二十两，统在公项内支给。如黎童有能识字成诵者，量赏纸笔。三五年后，果有能通文义者，该督咨明礼部，移送学臣。照苗学之例，另编黎字号考试。每州、县录取一名，许其一体乡试。其课读之贡生、生员，著有成效者，奖以匾额。如虚糜廪饩，有名无实，地方官即行斥逐"①。

《清史稿》卷三〇八《潘思榘传》记载："潘思榘，字絜方，江南阳湖人。（雍正）十三年，迁海南道。浚琼州西湖。深入五指山，安辑黎众，劾守将之残黎民者。调粮驿道。乾隆四年，迁按察使。惩贪鉏猾，理冤狱尤多。民以旱纠众入市掠夺，思榘方被疾，强起坐堂皇，立捕数十人杖以徇，事乃定。疏言：'广东有俍、瑶、黎三种：俍世居茂名，今附民籍，读书应试如平民。瑶亦输税归诚，设瑶童义学为训课。惟黎僻处海南，崖、儋、万、陵水、昌化、感恩、定安七州县为最多。生黎居深山，熟黎错居民间相往来，语言相

———
①索尔纳等编纂，霍有朋、郭海文校注：《钦定学政全书》卷七三《义学事例》，武汉大学出版社，2009，第289页。

习,请于此七州县视瑶童例设义学,择师教诲,能通文义者许应试。'部议从之。"可见,潘思榘建议发展海南黎族教育,是其在海南长期为官调查当地情况的结果。

乾隆八年(1743),庆复也建议在海南发展黎族教育,《清史稿》卷二九七《庆复传》记载:"旋移督两广,疏劾粤海关监督郑伍赛需索侵蚀,拟罪如律。又疏言:'琼州四面环海,中有五指山,黎族人所居。请设义学,俾子弟就学应试,别编"黎"字,州县额取一名。'……均从之。"

不过,潘思榘、庆复等人争取来的发展黎族教育的措施,效果似乎并不明显。乾隆十四年(1749)九月十二日,两广总督硕色、广东巡抚岳濬上奏说:"臣等伏查广东省,仅止广州府属之钦州,与安南接壤,其余并无土司,向未设有土学。惟广、肇、韶、琼四府,罗、连二州,均有瑶黎各种,雍正十一年及乾隆五年间,曾于连州之三江口及韶郡之曲江、乐昌、乳源等县,先后创设瑶学。乾隆七年,又经前督臣庆复奏请,于琼州府属之崖、感、陵、昌、万、儋、定等七州县,建设黎学一十三处,每年动支公费银二百六十两,给为馆师修脯在案。今钦奉谕旨:苗蛮正宜使其不知书文。臣等跪读训示,仰见我皇上睿谟远照,至圣至明。此正王制所称,齐其政不易其俗者是也。臣等窃思粤省黎、瑶错居内地,虽与外番、土苗远处边微者不同,然犷悍之性、椎髻之风,实与番蛮无异。地方官抚驭之道,惟有以瑶治瑶,顺其习俗,循其自然守法者抚之,以思气(桀)骜者惩之。以法宽严互济,威惠并行,则彼自凛畏慑服,地方相安,似亦毋庸令其读书识字,转致开其智巧,渐生机诈。且风闻各属所设瑶学,类多有名无实,徒縻公帑。臣等随密行布政司,将行之是否有益据实查复去后,今据广东布政使吴谦钴禀称,查明韶、连二属之曲、乐、三江等处所设瑶学,因无瑶童从学,久已停废,现止乳源一处尚存。然就学者,皆附近民人,并无瑶人子弟。其琼州府属所设黎学一十三处,虽现有馆师在内,而黎童甚属寥寥,且语音各别,教无所施,均属有名无实,议请停止前来。臣等伏查从前设立瑶、黎各学,原欲使其诵习诗书,渐摩礼仪,或可革其旧染,共为良氓。然此辈犬羊之性,非惟书旨精微,骤难化诲,且循其蠢尔无知之本来面目,尚可慑以威信。若令其稍通文艺,则智巧渐开,机变日长,诚如圣谕是教之使为汉奸矣。况约束黎、瑶,全在严内外之防,以杜勾引之弊,乃因开馆设学,而令黎民常相聚处,恐往来日久,馆师未必不为教诱,义学难保不为藏奸,诚属有损无益。所有东省瑶、黎各学,均应概行停止。嗣后,臣等自当督率地方官加意抚辑经理,平时驭之以恩威,示之以诚信,严察汉奸潜越,禁止兵役滋扰,俾令各安耕凿,乐其所天,以仰副我皇上怀柔绥靖至意。毋庸强令读书,循虚名而长奸匿。除密饬布政司转行各该地方官,将现在虚设而无瑶童就学之处先行裁撤。其黎学于庚午年为始,概行停止额支馆师修脯银两,仍归原款充公外,缘奉训谕事理。所有臣等查明,粤东止有瑶、黎各学,而无土苗学舍,及一体查酌办理缘由,臣等谨会折秦闻。伏祈皇上睿鉴。谨奏。"①乾隆皇帝的朱批是:"知道了。"

又据《清高宗实录》卷三四九记载:"乾隆十四年九月三十日两广总督硕色、广东巡抚岳濬会奏、广东连、韶、琼等处先后曾设瑶、黎各学,每年动支公费,给馆师修脯。今查各处因无瑶童从学久废,惟韶郡之乳源一处尚存,就学者亦无瑶人子弟。黎学虽有馆师,黎童甚属寥寥。且语音各别,教无所施,应概裁。额支馆师修脯银,仍归原款充公。报闻。"

虽然是"报闻",皇帝的朱批是"知道了",但没有采取裁撤的办法,故而相关措施依然还是存在的。

嘉庆九年(1804)刘墉等人建议:"准湖广之苗瑶、广东之黎峒、广西之土官土目子弟,云南威远之彝人,四川之番民羌民等向具准应童试,如愿捐监,准其一体报捐。"②

清朝海南地方官员也重视少数民族教育。比如,"张凤徵,字威凤,宣城人,顺治间以拔贡知陵水县。当兵燹之时,凤徵抚定流移,兴复学校,政

---

① 练铭志、张菽辉主编:《〈清实录〉与清档案中的广东少数民族史资料汇编》,广东人民出版社,2011,第47—48页。
② 刘锦藻:《清续文献通考》卷九六《学校三》,浙江古籍出版社,1988年影印本,卷八五六〇上。

教大行。三十九峒闻风向化，生黎亦无为患者"。①

清代的黎族教育机构中，定安居丁书院有重要意义。居丁书院是康熙二十九年(1690)定安县知县董兴祚创办，"他不具论，如设约亭讲圣谕，修理文庙、城郭、桥梁，人所同也。至编民数、绝苞苴、息讼狱，畏伯起金，拒崔挺璧，己所独也。若培士类，崇师儒，捐俸延师，训及黎岐，侯加人一等矣。又念定土广，学设在邑，东南居民小子企来就傅，道里苦远，因冯太君学庄地构书院，延师诲之，真所谓教思无穷者乎！庄离邑三十里许。院前建一堂，祀奉文昌梓潼帝、汉寿亭侯于其中，使乡人岁时伏腊常集读法讲武，亦犹邑约亭，朔望聚处云尔"。②

居丁书院的经费来源是邑人梁叠购买二百亩地，作为义田，其收入用以资助相关经费。"居丁地隶定邑，距城南三十里许，置有市店，商旅往来孔道。市东西尽腴田，耕之人即市廛居焉。地与田为吴氏业，所从来久矣。岁丙寅，梁叠石翁来自禺山，秉铎定庠，慨然以立德立功为志。观其甫就师席也，念堂庑卑陋，垣墙剥落，为之峻其宇，崇其墉，即其池而桥之，规模宏远，耳目一新，非其功之著于文庙者耶？……戊辰春，不远千里，扳舆迎节孝太母临署侍养，合一庠人士之欢以事其亲，喜可知已。乃善承母志，捐金满百，置此居丁田二百亩，立为学庄。母且脱簪珥以足其价。是田也，课士供膳出于斯，秋闱卷费出于斯，非甚盛德而能然乎？"③居丁书院持续时间并不长，"居丁书院，在居丁市。康熙三十年，知县董兴祚建。久废"。④

清代黎族教育获得了很大进步，海南不少地区黎族子弟都能上学读书："其近民居者，直与齐民无异。近多遵守王化，雍发着裤，并令子弟读书。"⑤《道光琼州府志》卷二〇《海黎志·村峒》也记载："熟黎者，归化既久之黎也。饮食衣服与民人同，惟束发于顶，其俗未改。日往来城市中，有无

---

①阮元：《道光广东通志·琼州府·宦绩录》，海南出版社，2006，第711—712页。
②吴应廉：《光绪定安书院》卷七《艺文志·居丁书院碑记》，海南出版社，2004，第609页。
③《光绪定安书院》卷七《艺文志·居丁书院义田记》，第607页。
④《光绪定安书院》卷二《建置志·古迹》，第211页。
⑤《乾隆琼州府志》卷八《海黎志·黎岐志》，第828页。

相易，言语相通，间有读书识字者。其户口编入图甲，有司得而治之，故亦不为人害。"①

在澄迈，康熙四十七年（1708），知县高魁标、教谕蔡昌镐、训导顾兆正捐俸，同南黎绅士建南离社学于南黎嘉乐，置田供膳。②

清朝澄迈黎族教育获得了长足进步。在澄迈福山镇，1882年到海南岛考察的香便文看到："小镇上的人大多数讲黎方言，但是也懂海南话，还有几个人会讲粤语，让我感到很是欣慰。差不多每家、每个店铺都买书，还有几所学堂，表明此地并不完全忽视教育。"③

在白沙细水乡，香便文写当地的黎族人："他们非常欢迎我们，渴望我们回来，在这里兴建学校。"④

在定安，"今熟黎风俗稍依汉人，亦能延师教读，渐归礼让之风，惟近生黎者则异耳。据黎总管云，生黎近亦有效熟黎习俗，易俗移风可望……邑以南曰南黎峒，地夷民乐居之，久充里甲。惟光螺在县西南四百里。原系黎峒出没之冲。今二图俱平民居住，久充里甲。光螺民亦诵诗读书，上叨国典。思河多佃户，服王化，不生事"⑤。

定安黎族科举取得了一定成就。"岁贡：乾隆时，钟金声，间二白石人；罗天枢，间二官寮坡人，乐昌训导。光绪时，叶文经，光螺新村仔人；虞大臣，南间一村仔人。增贡：王国烈，南间一排山人，中书科中书。例贡：林秀峰、陈经纶，间二人；郑君良，光螺岭北人。赀叙：王际定，间一青梯人，从九品家景子，不论单双月县丞，分发广西"⑥。随着教育成功，儒家思想在定安黎族地区影响很大，出现了不少列女。

庞氏，间一从良陈经斗妻，二十二岁孀。矢不再适，抚孤儿安策入监。孀居至老，毫无瑕疵。咸丰年，邑举人张钟琇请旨旌，建坊乌坡市北大路。

---

①《道光琼州府志》，第860页。
②《光绪澄迈县志》卷二《建置志·社学》，第107页。
③香便文著，辛世彪译注：《海南纪行》，漓江出版社，2014年版，第28—29页。
④香便文著，辛世彪译注：《海南纪行》，漓江出版社，2014年版，第113页。
⑤《光绪定安志》卷五《黎岐志》，第739—740页。
⑥《光绪定安志》卷五《选举志》，第361—375页。

符氏，间二程有守妻，廪生符世美妹。年二十四嫠，誓不再醮。抚弟之子兴会为嗣。五旬有七终。

吴氏，光螺山头监生吴开熙姐，廪生凤栖姑，归市坡岭许湖为室。年二十四寡，仅遗一女。携养稚弟长成，生二男，完婚。弟又故，二男均为抚恤，而取一以承夫祧。守节四十余年，族党无玷言。年逾七十而终。

刘氏，光螺图岭门市沈世兴之妻。年二十六而世兴故，遗二男二女。氏矢不再醮，抚养男女长成婚嫁。克成家道，皆氏苦节所致也。

黄氏，光螺图岭门市沈维豪妻，年二十八孀居。善事翁姑，和睦妯娌。抚养孤儿世章，蒙郡宪赏赐军功，先逝；又抚孤孙相臣长成。艰楚一生。

符氏，光螺图鹿寨村陈光殿妻，二十四岁孀。抚孤儿长成婚娶，艰楚一生。

薛氏，光螺图岭背村例贡生郑君良之妻，监生锡龄母。氏二十二岁寡，锡龄方数岁，抚之长成婚娶。自荐地基，创造祖祠，工料亦氏自出。又捐土名斧头田三丁，椰园一所，为祠中烝尝。守节始终一致，无亏妇道。享寿七十七。

蔡氏，光螺图岭背村王之昭妻。青年孀守，抚养孤儿翰清长成完婚。义方训诲，身名无玷。

彭氏，间一图南东村监生彭洛次女，归于同图岭底村监生吴朝瑞之长男开华为妻。氏二十四而华故，义不二夫，冰霜自守。和睦宗族，抚养胞侄泰东以延夫脉。白头无玷，寿六十六。

甘氏，间一图大户村王经武妻，十九岁嫠。氏义不二天，敬事姑嬉，和睦妯娌，抚养侄儿绍裕长成婚娶。裕之孙元三，进武庠。氏享寿八十八。

樊氏，光螺图里寨村监生樊焕明之姑，十基山村符口口妻。十七岁于归，二十六岁夫故，遗男女二人。氏甘守清贫，殷勤纺织，教诲婚嫁，各率其常。

陈氏，光螺图福寨村监生郑龙章之婶母，郑口口妻。十九岁字，二十岁孀。孝事老姑，和睦妯娌。抚龙章之胞弟国书为己子。甘守清贫。国书于甲子科应试未达，归家病卒。氏千辛万苦，与媳王氏养教二孤孙克守儒业。现

101

年六十七。

李氏，闰一青梯村人，监生王执中之弟家昆之妻。二十九孀居。上事耄姑，下养稚女，仰事俯畜，无亏妇道。现年六十。

符氏，闰二南晚庠生王兆龙之子朝魁妻，廪生符世美女，照磨家煌妹。十八于归，二十岁寡，矢不再醮。奉老姑，抚二岁子崇德成立。有七孙。现年六十三。

王氏，闰一黄耆村增贡生曾启孟之子生员宗圣妻。氏年二十六寡，遗一女。养稚弟成立，携侄为嗣。寿七十。①

定安黎族中列女的出现，表明儒家教育的发展，逐渐影响了当地的风俗习惯。

清代海南回族教育也有所发展。在儋州市峨蔓、那大、干冲、长坡海头、新英等乡镇近10个村庄，居住着近2000名蒲姓居民。根据记载，他们祖先为宋元时期蒲寿庚家族。在明朝时期，其祖先蒲杰迁徙到海南儋州经商，繁衍至今。与此同时，他们也接受儒学教育，走上科举道路。《南海甘蕉蒲氏家谱·分支琼州府儋州莪蔓房历世太高曾伯叔祖、伯叔、兄弟、侄恩荣谱》中记载："翰宝郡庠生，峻封之父。峻封，郡优廪生，道光乙酉科拔元。怀绵，增生。华封，郡庠生，峻封之兄。庄林，岁贡生，候选训导。占风，优廪贡生。攀桂（以下俱庠生）、镇店、表海、文军、端、甲林、振、肇林、出林、出振、之彦、之谷、国赠、马骝、圣宗、德崇、敬所、向旗、克明、献宾、廷珍、上宗、殿光、福堂、爵辉、占枢、占瑶、文泉、泮魁、占梅、丹青、茂春。占熊，原名缵祖，别字渭南。光绪丁未年两广师范毕业贡生，选用训导。剑，优廪贡生，任徐闻县训导。松森，贡生。占魁，增生。怀瑜，邑案元。允缉（以下俱国学生）、就简、允旺、孔椿、允统、冠英、冠琼、书升。"此外，"崖州：文绣，庠生。攀桂，武庠。时光、朝镇、岳泰、长流、向荣，口贡生。其谏，恩九品。侯邦、其量，俱修职郎。世宗、袁温、元瓒、际远、孔茔（莹）、岳带、石养、发千、才举、衍昭，俱九品寿官。焕文、亮采、益

---

① 《光绪定安志》卷六《列女志》，第490—518页。

雅，俱六品军功。庆星、应麟，贡生。锡瑶、本正、本俊，俱业儒"。① 可见，迁徙到海南的蒲氏逐渐转向士大夫家族，在此过程中，他们的生活习惯除了葬礼中依然用白布裹缠尸体之外，其他逐渐与汉族无异。②

清代三亚回族居住在所三亚里，所三亚里有番村，在三亚村东。三亚村，为正三亚里管辖，在崖州城东百里。③ 史书中对所三亚居民也有记载。"陈国安，所三亚人。生乾隆乙卯，年光绪辛丑，寿一百零七岁。刘国选，所三亚人。现年九十三"④。"李氏，所三亚人。举止端庄，言笑不苟。年二十，适同里海澜清。才一载，夫亡。氏育嗣子，以绵夫祀。孀守七十八年。寿九十九终"⑤。

清代三亚回族主要以渔业为生，"特授崖州正堂，加二级，记录四次许为乞恩准，给碑横模，以久远事。据士民蒲儒嵩、周贤盛、周之造、王仕伟、蒲祖贤、蒲嵩、蒲高仕、蒲弘仁、周元秀、蒲高贤、陈国傅、蒲锡嵩、蒲金玉、蒲春倚、蒲水发、蒲万谥等、状呈前事，到州空批准抄录判语，勒碑在案。随查保平里徐翰珪等，三亚里蒲儒嵩等，互控海面一案，缘州属沿海东至赤岭与陵水交界，西至黄流莺歌与感恩接壤。共载米五百八十四石二斗零，共编征课银一百六十二两九钱零。近年所三亚里，完银六十一两三钱，保平里完银五十两六钱零，望楼里完银四十二两九钱零。其海面虽无界址，而各里登户。向来按照各埠采捕输纳，或有异邑小艇，呈请给照顾在其海面采捕，即帮照其处课粮该管。现该完纳，相沿已久"⑥。

清代三亚回民文化水平比较高。乾隆四十七年（1708）发生了一波惊动了大半个中国的"海富润文字狱"。"据桂林府知府贵中孚禀称，奉谕查缉匪徒，兹于桂厂见有一人初蓄辫发，状似还俗僧人，询称伊名海富润，系广东

---

①丁国勇标点：《南海甘蕉蒲氏家谱》，天津古籍出版社，1987，第106—107页。
②马建钊：《海南回族的历史来源与社会变迁——对海南省三亚市羊栏镇两回族村的历史学与人类学考察》，《回族研究》2001年第4期。
③张巂：《光绪崖州志》卷五《建置志》，海南出版社，2004，第52—53页。
④张巂：《光绪崖州志》卷一八《人物志》，海南出版社，2004，第515页。
⑤张巂：《光绪崖州志》卷一八《人物志》，海南出版社，2004，第521页。
⑥黄怀兴：《三亚市回族〈正堂禁碑〉》，《三亚文史》第2辑。

崖州三亚村回民，游学已阅九年，发因病脱新蓄未长等语。查其行李箱内有抄录回字经二十一本，据称或系自抄、或系买来、或系送受，至其中有无违碍无从识辨，又汉字《天方至圣实录年谱》一部十本、《天方字母解义》一本、《清真释疑》一本、《五功释义》一本、《天方三字经》一本，俱系江宁回人刘智所著，袁国祚等于乾隆四十暨四十三等年刊行，板系袁氏家藏"。

此后，清朝政府派人到三亚海富润家进行抄家，抄出大量经书，"广西巡抚臣朱椿跪奏，谨将查出回民海富润携带回经书籍开，列清单恭呈御览，计开：《天方至圣实录年谱》一部十本；《天方字较[母]解义》一本；《清真释疑》一本；《五功释疑》一本；《天方三字经》一本；以上各书系汉本。《特直威德》一本；《古利寺拖纳》一本；《老宿涂勒木算经》一本；《胡特布》一本；《包特那扎经》一本；《已而沙得经》一本；《雪而福》一本；《而挖弥勒》一本；《孩儿喀意革》一本；《白亚泥经》一本；《满蓼经》一本；《哨经》本；《儿喀叶得经》一本；《射而暇目尔脊》一本破；《杂学得而哇忒经》一本破；《木兴妈特经》一本破；《杂学》一本破；《纂查泥经》一本破；《费格黑墨思殴得经》一本破；《特补色耳经》一本散；《委喀夜经》一本散。以上抄写回经新旧大小共二十一本，有无违碍不能识辨，据该犯口音以汉字记其名目，合并陈明"。

另外，"乾隆四十七年五月二十一日准广西抚臣朱椿咨开，据桂林知府贵中孚盘获回匪海富润，搜出汉字书五种，语多狂悖荒唐，业经签出恭折具奏，海富润系广东崖州三亚村回民，据供家内有父祖、叔侄、兄弟，该犯于乾隆三十九年四月内在广东省城礼拜寺从马尚仁读经五月……臣查海富润携带狂悖经书往各省游荡，该犯家中定有不法字迹，其父祖、叔侄、兄弟在籍有无聚众诵经，煽惑诓骗亦须彻底根究，当即密委雷琼道率同琼州府亲赴崖州海富润家内严密搜查，将搜出字迹连各犯属解省审办，并即饬臬司景禄督同广州府丁尹志等至省城礼拜寺严加查搜，研讯马尚仁从前容留海富润在寺教读何项经典、有无聚众引诱。随据该司等禀称，在寺内查出回字经一百五十三本、汉字旧抄药方二本、汉字四书五本、汉字《千字文》一本、汉字《三字经》一本、汉字《初学诗》一本，逐细检阅并非违禁之书，此外亦无不法字迹"。①

海富润文字狱因三亚村回民海富润而起，后来牵涉范围甚广。出于稳定政局的需要，海富润文字狱的涉案人员最后被从轻发落。从这一文字狱事件可以看出，海南三亚一带的回民，文化水平比较高。他们四出游历学习，进一步提升了自己的文化素养。

海富润案发生后，三亚不少回族移民到国外。在三亚的海南回族，虽然受到了一定的冲击，但文化上依然保持一定水准，《三亚港通村蒲氏简谱》不仅记载了海南回族发展状况，而且记载了其分支与科举情况。"1. 一甲改称高家之系统：六传位明为监生。2. 二甲改称哈家之系统：五传应慧为例贡。3. 四甲改称刘家之系统：七传必恭为监生，八传茗崧为监生，生辉为武生。4. 五甲改称李家之系统：五传子英为监生，六传春芳为监生，春生为监生。5. 十甲改称海家之系统：八传士明、麟玉、麟昭、廷筠皆为监生，九传文辉为监生，大兴为例贡，八传廷洁，九传文谟、文灿为武生，文绣为附生，十传德宏入翰林院。6. 十甲改称傅家之系统：七传怀义为监生。7. 十甲仍称蒲家之其余系统：启昌为例贡。"②从中我们可见，三亚回族监生颇多，也有不少武生。可见当时三亚回族的教学保持在较高的水准。

## 第二节 晚清时期海南少数民族教育

光绪时期，朝廷对海南黎族教育再度重视。这一时期清朝重视海南黎族教育，有其复杂的历史背景。清朝末年时，朝廷面临边疆危机，在国力衰退情况之下，朝廷对少数民族地区的起义，已经不能采取单独依靠武力镇压的模式来获得成功。《清德宗实录》卷二二三记载，光绪十二年（1886）正月十二日："谕军机大臣等曾纪泽奏，琼州情形，较台湾尤为吃重，并请将生番

---

①上海书店出版社编：《清朝文字狱档》（增订本），上海书店出版社，2011，第456—463页。
②周伟民、唐玲玲：《海南〈三亚港通村蒲氏简谱〉失落、复得及其文化价值》，《新东方》2009年第12期。

黎族人，设法化导等语。广东琼州防务，前经该省督抚调兵扼扎惟系暂时设防，未及经久之计。该处孤悬海外，逼近越界，应如何未雨绸缪，扼要布置？著张之洞、倪文蔚，酌度情形，会商妥筹，奏明请旨办理。至琼州黎族人，叠次滋事重烦兵力，果能设法化导，变狂榛为驯扰，实为当务之急。本日据张之洞奏檄，委张得禄署理琼州镇总兵，即著督饬该总兵，会同雷琼道妥为开导。宣谕朝廷德意，务使逐渐归化，著有成效。仍将议办情形，随时具奏。"曾纪泽建议，对海南黎族要采取化导的办法。

以往海南黎族起义后，统治者反思对黎族措施时，很少采用"化导"的办法。乾隆三十一年（1766），黎族起义被镇压后，两广总督杨廷璋等人提出六条建议："客民、黎族人宜分立村落也；从前之钱债书目宜详查清理也；民黎交易宜酌墟场也；熟黎宜令剃头以昭画一页；贡木贡香宜酌定章程也；汉奸潜入黎村宜实力稽查也。"[①]乾隆四十六年（1781）黎族起义被镇压后，当时的两广总督觉罗巴延三认为："虽由去岁黎地歉收，本年正月米价骤昂，并有民人借贷加倍取利，经逼还情事，当将重利放债之民人孟陶等十二名拿获，率同臬司景禄严行办，并严饬该道、府、州留心访拿，归案办理，节经奏明在案。兹又据拿陈均富、林石封二名，现已审拟。伏查乾隆三十一年黎匪滋事，起于重利益剥，曾经条议，禁止民人入黎放债。历来地方官阳奉阴违，并不认真查办，遂致日久滋事。今该署知州徐藩明知此节，恐以失察干咎讳匿不禀，殊属欺饰，未便因其深入黎境、全犯已获稍为姑容，相应请旨，将署崖州事临高县知县徐藩革职。至署琼州府候补知府丁亭、雷琼道吴九龄，虽俱赴该处督办获犯，其平日未能觉察，以致民人重利盘剥，滋成事端，应一并请旨，交部分别严加议处。所有三十一年以后之失察各官，容臣查明咨部议处外，理合恭折参奏。"[②]即认为黎族起义是高利贷造成的，要防止高利贷即可。

---

[①]练铭志、张菽辉主编：《〈清实录〉与清档案中的广东少数民族史资料汇编》，广东人民出版社，2011，第78—80页。

[②]练铭志、张菽辉主编：《〈清实录〉与清档案中的广东少数民族史资料汇编》，广东人民出版社，2011，第105—106页。

嘉庆九年（1804），黎族起义再度被镇压后，时任两广总督倭什布等人建议防止黎族起义的措施主要有："民黎同乡插居，宜分立村落也。缘崖州黎多民少，向分东西两其村庄、田地，在在与黎境毗连，视各州县，内黎外民，界限井然者迥惟是民黎同处一方，每因薄故细嫌酿成事变。即如此次张那梗等不过因地收成少歉，欲向村民借贷不遂，怀恨焚劫……各村熟黎宜与民人一体编列保甲也。查崖州东西各村熟黎、虽设有峒长、黎首、消官名目，但向无按村编查户口之例，以致村中黎丁出入为匪，并内地汉奸替入为患，此番戡治之后，自应立法稽察，以昭严密。应请饬传各村熟黎峒长、黎首人等，查明所管村中黎丁男妇户口、姓名，造具清册，编查保甲，发给门牌悬挂，并责令该峒长等晓示黎丁，互相稽查。一户为匪，九户协拿，交峒长等解官究办。倘有汉奸私入滋扰及别处黎匪窜入藏匿，许该村黎族人捉拿解究，毋许擅自杀害。如敢徇隐，一并坐罪……西路黎村宜令照旧与东黎一体补设峒长，以专责成也。"对于以上建议，嘉庆帝认为设立保甲措施效果有限，"民人保甲尚不能实力行，况熟黎乎。恐未必有效"。但是，要严禁客民向黎族放贷，"必当严禁。此为正本清源之论"。对于编甲过程中要有文字记录的问题，要有"黎族人不识文字，向系公举平素亲信识字之民人充当该村甲头，带领黎首赴州上纳钱粮，办理公事，此等户口册籍应即著令各甲头协同黎首查造呈缴。所需纸笔之费令该州给发，毋许书役经手，以杜需索之弊，则易于集事，而奸萌不致滋长矣"。可见当时黎族中很多人不识字，也导致了赋税出现了问题。①

道光十一年（1831），黎族韦色容等起义被镇压后，两广总督李鸿宾等人提出善后建议："臣等查该处防范黎族人本有旧定章程，惟因日久玩生，奉行不力，遂致滋生事端，是以前将办理不善之府、州一并参惩。今所议各条，臣等逐加察核，较旧章略有增加，均属因时制宜，益臻周密。该道、府已饬州照行数月，各民黎等均尚向化服从，应遵旨胪列具奏，以昭法守，庶

---

①练铭志、张菽辉主编：《〈清实录〉与清档案中的广东少数民族史资料汇编》，广东人民出版社，2011，第124—126页。

可永远遵行，俾靖顽黎而弭边害。所有遵旨筹议崖州善后章程缘由，谨合词恭折具奏，并缮章程清单，恭呈御览。"①

道光十四年（1834），黎族符兴元起义被镇压后，两广总督卢坤等人提出善后八条意见，即：酌留弁兵，以慎防闲。团练乡勇，以资守御。掺捕余匪，以断根株。查拏汉奸，以绝煽惑。设立墟场，以通有无。禁越界往来，以杜勾串。讲求水利，以免荒旱。筹拨经费，以备缓急。②

光绪十年（1884），张之洞任两广总督之前，崖州地方官员鲍灿等就有《立章训黎二则》，要求黎族百姓要教育自己的孩子去读书。"黎族人均系圣朝百姓，各有身家性命，理宜安分守法。《诗》曰：'普天之下，莫非王土；率土之滨，莫非王臣。'该黎族人果安耕凿，足衣食而兴礼义，与齐民何异？倘敢为匪不法，固应加以骈首之诛；如系诵诗读书，亦可跻于士绅之列。尔绅民其以礼义待之，毋以刻薄加之。须知理有循环，物极必反，害人即害己也。……尔各峒黎族人既经就抚，急宜勤耕种，完纳钱粮。其有年纪幼小者，须入书馆，教其读书识字；或各村凑合，敦请先生教学。将来识字，可以记簿或钱债借拟书记簿内，不为奸民所欺。家中老幼，须讲明五伦，学习礼义。有钱者准其盖屋买田，无钱者急须学艺赁耕。数年之后，衣冠兴起，即可成一文物乡村也，谁敢欺尔黎族人哉？"③

光绪年间，海南发生土客矛盾，张之洞等人平息土客矛盾之后，为了实现对海南岛的有效治理，提出抚黎政策。光绪十二年（1886）十一月初二日，张之洞在《致屯昌冯都办》中指出："窃拟有抚黎数策……从前为匪黎族人，投诚者免，抗拒者诛，擒斩来献者重赏。……将来开通十字路后，择要设官安营，各村黎长编立上目，就中的设总土目数人。……开通后、里境有矿，各由给钱租赁，绝不强占，黎汉均享其利。……开通后，民人生具盐布与黎地本粮香药等物，设场互市、来往场通、公子交易，于黎族人有益。……既

---

①练铭志、张菽辉主编：《〈清实录〉与清档案中的广东少数民族史资料汇编》，广东人民出版社，2011，第151页。

②《清宣宗实录》卷二五一。

③乔红霞：《明清黎情文献四种》，海南出版社，2018，第283页。

立上目,责具水不敢系掠抗官初结,所属有把者、治土目罪、各土自皆须各城章属至官署当差。……每村须设一义学,习汉文,讲圣谕,经费就地筹办。……投诚各票,无论生然,一律测发,违者以抗拒论。……投诚票首,须开送户口草册,投诚黎众,贵令前驱开山伐本,按里的结赏物。以上十二条,刊到告示,会列公与部衔广为散布,传入察峒,令众黎知木军开山,并非歼其种类、夺其生计、且于坡有益,世不至负隅死抗,可免顿军损将也。"

光绪十二年十二月二十四日,张之洞在《招抚琼州峒黎示》中提出:"兹特奏定条章,明白宣谕尔黎峒总管头人及一切熟黎、生黎、歧黎等,务宜深谕国家威德,互相传布、展转劝导,各率峒内诸黎捆献各匪,缴纳军械,造送户口清册,律剃发改装,并须向导官军助工开道。本部堂、督办仰体圣上如天之仁,必当善为抚字,使尔生熟黎歧各得其所。总期除莠安良,永息寇乱,黎汉人等各安生业,兴利阜财,立学施教,变易鄙俗,沐浴圣化,从此全琼境内共享升平。顺逆祸福,一任该黎自取。所有招抚事宜开列于后……每数村仿内地设一义学,延请内地塾师习学汉文,宣讲《圣谕广训》,所需经费就地筹办。"①

光绪十三年二月十七日,张之洞在《剿抚各黎开通山路折》中明确指出采取相关措施在黎区兴办义学:"每数仿内地设一义学,延请塾师,习学汉语、汉文,宣讲圣谕广训,所需经费,就地筹办。令在籍绅士总兵林宜华、副将符鸿升等,分遣通晓黎语团绅,经历各峒剀切宣谕。其霞黎、苗黎、哮黎、干脚岐各种类多裸处,酌给衣,令其渐被冠裳之化,训其顽悍之俗。现据各路禀报,已经薙发改装、就抚造册者,东路丁口三万余,北路一万余,西路四万余。"②

鲍灿在《呈督宪张〈汉黎舆情〉折》(1887)中提出要"化黎为民延师教读",其具体的措施有:"自化归为民后,薙发、穿衣、冠婚、丧祭一切制度事宜,应照汉人行为。当即延师教读,学习武艺。文师二十名,武师五名,分派在

---

① 周伟明、唐玲玲主编:《张之洞经略琼崖史料汇编》,海南出版社,2015,第87—89页。
② 周伟明、唐玲玲主编:《张之洞经略琼崖史料汇编》,海南出版社,2015,第28页。此奏折为张之洞与吴大澂共同上奏,有文献标明其标题为《会奏黎匪剿抚事宜疏》。

崖、感两属民村，设立蒙馆，去其气质，渐染薰陶，俾得咸知圣教大道、孝弟忠信、礼义廉耻。所有教师值日供膳，系各民丁自备。惟脩金一项，则由地方官给发，将防黎经费支销，倘有不敷，另行筹款。延师教读，此事大约总于十年，即可以风化尽美矣。"在《恩准应试额列文武》中，提出："延师授教民丁读书，即习艺三载考绩，仰恳天恩逾格鸿施，明文通行，着民丁同汉人一并至州府赴试，其卷皮上写'民童'二字。查崖州系中学，岁、科二试，额准各入学二名，武试人二名，共六名；感恩乃是下学，岁、科、武三试，额准各入学一名，共三名。使知荣显大贵，互相鼓舞振作，愤发有为，以至穷理、尽性、致命益。"[①]

光绪十三年（1887）六月十三日，张之洞等人提出对于海南黎族的五条治理意见，其中一条就是除弊化俗。"各黎性固愚犷，亦甚朴鲁，平日每为奸民剥削，尤应加意体恤。查知黎村粮赋，向来不免为蠹胥、地棍抑勒欺蒙。现据署崖州知州刘保林票，称已查明，量加核减，复经严饬各属，一律查核，力除苛累。如有奸商欺骗盘剥，团勇索扰，奸民诬害，一并严行惩办。其建立义学一节，万州已设有六处，此外各州县饬令一律酌办，先令粗通华语，略识汉文。宣讲圣谕广训，使知礼义、法度之大端，且免为奸民所愚。至客匪一项，自上年秋冬以来，历经方长华派军查拿、勒交正法者一百余名。惟客强土弱，积憾过深，而客民赋性凶狠，官军一撤，难保不纠众报复。现经方长华督饬地方官传集土客各绅，剀切劝谕，解释宿嫌。查有漏网未获之客匪，捆送者给赏，容隐者连坐。若土人仇杀诬陷，亦必按律治罪。土村匪徒一律清厘惩办。但目前尚须兵威弹压，方能责令遵守。其有悍暴客民习惯生事者，贷其一死，勒令携家离琼，不容逗留。先除其败类，继之以持平，庶可经久相安"[②]。

关于在黎族地区兴办学校的经费，张之洞接受冯子材的建议，将一些"叛乱"的首要分子的家产充公，用来建设学校。教学内容也以识字为主，并

---

[①] 乔红霞：《明清黎情文献四种》，海南出版社，2018，第305页。
[②] 练铭志、张菽辉主编：《〈清实录〉与清档案中的广东少数民族史资料汇编》，广东人民出版社，2011，第294页。

不传授非常深奥的知识。《批雷琼道府票请拨经费设屯田义学》(光绪十三年十月十二日):"屯田为备边之良规,非抚黎之切务,繁重而无实用。至筹建义学乡塾,前准冯督办电称'各属查办客黎叛产甚多,拟请以半变价、以半招耕,为修造义学及常年经费'等语;该道府等应即督同各属遵照清厘举办。此等事全赖地方官率作兴事,若悉仗公帑经营岂有济耶?黎地义学不过先令其学习汉语汉文,认识村书杂字,宣讲《圣谕广训》,如是而止,不必求深。"①

张之洞还要求义学建设要保证工程质量,在《致崖州方副将(敬)》(光绪十四年三月初六日发)中他明确指出:"文昌乃星宿,非义学所当奉。独祀关帝亦未妥。欲知圣教,自应拜孔子。诸黎入学,设先师位,塾师率领叩拜。义学建用砖瓦,工宜坚实,切勿草率。"②

得到朝廷许可后,张之洞等人在黎区兴办学校,光绪十五年(1889)八月初六,张之洞等人上奏说:"现在,琼州黎境分设抚黎局八处,各派委员一两人,文武参用。每局各募土勇一百名或数十名,责令该员等经营平决争讼,缉拿盗匪,修路垦田,设墟招商等事。岭门一局、南丰一局、凡阳一局、番岖一局、乐安一局、廖二弓一局、茅地一局、古振州一局,皆系扼要之所,即为将来设官控制,应增应移张本。其新开各路,近外者畅行无阻;近内者稍有水冲、草没之处,已严饬各局随时巡查、修理、芟剔,以免梗塞。设立墟市数处,商贩渐集,如定安之荔支(枝)园、陵水之闵安墟、儋州之薄沙峒、牙汪村等处,民黎食货交易日多。其各墟所设义学,黎族人子弟多有来附学者。"③

黎区兴办学校经历了重重困难,实属不易,甚至有人为此付出了生命。光绪十五年(1889)八月初六日,张之洞等人还上奏说:"再,琼州攻克中东两路黎巢及续剿陵、万黎匪阵亡瘴故人员,前经臣分别奏请赐恤在案。兹查自攻克崖州南林黎巢及荡平七弓、五弓等处匪巢以来,迄今三年,所有在事

---

① 周伟明、唐玲玲主编:《张之洞经略琼崖史料汇编》,海南出版社,2015,第82页。
② 周伟明、唐玲玲主编:《张之洞经略琼崖史料汇编》,海南出版社,2015,第225页。
③ 练铭志、张菽辉主编:《〈清实录〉与清档案中的广东少数民族史资料汇编》,广东人民出版社,2011,第300页。

文武员弁，除七弓阵亡武职四员外，其积劳瘴故者共有三百三十余员之多，均未及邀奖叙，遽已殒身瘴域，赍志重泉，实堪悯恻。查崖州为琼南瘴疠最重之区，陵水七弓、五弓等处，均与崖境接壤，山深水毒，林莽纠纷，各该员弁等凿险缒幽、擒渠扫穴、开通各路、安置电线，次第经营善后事宜，设墟市、建义学，以及招商、垦田、伐木等事，历久不懈，扶病不退，或殁于营次，或殒于中途，其忠壮坚忍，矢志报国，百折不回，尤堪悼惜。兹查明阵亡参将方呈祥等四员，瘴故文员补用知府准补南雄州知州陈起倬等六十一员，武员提督衔总兵萧永清等二百六十五员，分别等差开县清单，恳恩救部议恤。其有升衔升阶者，均请照升衔升阶赐恤，出自逾格鸿慈。除将伤亡、瘴故勇丁汇案造册，咨部议恤外，谨附片具陈。再，广东巡抚系臣兼署，毋庸会衔，合并声明。伏祈圣鉴。谨奏。朱批：该部议奏。单并发。"①

1893年，鲍灿还在《咨观察杨〈汉黎舆情〉折》建议："黎民今虽有读书识字，文风未开，州属宜请文师六七名，县属五六名，每名教黎童三十人。每童赞送先生谷子一秤，惟文师脩金，每年每名由官给四十千文，四季支收。文师在黎村教读，黎民如有事故，实来请教先生，为师长者，当以理开导，排难解纷。倘若唆讼等事，查出照例加等严办。如能勤慎，教读有方，禀请从优奖赏。延师教读，十年之前汉教黎，十年之后黎可教黎，二三十年风化尽美矣。敝府光绪十年在崖州营都司任，会商萧州牧办理黎务，十七年奉往崖城公干，众黎目到寓叩见，言语喜色。回郡时沿途黎村迎送，情意依依，黎民之可教可化，概可见矣。伏思黎民住山峒，自耕自息，无所外谋，但因事势，几不聊生，迫于滋事。务宜观民为观我之本，所有一切积弊，出示各属司汛、乡村、黎峒，勒碑晓谕严禁，永远革除。同寅协恭，恪守成规，以实心行实事，不独熟黎感恩，则生黎亦可向化。事宜五也。"②

张之洞等人在黎区兴办学校，产生了很好的效果。光绪二十三年（1897）

---

① 练铭志、张菽辉主编：《〈清实录〉与清档案中的广东少数民族史资料汇编》，广东人民出版社，2011，第301页。

② 乔红霞：《明清黎情文献四种》，海南出版社，2018，第309—310页。

八月初七日广东举人唐丙章上奏《平黎疏》中提到："汉黎虽异，而好恶不殊。况近日之情形，迥非前比。近边熟黎，耳濡目染，渐慕华风。其黎酋有遣子出外就学者，有延师课读者；其富人有欲援例以求顶戴者。南丰墟设有抚黎局，每有差票到各黎总处，皆竦惶匍伏，如对大吏，此其向化之机与畏官长之心之可见者也。"因此，他还建议："学校宜创设也。黎歧（岐）之顽梗，以无诗书之泽而然。今宜于琼崖各属生贡，择其有学行者分散各黎总处，令其子弟入学，或将伦常大义编成韵语，以为诱劝。如此则未遽移风易俗，而渐摩既久，自可变化于无形矣。"①

光绪二十九年（1903），岑春萱为两广总督时，进一步重视黎族教育："曾为黎族人特设学额二名，取入黎生员二人，一名王义，一名黄云珍，皆陵属黎峒之人，二人均热心教育。王义尤为明干，任陵属黎团总。"②岑春萱的做法，是进一步发展了张之洞的治琼思想。张之洞看到清末琼州科举不振，"以故近十科以来每科乡试大率七八百人至九百余人，往往竟无一人获隽，至北上存官，往返北属不易，会试中式者数科间得一人，殊无以坚其励学之心，鼓其进取之志"。他提出建议："俯准援案将广东乡试民卷中额八十三名内拨出三名，编定玉字号，每科就琼州府属取中三名，会试人数在十名以上，恳思于广东中额拨出一名、取中若不及十名，临时无庸请旨，以示限制。其武乡试、会试，亦拟请照文闱名数编定中额。"③

在张之洞、冯子材等人的努力下，黎族居住地开设了诸多学校，用以教育黎族子弟。清朝末年，"叶绅士某某等复起化黎之愿，招黎族人子弟肄业书院，教之作文"。④

1886年，在陵水地区，冯子材率军在陵水县境内征剿时，为了对黎族子弟进行教育，"到处设立抚黎庙（实为武圣庙）创办学堂，教黎民子弟读书识

---

①练铭志、张菽辉主编：《〈清实录〉与清档案中的广东少数民族史资料汇编》，广东人民出版社，2011，第315页。此文又见于《民国儋县志》卷十一下《艺文·平黎疏》。
②彭程万、殷汝骊：《琼崖黎民之状况及其风俗与教育》，《地学杂志》1922年第11期。
③周伟明、唐玲玲主编：《张之洞经略琼崖史料汇编》，海南出版社，2015，第24—25页。
④彭程万、殷汝骊：《琼崖黎民之状况及其风俗与教育》，《地学杂志》1922年第11期。

字。"①光绪十八年(1892),黄振士烈士的父亲黄国仁,时任陵水县警察官,为了培养黎族子弟,同保亭七弓峒主王维昌、王勋,大艾肚峒主马大阮,花丛峒主谭家昌等十多名黎族头人,在陵水县城办起了"同仁学堂"。②也有记载说"同仁学堂"是由当时的陵水县令王昌所办,招收百分之六十以上的黎族学生,还规定黎族各弓峒都要集资办类似的学堂,祖庙祠堂为学习场地。③但不同记载中相同的说法是:"同仁学堂"对黎族、汉族子弟一视同仁,是黎族、汉族子弟共同学习的学校;学校对黎族学生的学费一律减免,学堂的资金费用全部由官府负责。黎族首领王维昌保送和发动了大量黎族学生到该学校读书。④早期琼崖农民运动的领导人之一、中国共产党党员黄振士,八岁时就被送到"同仁学堂"读书。⑤

在保亭,冯子材进入五指山后,在道突村设立第一所小学学校,即道突小学,"保亭黎族人读书识字皆以此校为始,此校成为五指山腹地黎族人文化的发源地。当地颇有名气的读书人是王维昌、王维兴堂兄弟"⑥。

1903年,清政府废除科举制度后,新式学校建立。海南黎族聚集地区也建立了诸多形式的学校。1905年,保城地区总管左有文和王义在保城道隆村创办了宝亭小学,招收邻近黎族儿童入学。1911年后该校迁移到保亭县城,《左有文总管事略碑文》中记载:"清光绪三十一年(1905),同王义等,创设宝亭小学一所,以资化顽变冥。惟内地水土烟瘴,教师难抵诊侵。清宣统元年(1909)迁校县城,总管慷慨解囊,囊咸善举。兹弓峒普玄,胶庠人文,骎骎尉迟,暗地渐渐开明,此非总管努力倡之功欤。"⑦从文中记载可以得知,宝亭小学建立后,当地的少数民族的文化水平有所提高。

---

①胡总义:《抚黎庙创建始末》,《陵水文史》第6辑。
②胡学智、王平、张运璜:《黄振士烈士传略》,《陵水文史》第1辑。
③陈番姚等:《陵水县同仁学堂的由来》,《陵水文史》第3辑。
④郑有坤口述,朱开宁、朱少川整理:《我所知道的黎族头人王维昌王昭夷父子》,《通什文史》第3辑。
⑤胡学智、王平、张运璜:《黄振士烈士传略》,《陵水文史》第1辑。
⑥保亭黎族苗族自治县地方志编纂委员会编:《保亭县志》,南海出版社,1995,第371页。
⑦周伟明、唐玲玲主编:《海南史传与碑传汇纂》,知识产权出版社,2013,第716页。

在万宁兴隆，清末兴隆黎团总长钟启桢创办了四黎学校，招收黎族子弟入学。钟启桢父亲钟圣夫随冯子材抚黎，在黎族中信用很高，所以有诸多黎族子弟到四黎学校读书。[1]

三亚也建立了新式学校对黎族子弟开展教育。《光绪崖州志》卷五《建置志·学校》记载："时雍小学堂，在城内西北副将署左。光绪三十四年（1906），知州冯如衡详请旧练兵馆改设，以教育黎童。"为了更有效地对黎族孩子进行教育，冯如衡还精心制订了时雍学堂的教学宗旨，要求从学者先立品行，次及文化，以忠于上，以孝于亲；里因仁美、邻以德熏；行不履邪，言不涉妄。同时，冯如衡还为时雍学堂亲拟《校训》。《校训》包括学生应志于学、尊敬先生、忠厚正直和利国爱民等内容。并且规定，每周星期一，召集众生宣读，令其恭听。[2]

宣统元年（1908），范云梯任崖州直隶知州时，在州治崖城先后创立了崖州直隶州高等小学堂、崖州直隶州初等小学堂、崖州直隶州女子学堂（公费）、崖州直隶州平民夜学堂。另外，还创办各种专业学堂，如崖州直隶州农业学堂，培养农业技术人才；崖州直隶州工艺学堂，教学生织布、造纸和编织藤竹家具；崖州直隶州巡警学堂，培养治安武装骨干。其办学经费是便援例卖官，将所得充作办学经费。范云梯任职期间，崖城便树起学新学的风气，各地望风景从，相继兴办新学。[3] 时任感恩知县的章献猷在《上前督宪周筹办琼崖地方八事条陈稿》就提出："请札饬琼崖各州县创办黎族人学堂，限六月内一律办成，延聘汉人教习，专教黎族人子弟识字读书。"[4]

在白沙什聘村，1905年左右，黎族首领王维昌也创办了什聘小学，招收黎族儿童和青少年进行启蒙教育。[5]

清光绪三十二年（1906），陵水县顺湖书院改为顺湖高等小学堂。每逢入

---

[1] 彭程万、殷汝骊：《琼崖黎民之状况及其风俗与教育》，《地学杂志》1922年第11期。
[2] 蔡明康：《冯如衡与时雍学堂》，《三亚文史》第1辑。
[3] 陈锡礼：《范云梯与崖州新学》，《三亚文史》第1辑。
[4] 章献猷：《上前督宪周筹办琼崖地方八事条陈稿》，1909年铅印本。
[5] 郑有坤口述，朱开宁、朱少川整理：《我所知道的黎族头人王维昌王昭夷父子》，《通什文史》第3辑。

学季节，该学堂均张榜公布向陵水县各地区招收入学学生，一般有3个班的学生(每班50人)，招收的教学对象均以黎族学生为主。学校聘请姓张的先生为该校校长。同时还在保亭第七区设置分校，招收本地黎族学生入学接受教育。1901年，创办东关小学堂，该学堂招收1个班级，学生人数为45人。第二年，东关学堂因故停办，学生并入顺湖高等小学堂。翌年，陵水县增设了两所初级小学堂。第一初级小学堂招收学生2个班，入学学生100人；第二初级小学堂招收2个班学生，入学学生95人。随后，两个初级小学堂合并为县初级国民小学校。县国民小学校学制四年，课程有国文、算术、史学、体操、唱歌、理化等。教学经费主要由县书院学款拨给。① 日本侵陵时期，县国民小学校被逼停办，抗日战争胜利后，县国民小学校恢复办学。

此外，黎族中不乏有志之士也非常重视文化，主动发展私塾教育。在白沙地区，清朝末年，受儋州等地文化的影响，"白沙县狮球、阜龙、细水等乡始有文化传入。狮球乡的旺丁村最早办起一间私塾，村中'奥雅'从儋州请来塾师，所教内容为《三字经》《幼学故事琼林》类。后来在阜龙、罗任(今细水乡罗任村)、牙叉等相继兴办私塾"②。

在琼中地区，冯子材兴学开办教育，设立义学，后来发展成为私塾学校。这是五指山黎族人民学用汉文汉语的开端。早些时候，黎族上层人士和家庭生活较富裕者，自己聘请教师到家中，专门教其子弟，这就是家庭私塾学校。创办较早的家庭私塾学校有什模村(今方也一队)的王轩炳家，后来又发展到王林光家、王家南家。经过了若干年后，又发展到毛塔村(今新民村)、方也村(今方也二队)、方响村、毛纳村、水满村、牙排村等。各黎族村庄普遍创立了私塾学校，每个私塾学校入学的学生少有十人八人，多至十多二十人，塾师的一切生活费用均由入学者担负。家塾、村塾都没有统一编制教材，一般都以国文为课程，学制也没有明确规定，而且时办时停。由于

---

①陵水黎族自治县地方志编纂委员会编：《陵水县志》，方志出版社，2007，第703页。
②林书田：《白沙县教育简史》，《白沙文史》第2辑。

创办私塾学校历史已久，较早任过私塾的教师有冯实初、周仲民（定安县人）等人。①

琼中的番文村，为了让子孙后代接受文化教育，早于清光绪末年，程、张两代家族鼎力合办了一所私塾，有20多名学童进入私塾就读。教师是本村张氏，名字记不清，此人去世后继任私塾教师的是吴仕俊。②

在崖州一带，"黎村每有学堂，有塾师课孩子读书，是日至浮浅，宿于学堂茅棚中"③。

## 第三节　教育与清代澄迈黎族华夏化

明清时期，朝廷对海南的统治逐渐强化，海南与各地的经济文化交流频繁。海南黎族逐渐纳入国家编户齐民体系之中。编户齐民之后，海南黎族在经济文化上有哪些变化，目前的研究并不多。④ 其主要原因就是海南黎族材料比较少，相关记载又比较模糊，导致研究难以深入。康熙、嘉庆、光绪年间修订的《澄迈县志》⑤，明确记载了较多编户齐民后海南黎族在政治、经济与文化上的变化，可以探讨海南澄迈黎族编户齐民后华夏化的过程。

明代对海南黎族地区的治理，在元朝基础上，采取土舍制度，"明永乐二年初，崖州罗活峒作难，监生潘隆计奏领招抚，无功伏诛。蒙委通判刘铭、办事官欧可成等赍礼部榜文，招谕寻领。招黎土人王贤祐等相率入

---

①王轩友：《五指山第一间小学的概况》，《琼中文史》第1辑。
②潘先桴：《重教化民风淳朴》，《琼中文史》第8辑。
③胡传：《游历琼州黎峒行程日记》，《近现代琼崖旅行记四种》，海南出版社，2015，第12页。
④目前的海南史与海南黎族的研究之中，对编户齐民的黎族发展关注较少。吴永章的《黎族史》（广东人民出版社1997年版）关注黎族发展，对编户齐民的黎族研究比较少。林日举的《海南史》（吉林大学出版社2002年版）以及周伟民等人的《海南通史》（人民出版社2017年版）对这部分群体的研究也涉及不多。张朔人的《明代海南文化研究》（社会科学文献出版社2013年版）涉及明代编户齐民黎族在科举上的成就，但其他方面未深入研究。
⑤康熙年间，在康熙十一年和康熙四十九年两次修订《澄迈县志》。

朝。澄迈则以王朝冠等为招主，量其招抚多寡受赏除官有差。上按知府，下受巡检，爵虽有不同，其职专以抚黎为事，不得与民事焉。"①到了成化年间，逐渐采用编户齐民，即由官府管理黎族事务。《明史·广西土司三》中记载："琼州黎族人，居五指山中者为生黎，不与州人交。其外为熟黎，杂耕州地。原姓黎，后多姓王及符。熟黎之产，半为湖广、福建奸民亡命，及南、恩、藤、梧、高、化之征夫，利其土，占居之，各称酋首。成化间，副使涂棐设计犁扫，渐就编差。"但是土官依然有强大的生命力，"按抚黎官初设以抚为名，及其后放恣，动与州县争雄。又近黎奸民欲避差役，谋借近黎都图作眼招主阳夺有司人民，阴收生黎厚利。使非周宗礼、王增祐之叠疏，革除不许袭职，其祸犹末艾也。后土官虽已革籍，而子孙犹假土舍，因其厚赀，交通权要，密间黎情，阻其归顺，遇有新附，则威胁以张已势，一有征剿则漏泄以鼓黎凶。此辈将焉用之，宜其革绝之早也"。② 朝廷在编户齐民过程中，虽然一度引起了部分土官的不满，③ 但明政府逐渐调和，强化黎族编户齐民的同时，在一定程度上保持了土官的利益，土舍制度延续到清初。④

明清时期，黎族主要分布在澄迈县永泰乡的有四个都，即西黎都、西黎中都和南黎二都。⑤ 清初年列为四黎籍，其由来是"明永乐四年，抚黎知府刘铭奏籍以抚黎官王朝冠等作眼招抚生黎，概与新招黎族人免差。正统间革归有司。弘治十七年，副使王槛援引前例，黎图各归土舍，防黎只许纳粮不差，今黎图田地各归乡官富豪。嘉靖二十二年，知县秦志道取出编徭役以俟渐化。大抵黎供报之初，未及丈量，田地广腴，民多杂居，勾构词讼，亦宜议处之。万历四十年清造后，四黎买民田者几二百余石，有司影射者几五百

---

① 《光绪澄迈县志》卷五《海黎志·抚官》，第275页。
② 《光绪澄迈县志》卷五《海黎志·抚官》，第276页。
③ 贺喜：《编户齐民与身份认同——明前期海南里甲制度的推行与地方社会之转变》，《中国社会科学》2006年第6期。
④ 吴玉章：《黎族土官纵说》，《中南民族学院学报》(哲学社会科学版)1989年第5期。
⑤ 《正德琼台志》卷一二《乡都》，第280页。

余石,是在司国饷者一视而均布之耳。乃多为其所饵,竟置不问,何也"?①其中"西黎一都,县南一百二十里,编图十。西黎终都,里编与上同,旧编九。南黎一都县南一百二十里,编图十。南黎二都,里编与上同,旧编九。"② 康熙四十九年的澄迈县志记载为,西黎正都、西黎中都,南黎一都,南黎二都;③ 到了嘉庆年间,增加为五都,即西黎正都、西黎中都、南黎一都,南黎二都,南黎正都;④ 此后,又增加南黎福都,一共有六都,"县南一百二十里,编图十。"⑤黎籍都图的增长,除了是人口自然增长之外,也包括一些不向朝廷缴纳赋税的黎族逐渐编户齐民,纳入朝廷统治秩序。"故而《县志》另有疍籍一,曰东水都;黎籍五,曰西黎、南黎等都。本不列都图之内,故旧志不载。近年纳粮、充役与齐民等,疍籍已附入恭贵乡,黎籍已附入永泰乡。县属都图凡三十有九,今并之。"⑥

清代澄迈六都黎族在编户齐民的同时,在与周边交往中,华夏文化逐渐渗透到这些族群生活各个方面,同时这些黎族通过各种途径也逐渐华夏化,以期获得身份上的认同。

## 一、积极参加科举考试

通过科举,取得功名,甚至为官,完成士大夫化,成为文化精英或地方精英,是少数民族华夏化的重要手段。澄迈六都黎族在明代科举成就并不高,只有万历年间和崇祯年间,以岁贡形式进入国子监读书的西黎族人徐养裕和南黎族人林辉春,徐养裕还担任过训导。⑦ 到了清代,澄迈黎族后裔在进士、举人级别的考试中成就不大,未有中进士的。只有在武举上,乾隆戊

①《康熙澄迈县志二种·康熙十一年澄迈县志》卷一《乡都》,第27页。
②《康熙澄迈县志二种·康熙十一年澄迈县志》卷一《乡都》,第27页。
③《康熙澄迈县志二种·康熙四十九年澄迈县志》卷一《疆域志》,第336页。
④《嘉庆澄迈县志》卷一《地理志》,第42页。
⑤《光绪澄迈县志》卷一《舆地志》,第54—65页。
⑥《道光琼州府志》卷九《建置志》,第412页。
⑦《光绪澄迈县志》卷八《选举志》,第346—347页。

子科出现了西黎正人王之璠。①

澄迈六都黎族在贡生资格中有极大的热情，取得了很大成就。清朝贡生分为六种。《清史稿·选举志一》："贡生凡六：曰岁贡、恩贡、拔贡、优贡、副贡、例贡……岁贡，取府、州、县学食廪年深者，挨次升贡……恩贡，因明制，国家有庆典或登极诏书，以当贡者充之。顺治元年，诏直省府、州、县学，以本年正贡作恩贡，次贡作岁贡。历代恩诏皆如之。九年，五氏子孙观礼生员十五人，送监读书，准作恩贡……拔贡，因明选贡遗制，顺治元年举行。顺天六人，直省府学二人，州、县学各一人。康熙十年，令学臣于考取一、二等生员内，遴选文行兼优者贡太学，从祭酒查禄请也……例贡与例监相仿，由廪、增、附生或俊秀监生援例报捐贡生者，曰例贡。凡捐纳入官必由之。"

清朝规定恩、拔、附、岁、恩五贡为正途，可以授予一定官职。"五贡就职，学政会同巡抚验看，咨部依科分名次、年分先后，恩、拔、副贡以教谕选用，岁贡以训导选用……恩、拔、副贡年力富强者，得就职直隶州州判。嘉庆以后，凡朝考未录之拔贡及恩、副、岁、优贡生，遇乡试年，得具呈就职、就教。优贡就教，附岁贡末用训导"。

例贡也可以为官。"康熙中，捐纳岁贡，并用训导。雍正初，捐纳贡生，教谕改县丞，训导改主簿。既仍许廪生捐岁贡者，用训导。"

岁贡等良莠不齐，清政府比较重视拔贡。"（雍正）五年，世宗以岁贡较食廪浅深，多年力衰惫之人，欲得英才，必须选拔。命嗣后六年选拔一次。明年，又谕学政选拔不拘一、二等生员，酌试时务策论，果有识见才干，再访平日品行，即未列优等，亦许选拔。故雍、乾间充贡国学，以选拔为最盛。乾隆初定朝考制，列一、二等者，拣选引见录用。三等劄监肄业。寻停拣选例。三年期满，祭酒等分别等第，覈实保荐，用知县、教职。七年，帝以拔贡六年一举，人多缺少，妨举人铨选之路。且生员优者，应科举时，自可脱颖而出，不专藉选拔为进身。改十二年一举。遂为永制"。拔贡中优秀

---

① 《光绪澄迈县志》卷八《选举志》，第338页。

者,可以授予知县或教谕。"廷臣议,督、抚三年澄汰教职员缺,以朝考拣选拔贡充补。"

在清代官吏体系之中,贡生仕途多止步于中低层官职,其在官场前途不如举人或进士。① 不管怎样,贡生入职后,依然可以获得士绅身份,有免役特权,可以成为地方精英。由于澄迈六都黎族在举人和进士上成就不高,他们集中在贡生这一级别上,清代澄迈六都黎族贡生在全县贡生比例很高,达到或超过其人口比或者行政区划比,② 反映了六都黎族在贡生级别上和澄迈其他地方持平。这从侧面反映了清代澄迈六都黎族努力士大夫化过程。

**清代六都黎族后裔获取功名途径③**

| 名称 | 澄迈县总数 | 六都黎族后裔数 | 黎族后裔占比 | 备注 |
|---|---|---|---|---|
| 岁贡 | 153 | 21 | 14% | |
| 恩贡 | 37 | 13 | 35% | |
| 廪贡 | 60 | 22 | 37% | |
| 拔贡 | 19 | 5 | 26% | |
| 增贡 | 27 | 6 | 22% | |
| 附贡 | 37 | 13 | 35% | |
| 例贡 | 147 | 44 | 30% | 捐纳购买进入国子监读书资格 |
| 例职 | 115 | 34 | 30% | 例贡可以捐纳候补官员资格 |
| 吏员 | 21 | 5 | 23% | |
| 庠监 | 9 | 5 | 55% | |

---

①马镛:《清代举人、贡生和监生入仕初探》,《科举学论丛》2011年第1期。
②道光时澄迈有39都,黎族占据6都,占比约为15%;但黎族人口比较少,与汉族相比,人口比例很低。
③《光绪澄迈县志》卷八《选举志》,第336—380页。

此外，澄迈黎族中还出现了不少科举家族。有学者指出，科举家族是指从事科举人数众多，至少取得举人或五贡以上功名的家族。[1] 也有学者认为五代内至少有两人考中进士或举人，才能称之为科举家族。[2] 这些都是对汉族科举的研究，对于边疆地区的少数民族而言，这些标准是不适合的。若以取得五贡的标准来判断，比较适合黎族等文化相对落后的族群。在这种标准下，澄迈黎族有不少科举家族。

南黎一都人王明孝，为康熙年间岁贡，"任南雄府始兴县训导"；王明孝之子王得全，也为康熙间岁贡；[3] 王明孝第三子王受眷，为附贡。[4]

南黎一都北雁村人王迈縠，为附贡，"县丞衔"；王迈縠之孙王培志，也是附贡，"候委训导"。[5]

南黎二都人王应试，为乾隆年间的岁贡。[6] 王应试之子王执纁，为恩贡。[7] 王执纁之子王宗敏，"嘉庆癸酉拔贡，国子监报满"；[8] 王执纁的另外一个儿子王宗枚，为廪贡，"任高州府学训导"；王执纁第四子王培超，为廪贡，"即用广西知县"；[9] 王执纁还有一个儿子王宗敞，纳捐，"职按察照磨"[10]。此外王宗枚之子王德恪，为附贡。[11] 可见，王执纁家族四代，都是读书人，大部分人在国子监读过书。

科举家族的出现，对地方教育产生影响，成为地方县学、义学的重要师资力量。此外，对当地文化也产生影响，是地方文化建设的领导者，比如王执纁，积极参与嘉庆澄迈县志的修订。另外，科举家族的出现，是政府落实

---

[1] 张杰：《清代科举家族》，社会科学文献出版社，2003，第25页。
[2] 郭培贵：《明代科举家族相关问题考论》，《求是学刊》2017第6期。
[3] 《光绪澄迈县志》卷八《选举志》，第352页。
[4] 《光绪澄迈县志》卷八《选举志》，第360页。
[5] 《光绪澄迈县志》卷八《选举志》，第361页。
[6] 《光绪澄迈县志》卷八《选举志》，第354页。
[7] 《光绪澄迈县志》卷八《选举志》，第348页。
[8] 《光绪澄迈县志》卷八《选举志》，第350页。
[9] 《光绪澄迈县志》卷八《选举志》，第357页。
[10] 《光绪澄迈县志》卷八《选举志》，第365页。
[11] 《光绪澄迈县志》卷八《选举志》，第361页。

政务的主要支持力量，比如在清代后期土客冲突中，基本是由很多科举家族的人士在维持地方秩序。

## 二、节孝观念逐渐普及

清代，澄迈六都黎族中忠孝观念逐渐形成，出现了不少孝子与节孝女性。

南黎二都人王俊卿，"秉性朴诚，制行醇谨。其事父，安则洗腆进甘，病则尝粪侍药。养老送终，极尽其礼。母先死，弟犹稚，殷勤抚育，不忘遗命。田产均分，尤让其腴。持身寡过，念凛四维。赈乏恤孤，恩流三族"①。

传统上，黎族女性婚后，丈夫不幸去世，可以改嫁。《广东新语·人语》中记载："黎死无子，则合村共豢其妇，欲再适，则以情告黎长，囊其衣帛，择可配者投于地。男子允则拾其囊，妇乃导归宿所，携挟牲牢往婚焉。"足见这些在夫家没有孩子的寡妇有比较自由的再婚权利。又《黎岐纪闻》记载："妇丧夫，黎族人谓之鬼婆，无复敢娶。外间人入娶黎婆者，皆此类也。"这说明，寡妇再婚，因为禁忌受到限制，不能嫁给当地人，但也是可以改嫁外地人的。

但是，在清代，六都黎族中不少女性在丈夫去世后开始守节。史书记载清代澄迈六都黎族澄迈节孝女性有一位，西黎族人徐氏。"徐氏，西黎族人，维宁女，邑庠生林煌春妻。年十九适林，甫一载春病危，誓以身殉夫，故遗金于母为记，痛泣连日，不食自缢。"②清代黎族中出现了大量的节孝女性。如南黎二都王以绅之妻唐氏，"年十九于归，二十夫亡，氏激烈怨嗟，誓以死殉，幸邻人力救，得不死。后因生母逼之再醮，仍饮药而亡。卒年二十一岁"③。类似的还有南黎宜都人拔贡子厘的妾洗氏。④ 南黎一都庠生陈士辉之妻邱氏，"早寡，事祖姑翁姑以孝闻。二子俱幼，艰辛鞠育。翁姑病笃，吁

---

① 《光绪澄迈县志》卷九《人物志·义行》，第398页。
② 《光绪澄迈县志》卷一〇《人物志·烈女》，第410页。
③ 《光绪澄迈县志》卷一〇《人物志·烈女》，第413页。
④ 《光绪澄迈县志》卷一〇《人物志·烈女》，第413—414页。

以身代。及殁，殓葬如祖姑礼。操持门户，俾钦德、钦智观碑太学，孀守四十年。乾隆十六年旌"①。《光绪澄迈县志·节孝》中就记载了129名南黎都的节妇，除了儒生家妇女，还有普通女性。比如南黎二都王明亨之妻邱氏，"二十三岁，亨捕鱼于溪，死水中不知所在。氏号泣江边，欲以身殉，惟念双亲已死，二女尚稚，遂与嫂黄氏同心守寡，初终不渝其节"②。

六都黎族地区也旌表守节妇女。"烈女坊，在南黎二都。明万历间为林煌春妻徐氏立；南黎一都节孝坊，为王士琼母吴氏立；南黎一都节孝坊，为陈学藩妻郑氏立；南黎一都节孝坊，为移居琼山苍原王之宝妻莫氏立，坊现建在苍原村……节孝坊，在西昌夏水村，为廪贡生陈贵瑄之妻朱氏立；节孝坊，在西昌夏水村，为职员陈于培之妻林氏立；节孝坊，在西昌大坡村，为王燮之妻吴氏立；节孝坊，在西昌典教村，为王洋之妻黄氏立"③。西昌即南黎一都，在南黎都有西商市，《道光琼州府志》采访册中又有西冲市，④ 实际上二者是一个地名，"商"与"冲"以及"昌"在海南闽语发音一致，⑤ 至清末西昌即被称为南黎一都。

《光绪澄迈县志》对129名节孝女性的记载，加之士绅的旌表提倡，节孝观念在六都黎族之中影响很广。节孝女性的出现，某种程度上稳定了黎族家庭，也对幼儿教育意义有益。在寡母比常人更艰辛的抚育和其节孝思想影响下，不少人走上了科举之路。"黄氏，王定纲妻，南黎一人，附生士正之母。二十四岁守节。上事父母，下抚孤子，名列胶庠。寿七十而卒。"节孝女性出现，还为失去儿子的老人提供了比较可靠的赡养保障，某种程度上有利于社会稳定。"黄氏，王定汉妻，南黎二人。二十五岁夫故。善事翁姑，和睦妯娌。乡里多为称美。学政叶详文咨部旌表节孝"⑥。

---

①《光绪澄迈县志》卷一〇《人物志·节孝》，第416页。
②《光绪澄迈县志》卷一〇《人物志·节孝》，第421页。
③《光绪澄迈县志》卷二《建置志·坊表》，第120—121页。
④《道光琼州府志》卷九《建置志》，第413页。
⑤刘剑三：《海南地名及其变迁研究》，南方出版社，2008，第165页。
⑥《光绪澄迈县志》卷一〇《人物志·节孝》，第428页。

### 三、同姓为婚现象减少

海南黎族婚姻不避同姓,所谓"有乘时为婚合者,父母从之,无禁婚姻,不避同姓"①。但清代澄迈六都黎族婚姻圈发生很大变化,同姓通婚比较少见。根据《光绪澄迈县志》记载,在道光之前的澄迈列女中,没有同姓通婚的现象。

**道光前列女婚姻情况**②

| 妻子 | 丈夫 | 丈夫身份 |
| --- | --- | --- |
| 邱氏 | 陈士辉 | 庠生 |
| 邱氏 | 王吉利 | 监生 |
| 莫氏 | 王之宝 | 庠生 |
| 吴氏 | 王燮 | |
| 黄氏 | 王抡琠 | 庠生 |
| 黄氏 | 王宗元 | 庠生 |
| 徐氏 | 王迪吉 | |
| 莫氏 | 王希贤 | |
| 陈氏 | 王瑚 | |
| 王氏 | 欧贤俊 | |
| 黄氏 | 王发裔 | |
| 黄氏 | 王洋 | |
| 朱氏 | 王士均 | |

《光绪澄迈县志》中也记载了道光至光绪年间 106 位节孝女性,其中与丈夫同姓的只有三位,即王业周妻王氏,"附贡生翰诏长媳,南黎一都加旦村

---

①《光绪澄迈县志》卷五《海黎志·黎情》,第 264 页。
②《光绪澄迈县志》卷一〇《人物志·节孝》,第 415—423 页。

人。年二十三夫亡。孀居自守,上事翁姑,下携子媳。享年六十一岁"。王发科妻王氏,"南黎二都槟榔园村人。年二十一岁生一子,周岁二日夫亡。孀居自守,携儿长立。享年七十二岁"。王受芳妻王氏,"南黎二都槟榔园村人。二十四岁夫亡。孀居守节,玉洁冰清。享年七十岁"。以节孝妇女来看,同姓通婚率不到3%,比例非常低。这种异性婚姻增加,反映了澄迈黎族在定居后,在黎族士绅的影响下,逐渐接受了汉族婚姻观念,即"同姓不婚,惧不殖也"。

### 四、主动参与地方事务

清朝时期,六都黎族士绅积极主动参与地方事务。在兴办学校上,黎族士绅积极捐助经费支持当地办学。康熙四十七年(1708),南黎绅士集资修建了南离社学。①"国朝康熙四十七年,知县高魁标、教谕蔡昌镐、训导顾兆正捐俸,同南黎绅士建南离社学于南黎嘉乐,置田供膳。"然新学官立讲院,崇师儒礼上老,勤勤恳恳于今十载,幸而文风日变,泮林有奋飞而起者,然犹虑澄地辽阔,士多散处,不获以时相聚考订经业。丁亥冬,司教蔡君告余曰:"镐日至南黎加乐,凡环山聚落,人物熙穰,风俗淳美,敦乐艺文,其间林壑尤森秀者,寺之以善会名也,诸士毕集,爰进而语之:昔虞廷选举,由于乡里群贤,盍因兹寺作一都肄,合文武生童,月一再课艺,次其甲乙,量加奖异,以劝兴可乎?时诸生王子名应春、名玺、名继帝,明经李君名文炜,国学林君名子馨……余闻之,毅然捐金为之倡。司教蔡君、司训顾君暨诸绅士亦欣欣然相率捐赀,乐其事而观其成。"②可见,当时的知县、教谕等人只是资助了一部分钱,大部分经费是当地黎族士绅捐助。

此外,例贡生王锡极倡捐建立了石浮社学。"又将崩塘田一丁入社学。学政金洪铨赐匾以奖曰'遗产兴学',而分其田于县学"③。王锡极是南黎一

---

① 《光绪澄迈县志》卷二《建置志·社学》,第107页。
② 《光绪澄迈县志》卷一一《艺文志·高魁标·新建南离社学记》,第498—499页。
③ 《光绪澄迈县志》卷二《建置志·社学》,第108页。

都人,大约活动在嘉庆年间。① 南黎都有石浮市②,石浮义学当在南黎都。

部分六都黎族后裔还关注六都之外的公共事务,南黎一都人王志英,"职理问。少年失怙,顺母爱弟,勤俭成家,慷慨过人。嘉庆六年邑令田文焘集绅士修葺崇圣文庙,英首捐数百金以襄成盛举"③。王志英捐助对象为县城崇文庙,可见其影响力已经出六都范围。

在修路修桥方面,六都黎族士绅也积极参与。"牛温桥,一曰芳徽桥,在南黎一都加乐方。金江、太平货物商家经此。女人梁氏建。……捧水桥,在南黎地方,由此以通南路黎峒遐陬,加乐绅民捐建。……南林桥,在石浮坊。长五六丈,阔五尺,北雁村王溶建造"④。其中,"王溶,南黎一人,职县丞"⑤。

六都士绅还积极参与、赞助地方志的修订。嘉庆地方志中,南黎五都都捐助,除了有功名的生员之外,地方上的领袖也积极参加,比如南黎一都的"乡耆王复",南黎二都的"耆民王登文",西黎中都的"耆民王诹"⑥。

六都士绅还是地方秩序的维护者。随着澄迈黎族华夏化进程加快,国家认同加深,黎族起义次数大为减少。在明朝,澄迈黎族起义只有三次,分别是洪武二年(1369)王四官、王观平起义,洪武二十七年(1394)多简村以及洪武三十年(1397)白岭村的黎族起义。此外,在弘治十四年(1501)符南蛇起义时,澄迈一些黎族也加入其中。此后,澄迈黎族基本上没有参加黎族起义,反而是受到黎族起义的骚扰,有时还反抗骚扰,和官方一起维持地方社会秩序。

万历十六年(1588),符黑三起义时骚扰澄迈。"人民死者过半。副使易可久调兵征讨。有南黎一都人王绍熙,年十九岁,将娶,奉官招勇数十人,

---

① 《嘉庆澄迈县志》卷七《人物志》,第254页。
② 《光绪澄迈县志》卷二《建置志·都市》,第127页。
③ 《光绪澄迈县志》卷九《人物志·懿行》,第402页。
④ 《光绪澄迈县志》卷二《建置志·桥梁》,第124页。
⑤ 《光绪澄迈县志》卷八《人物志·吏职》,第366页。
⑥ 《光绪澄迈县志》卷九《人物志·乡贤》,第366页。

助官征战,恃力果敢,常为先导,被贼杀首存身尸在马上,走回山头岭,将至村庄一妇女问之,尸跌下马。乡人哀而殓葬,后众人禀请县主赐匾'忠烈从征'"①。

咸丰年间(1851—1861),土客冲突也波及澄迈,② 六都黎族士绅武装反抗,维护地方秩序。

"咸丰三年,文昌洪匪首符老发在加类水、龙骨窠集众拜会,聚匪千余人来岭仑方新市驻,劫掠村庄,势惊金江、加乐,澄迈南方通境尽恐匪威。在加乐地上父老王大同、汝阶等会众议,以王克文带勇数百人往新市攻围对战,杀死贼众数十人,血流满街地。勇伤者一人"③。

光绪十一年(1885)十一月二十四日,六都受到骚扰时,"地上父老王槐栋、李治唐、王克文、王桂华刻即点勇,散火药,集众会议,战势分五路防守……十二月初八日早,贼众分多半往加乐……地上廪生李治唐、团练守营附生王行德率能勇王桂华同众自蛇口赶回蛇腰合二路勇与贼对战……而地勇劲敌死战者曾业裕等二十二人,地上男女伤于山与路者八十余人……二十二人死后,地方捐输怜恤,每名发钱一百千文,众议造烈士牌二十二位奉祀在加乐市关帝庙旁舍。后冯宫保赐匾'奋勇可嘉'"④。光绪二十七年(1901)岭仑市受到骚扰时,"地上父老同练勇何学信、陈光爵、李开锦等众竭力捍御"⑤。在维护地方秩序上,六都黎族聚集地区的士绅与国家一致,反映了其国家认同加强。洪武三十年(1397)后,澄迈黎族没有主动参与起义的事件发生,从另外一个方面也反映了澄迈黎族国家认同感加强,六都黎族是国家秩序的支持者与维护者。

华夏作为一个政治共同体符号,大约形成在春秋战国时期,着眼于共同

---

①《咸丰澄迈县志》卷四《海黎志·平黎》,第268页。
②刘平:《被遗忘的战争——咸丰同治年间广东土客大械斗研究》,商务印书馆,2003,第355—358页。
③《光绪澄迈县志》卷四《海黎志·平黎》,第269页。
④《咸丰澄迈县志》卷四《海黎志·平黎》,第271页。
⑤《咸丰澄迈县志》卷四《海黎志·平黎》,第271页。

的礼乐文明和政治立场。① 在澄迈黎族华夏化的进程中,科举制度发挥了重要的作用。科举制度塑造出的地方社会精英,成为社会秩序的支持者和维护者,推动和保障了朝廷的方针政策在地方得以实现。明朝中后期开始,澄迈六都部分黎族人士通过科举获得士绅身份,积极主动参与地方事务,成为地方社会精英。在这些精英的影响下,六都黎族节孝观和婚姻观发生了变化,国家观逐渐形成,华夏文化深入到澄迈六都黎族之中。

---

① 胡鸿:《能夏则大与渐慕华风:政治体制视角下的华夏与华夏化》,北京师范大学出版社,2017,第42—45页。

# 第五章 民国政府时期的海南少数民族教育

推翻清朝后,海南地方上各方势力兴办教育之风渐起,其中也包括大力兴办少数民族教育。

## 第一节 北洋政府时期的海南少数民族国民教育

辛亥革命后,加快了教育改革的步伐。孙中山先生认为:"教育为立国之本,振兴之道,不可稍缓。"①他对全民普及教育、女子教育、儿童教育、师范教育、普通教育、职业教育、社会教育和少数民族教育提出的一系列指导原则,勾画了以国民教育为中心的民国教育的新体系,为民国教育的创立,开创了一个新局面。中华民国政府首任教育总长蔡元培,从资产阶级民主主义立场出发,提出军国民教育、实利主义教育、公民道德教育、世界观教育、美感教育"五育并举"的教育方针,成为民国教育除旧布新的基准。民国政府在 1912—1913 年颁行的壬子癸丑学制,在民主主义精神鼓舞下,它既批判和改造了清末学制的不合理性,也继承和发展了清末学制的合理内容。1922 年新学制(即壬戌学制)最终定型,它确定了适应社会进化之需要,发挥平民教育精神,谋个性之发展,注意国民经济力,注意生活教育,使教

---

①孙邦奇编著:《六十年来的中国教育》,台北中正书局,1971,第 3 页。

育易于普及，多留各地方伸缩余地七项标准。采用了美式"六三三四"学制；实行了从小学到大学的男女同校，使女子获得平等教育权的规定；实施了分科制和选科制，带动了课程体系和各级各类学校各科纲要的更新和各种新教学法的实验。这些都为中国现代教育奠定了基础。①

在全国范围内现代教育发展的影响下，海南少数民族聚集地区也建立了新式学校。

在感恩县，民国四年（1915）黎峒罗旺、西方两村的乡绅各建小学一所，校址在当地祠庙。感恩县县长资助了部分办学经费，并捐助了部分书籍，其他经费以及办公开支都由学校自行解决。②

在五指山一带，黎族首领王雄昌（王昭夷的父亲）于1915年在志玛市（今五指山市南圣镇文化市）创办学校，教育黎族子弟，故称志玛学校。学校建立初期，设备简陋，只有几间茅草房、40多名学生，而且多是男童，年龄八九岁到十多岁不等。学生入学时没有姓名，教师只好把"百家姓"写在竹签上，让学生在竹筒里抽签，抽到哪个签就是哪个姓，不愿意抽签的也可以要老师给他取一个姓。名字则由教师起。教师教书时要用两种语言，即汉方言中的海南话，另一种是黎语，开始教的字多数是日常生活用语。志玛学校办学之初不收学费，教师要挨家挨户动员黎族小孩到校读书。由于学生不习惯学校生活，学生流失率比较高，逃学、旷课的现象比较常见。教师除了教书外，还要帮助学生料理生活，如给学生剪头发、洗头、洗衣服、洗澡等。多数学生在校住宿，但住舍窄小，生活条件很艰苦，自己带米到学校煮饭。当时不管是不是礼拜天，反正米煮完了就回家拿，放不放假由教师决定。学校创办经费从各亩的祖公田中抽取，或按户数、人数征收。

1920年王维昌死后，其子王昭夷承袭权力。王昭夷为了发展黎族教育，采用强制的办法让黎族儿童入学。规定黎族地区各甲要保证有几名学生入学，子女多的家庭可采取抽丁办法，即按2∶1送子女入学。同时，每甲还

---

①李华兴主编：《民国教育史》，上海教育出版社，1997，第6—9页。
②周文海：民国《感恩县志》，海南出版社，2004，第115—116页。

要集资保送3名学生入学(相当于分费生),否则受罚。

1927年,王昭夷与在保亭经商的琼海人欧文明发生矛盾,欧文明伙同他人放火烧了志玛学校,学校地址迁到南圣村。新的学校落成后,学生人数已增加到一百多人,并分为三个班级。当时为继续办好学校,提高教学质量,便从各地招来三十多名汉族人进行考核,结果录取了四名留下做教师。从那时起才开始正式收学费,收费标准是每个学生交一块光洋和一秤稻谷(约50斤)。①

北洋政府时期,陵水是黎族教育成就最高的地区。1922年的调查表明:"黎人之小学教育,在陵水、保亭有第七区第九初级国民学校1所,创设于宣统元年,已毕业3次。每年经费由保亭河船运货出口之槟榔、木料、猪牛抽收,并弓中年助米谷百余秤,共约500余元。黎人之有教育,实以此为嚆矢。民国二年(1913),在大旗复设有第七区第十初级国民学校1所,专事教育黎人。后因乱停办,十四年始恢复之。崖县黎区极广,近为提倡黎人教育起见,曾设黎民教育养成所1班,修业期间3个月,由县长、教育局长及其他机关职员分任各科教授。各生毕业后,拟即分派往附近黎村开设小学,以教育黎人子弟。现正在筹划进行,当能收相当效果也。"②

有记载表明:"陵水崖县之城,前亦各有黎生高等小学一所,今均停办。王义在时,曾在陵水属七弓、十三弓、大歧各处设立简易初等小学堂十余所,王义死后,已次停办。已恢复者,仅保亭营初等小学一所,规模极为狭小。又陵水近海各黎地,近年经现任陵水姜知事及劝学所长之筹划,于左列各地,创办简易初等小学各一所。大艾肚,距陵水县城十余里;坡村,距陵水县城三十里;马岭,距陵水县城三十余里;悯安抚黎局附近,距陵水县城四十里;花枞,距陵水县城三十里;黎阜,距陵水县城三十余里;打角,距陵水县城三十余里;乌牙,距陵水县城五十余里。右述八校,设备虽不完全,然日濡月染,必能收成效于无形"。③

---

① 王安富口述、张瑞芳整理:《保亭县早期的一所黎族学校——志玛学校》,《保亭文史》第1辑。
② 陈枢铭:《海南岛志》,海南出版社,2004,第255—256页。
③ 彭程万、殷汝骊:《琼崖黎民之状况及其风俗与教育》,《地学杂志》1922年第11期。

此外，1925年陵水的曾三省等人筹建了女子学校。学校创办之初，入学读书的仅是陵水城镇的世家、士家、商家和农村个别较富裕农民家的女子，所以开始学生人数不多，只有初小一年级一个班四十二人。1926年秋，续招学生一班，四十六人。1927年，暂时中断，停课。1928年春，复课，同年秋再招收一个班。至1929年秋，该校已经发展到一、二、三、四年级，成为一所较有基础的初级女子小学校了。1931年，再发展到五、六年级，学生达到264人，成为完全女子小学校。1939年4月日军占据陵水，学校关门。1946年复校。陵水女子学校分初、高级，初级四年、高级二年，学习年限为六年。初级结业后，经考试合格才升上高级。高级课程分为国语、算术、公民、历史、地理、自然、卫生、图画、手工（注重缝纫、刺绣）、唱歌、体育十一科。初级将卫生、公民、历史、地理四科合并为常识科。在教学上运用讲授讲读法，教学过程偏重于熟读背诵。[①]

　　1925年在陵水，曾三省等人还捐资兴办了陵水中学。当时设初中两个班，学生84人。1927年学校停课，1928年秋复课。1931年秋更名为"陵水县乡村师范学校"，仍附设初中班。1939年日军侵占陵水后停办。1946年春恢复办学，春季招收2个班级，学生92人，秋季招生1个班，学生46人，教员9人。至1950年每年均招收初中、初师各一个班。[②]

　　陵水女子学校与陵水中学，都设置在经济发达的区域，能在这里上学的多是黎族上层人士的子女。这些学校也为黎族培养了不少人才。比如陵水女子学校第二任校长吴觉群，为黎族头领吴中育之妹，也是该校的毕业生。[③]

　　在乐东黎族自治县，建县之后，县长尹耀辰即着手兴办学校。乐东所属的三星十二条村，四星三十六峒，基本上都设有初级小学校。每校由县委任校长兼教员一人，工资由省拨给，每人每年270元（毫艮），学生不收学费，课本由省颁发，乡村和学生没有什么负担，唯一要求是儿童入学读书。原以

---

[①] 陵水县教育局教育志编写小组：《陵水县女子小学校史》，《陵水文史》第3辑。
[②] 陵水黎族自治县地方志编撰委员会编：《陵水县志》，方志出版社，2007，第696页。
[③] 郑有坤口述，朱开宁整理：《近代崛起的一个黎族大家族——琼东南黎族大头人王昭夷的家族史》，《通什文史》第5期。

为作为儿童的家长应该趁这大好时机,一致令儿童入学读书。谁知道事与愿违,除了千家、谭塞、浮浅、抱由等地,因有汉族百姓杂居其间,所以还能够有二三十学生之外,其他如大炮(多港)、抱显、头塘、官访、东方等地的学生,只不过三个、五个或十个、八个。最典型的要算多港一峒,因为热衷于办学的首人麦第三已死,没有能够领导与说服全峒的人,所以尽管百般宣传启发,甚至像征兵那样,按村按姓摊派,经过三番四次会议,还是解决不了,结果有学校没有学生。校长只得等在那里,满期领工资而已。像多港那样对学校持怀疑态度的黎村还有不少。[①] 不过,当地也有部分黎族孩子通过小学教育,文化水平提高,思想觉悟提高,成为日后走向革命的坚实基础。典型的是黎族烈士唐天祥,因为家里穷,12岁勉强读完小学就弃学归田。长大成人后的唐天祥组织村民制定乡规条约,共保安宁。在日军进犯时,组织了"坚壁清野"队,打击入侵之敌,打响了黎族人民在崖县境内抗日的第一枪。[②]

在崖县,1921年,孙毓斌先生任崖县第一任民选县长时,提议创办崖县中学。1922年,国民党崖县参议长黎炳甲,议员孙毓棋、陈金声、邢定伦、何绍芬及教育科长孟继渊等,在参议会上积极动员通过筹建崖县中学的决议,并订出方案,着手筹建。在此之前,崖县能称为正式学校的最高学府,也只有四年制的高级小学(后改为二年制)。校舍一般借用原有的祖祠、庙堂,同时发动群众捐款扩建一点点加以补充;经费来源除学生缴交的学费外,当时属于地方上的各种会产也拨归学校使用,由上面拨来的经费都是很少的,所以当时的学校只是民办的性质。要更上一层楼办起一所中等教育的学校,在校址校舍和经费方面都有极大的困难。为此,当时崖县参议会做出了决定:

校址校舍方面。决定将崖县在清末已建的"崖州鳌山书院"及"冈州会馆"(地址崖城)的房宅加以改建作为崖县中学。

---

[①] 陈修宪:《抗战前乐东山区文化教育概况》,《乐东文史》第4辑。
[②] 参见陈明、唐宗海:《我县黎族人民的好儿子——唐天祥》,《乐东文史》第1辑。

经费方面。参议会决定：①凡属县性的一切公产如圣公香灯会、文昌会、城隍庙会等暨拨归作为建校经费和今后学校固定校产。②大力发动各阶层人士捐献，特别是殷富户。在具体做法上，凡捐献铜铸500串以上者赠送一副"急公兴学"的横匾作为鼓励奖。当时崖县人民办学的热情极高，殷富人家都争相踊跃捐献，如王泽复(崖城)、黎炳桂(羊栏)等都捐光洋3000元，陈金声(崖西)捐光洋1000元和铜铸3000串，还有崖城陈英才兄弟也各捐铜铸500串。各乡村生活较好的人家也都热情捐献，形成了全民办学的好风气。

在筹建过程中，为使建校的具体工作有人员专门管理，还由参议会选派出深孚众望的社会人士，如孙家达、陈其庚、廖继生、陈其楠等为校董，负责修建校园、聘请教师等事宜，凡学校的重大事情也必经校董们讨论决定。而且校董只尽义务，没有工资报酬。

1927年学校建成。一开始就招收初中三个班的学生共180人。当时崖县文化还很落后，在县里无法找到能够胜任校长的人选，也没有足够的教师人选，只好到外地去聘请。在崖县人民和校董们的共同努力下，学校如期开课。至此，崖县教育的私塾、书院形式宣布结束，该校为崖县最高学府，成为培养崖县新一代人才的摇篮。从1927年至1939年日寇侵占崖县以前，该校共招收初中16个班，学生总数将近1000人。1930年另附设简易师范班，崖县籍的学生占90%以上，其余的系陵水、昌江、感恩三县寄读生。故说崖县中学当时是崖、陵、昌、感的最高学府。1945年秋日寇投降后，该校在原崖城校址恢复办学。①

虽然崖县中学不是一所专门的少数民族学校，不直接服务于黎族子弟，但由于崖县周围黎族、回族分布众多，崖县中学的设立，使得学校周边很多黎族乃至回族学生得到受教育的机会。

北洋政府时期，黎族国民学校教育虽然获得了一定发展，但终归成就有限。"黎民程度，据最近琼崖视察员李伯颜报告，临高、昌化、感恩及接近崖县西区者为最低，陵水、万宁、乐会、琼东等县之黎民则其程度与汉人差

---

①孙有瑄：《崖县中学的创建经过》，《三亚文史》第3辑。

不多。现时陵水设有黎民教育会1所，并附设黎民小学1所。虽办理欠佳，然而已算是注意及于黎民教育了。"①

制约黎族国民学校教育发展的主要因素是办学经费。如前所述，陵水有槟榔等税收作为支持，经费有保证，有利于发展教育。万宁因为当地乡绅的支持，故而经费充足，黎族教育发展也较快。而感恩地区两所小学的经费，大部分都是由学校自行解决，教育发展就有限。此外，黎族学生读书以后，难以兼顾家庭生产，这也是制约学生进入国民学校读书的一个因素。

中华民国建立后，虽然海南黎族教育获得了一定发展，但是仅仅停留在小学教育层面，而且受教育人数较少，不能适应时代发展的需要。为此，一些有识之士提出了加快、加大发展黎族教育的构想。

1914年60岁的夏寿华受时任广东省长李开侁的邀请，到海南岛进行了2个月的考察。沿途他与当地人进行交谈，了解到当地人对发展黎族教育事业的想法。在乐东，知事邓锦屏就提出黎学学堂要有不同于内地小学的讲授内容，要用较短的学习年限尽快教育更多的人等具体想法，并希望通过盐税来获得稳定的教育经费来源。"欲开办黎学堂十所，筹备常年经费七百元，已呈请立案，现已办二所。余劝其课程不能照内地初等小学办法，须以寻常日用普通官话教之，教一句话即教认识一句话之字，最寻常之算数，最寻常之伦理，以一年毕业即赶造第二班，如此十年自有效验，面文化自随之渐进矣。又言崖县汉民不过八万余，黎民二十余万，不办学堂不足以弭祸。余曰：诚然，得治黎下手之方矣。又言此间盐利甚大，每斤五文，出口可售三十余文，如公家经营，全琼盐务但得三十余万元已够，崖县不过六万元即足矣。余谓须调查南洋、越暹盐法，安排销场为第一要义，自备大火船四艘，往来沪、汕、澳、香、琼崖、暹、越、南洋各埠，兼运盐、行销海外，此有赢无绌，最稳最便之生意也。"②

在乐会一带，"林甫用来访，云已筹备黎学堂十所，添设游击队十余名，

---

①陈献荣：《琼崖》，《海南岛新志·琼崖》，海南出版社，2004，第383页。
②夏寿华：《琼游笔记》，《近现代琼崖旅行记四种》，海南出版社，2015，第59—60页。

规复小学堂二十余所云"。①

夏寿华考察结束后，提出了海南岛黎族地区开发计划即《附呈复查勘黎中路线及开辟办法》，在这个办法中也提出："开路须赶设学堂，教以寻常日用官话，教一句话即令认识一句话之字及数目字，算数，最浅近法。惟开办须费，以后可于收入各税内酌拨。先须开办三十所，每所二百元，计六千元。"②

1922年，彭程万等人对黎族地区进行了考察，提出了发展黎族教育的对策：振兴黎族人教育，关系黎族人之教育，约可分三种。

（一）多设简易初等小学校。初等教育，最足移易风俗，其在黎童，影响尤大。因黎童质地简洁，有如绢素，施以采色，惟意所如。令黑则黑，令赤则赤。较诸巡场儿童之染有社会复杂习惯者，难易何止倍蓰。且黎族人并非不愿就学，各属黎峒中，每有集款延师之举，可以证明。其有不肯送子入远方学校者，则以校地过远，不能以课余助理农作之故也。今宜迁就地方情形，分设日夜二班，任其自择，并于各地重要农村，多设校所，以免距离过远之病。初办之时，不求完备，每校仅有校长兼教员一人，专任教员一人，即已足用。仿美教会派员办学之例，约计每校每年仅须三四百元，以数村之力，负担此数，不嫌过重。若能计划得宜，即多设学校，亦非难事。特所筹之款，必能全数用于教育，方足以折服黎族人之心耳。

（二）择地设立高等小学校及乙种实业学校。初等毕业，必以高等为继升，乃能期黎族人教育之日进。择地设立，宜系要图，惟开始数年，可以暂缓，俟初等将近卒业，再行筹备，亦无不可。至乙种实业学校，则于化导黎族人，力量最大。因黎族人见识及陋，一时难明教育之利益。如受以乙种实业，则立时即可应用最足鼓励彼等向学之心。宜于岭门、南丰、保亭三处，现行设立，俟有成效，再图扩充，此举足坚黎族人对于学校之信用，又可为实业界制造助手，诚一举两得之策也。

---

① 夏寿华：《琼游笔记》，《近现代琼崖旅行记四种》，海南出版社，2015，第83页。
② 夏寿华：《琼游笔记》，《近现代琼崖旅行记四种》，海南出版社，2015，第103页。

(三)奖励黎族人出外游学。黎族人之塞野,坐困于闭山峒,不知外情,有如雀孵于笼,从未见笼外之景象,以为天地之大,不过如斯。设有人启笼令出,俾效高飞,经时之后,欲其再愿安逸笼中必不可得。游学之举,与此正同。近年美国学校,招致黎生,成绩之佳,无异汉人。今宜仿照其法,于府城嘉积二省立中学,特设免费额若干名;省城各校,特色免费额若干名。刻下各属黎峒,间有读汉书之子弟,即可招其来学,程度如嫌不足,可免其入学试验,并为之另谋补习之利便,其考试分数,亦不妨较他生稍宽,以目的在开放其眼界,不在造就伟才也。数年之后,黎峒中两等小学,渐次毕业,然后与他生一律看待,不稍通融。行之数年,黎族人亦能在外间任职就业,衣锦归乡,必足以鼓励其同族也。①

彭程万等人发展黎族教育的思想主要有三点,即发展小学教育;在此基础上再发展职业教育;鼓励黎族学生外出游学,要求省城等地的学校特设专门名额招收黎族学生。

这一时期,王兴瑞对保亭县黎族教育情况进行考察,指出了黎族教育面临的问题。第一,缺乏主持教育的首脑机关。县政府既无教育局,亦无教育科,全县没有一个专司教育的机关,也找不到一个专负教育责任的人,自然就没有通盘计划,也没有人去督导推动。第二,缺乏经费。各校皆属草创,一切都要从新设备,政府资助的学校已感杯水车薪,而黎地赤贫,就地筹款的学校更何待说?第三,缺乏师资。其故又有二:一是黎境水土险恶,外人入其地,动辄得病,多裹足而不前;二是待遇太薄,据作者所知,各校所聘汉人教师,年金多者不过百余元,少则数十元,在一般教师看来,此区区之款,实不值冒性命危险前往换取。合此二因,好教师皆望黎境而却步,而黎族人中又无可为教师者,于是乃不得不随便聘请低能教师以滥竽充数,乃事势所必然。

王兴瑞认为,黎族教育的发展要适应黎族社会。教育不是孤立的,它是整个社会生活的一部分,我们不能离开社会生活而谈教育,同样,也不能不

---

① 彭程万、殷汝骊:《琼崖黎民之状况及其风俗与教育》,《地学杂志》1922年第11期。

问社会条件而贸然侈言发展教育。换句话说，欲发展教育，必须同时从事于社会环境的一般改造。黎族人过去不知兴学，我们不能徒然责备他们愚蠢。要知道，黎族人的社会生活是非常简单的，他们不需要更多的知识，学校教育在他们看来，是多余而无用的……黎首王昭夷说，文化市小学的学生是按甲抽来的，中间经遇无限麻烦。学生一切费用皆由公费支给，待遇算是很优的，可是一般家长因恐子弟读书妨碍家庭作业，多不愿使之就学，有些人甚至把这件事看作大祸临头，惊惶无措。团下命令到各甲长，要他抽儿童送来学校读书，他先把自己的儿子躲藏起来，却把平日和他有仇恨的人家的儿子抽送出去，以示报复，这是多么可笑！所以我们要想有效地发展黎民教育，必须同时把他们整个社会生活改进，使之与新教育相适应，要他们自觉有读书求知识的必要，甚至感觉到非受教育不可时，则发展教育始能顺利而收效。……新知识一点也没有用处，受到学校教育的知识青年这样一点"出路"都没有。何以鼓励后来者？所以办黎族人教育，不但"养才"要有计划，即是"用才"也要先有计划。①

　　北洋军阀时期，诸多学者提出了发展海南黎族教育的措施，但存在局限性，即经费来源以及师资问题。发展黎族教育，最大的问题是经费。邓锦屏等提出以盐税作为标准，在当时盐业发达时期可以有稳定经费支持，然而当盐业衰落时，盐税就没有了稳定来源。夏寿华提出要开拓海外盐业市场，他也担心食盐没有稳定的销路，办学经费没有充足的保证。

## 第二节　国民政府统治时期的海南少数民族国民教育

　　从南京国民政府成立到抗日战争爆发前的十年间，是民国教育稳步发展、趋于定型的时期。国民党强化思想控制，渗透独裁精神，反映到教育方

---

①王兴瑞：《琼崖黎境概况》，海南省文化历史研究会编：《王兴瑞学术论文选》，长征出版社，2007，第206—207页。

面，便是强调集权和统一。并通过教育立法和制度建设，把民国教育纳入国民党一党专制的轨道。与此同时，由于社会政局的相对稳定，教育投入逐年增加，教育管理渐次完善，尤其是得益于广大教育工作者勤勉敬业，各级各类教育都取得了较大的发展。① 在抗战的艰难岁月，中华民族同仇敌忾，共赴国难，广大教育工作者深明大义，弦诵不辍，中国教育在逆境条件下取得令人鼓舞的进展。在国民党发动反共内战的黑暗岁月，则因政府当局的倒行逆施，社会经济的萧条枯竭，教育经费的严重短缺，人民群众的愤怒反抗和解放战争的凯歌行进，最终使国民政府的教育没落衰败。② 而国民政府企图控制教育的想法，最终并未得到实现，教育按其自身的规律前进发展，成为推动社会进步的无形的手。

国民党统治初年，海南少数民族教育也获得了进一步发展，1930年王昭夷还在五指山一带积极扩办学校，把他父亲创办的文化市学校规模扩展到拥有学生三百多人。他每年从广州归来，都要到学校给学生训话，嘉奖教师。王昭夷的上述活动，对促进当地经济、文化的发展起了积极作用。③

在万宁地区，1933年陈献荣在《琼崖》一书中说："黎民教育很为幼稚。可是前黎团总长钟启桢氏，在万宁县属之兴隆创立四黎学校1所，规模颇为宏大，建有大教室4间，寄宿舍数十间，可容学生200余人，筹有常年经费2000吊，开办数年，成效很著。可惜龙济光来琼时，钟氏曾与民党联络，有所抵抗，后竟遭枪毙，学校被封，校址改为抚黎局，所有校款移作抚黎局及汉境里把警察分所的经营，至今尚未恢复，殊可浩叹。"④ 钟启桢的父亲受到冯子材重用，在黎族地区兴办学校，钟启桢继承父志，继续兴办学校即四黎学校。四黎学校对当地影响很大，"刻下万宁属各峒黎族人，无一不通琼语，无一蓄发，无一涅面；全部黎男及一部黎女均作汉装；峒中识字者，亦较他

---

① 李华兴主编：《民国教育史》，上海教育出版社，1997，第11页。
② 李华兴主编：《民国教育史》，上海教育出版社，1997，第13页。
③ 郑有坤口述，朱开宁、朱少川整理：《我所知道的黎族头人王维昌王昭夷父子》，《通什文史》第3辑。
④ 陈献荣：《琼崖》，《海南岛新志·琼崖》，海南出版社，2004，第383页。

处为多，均钟氏之力也。"①"今万宁、陵水一带黎族人，不独多识汉字、通汉语且一切习惯亦与汉人相仿，非自认为黎族人，吾人实无从分辨也。钟氏之功固不可没，而教育效力之伟大亦至可惊！"②

1932至1933年，在海南岛旅行的田曙岚了解到海南各地黎族教育情况，"琼东县（今琼海）……黎族种类纯系熟黎，居地占全县十分之二，人数共约十万左右。其教育事业，已设立初级小学多所，对于汉文、汉语，多能了解。"③

"（临高）县属住民，除汉族外，有黎、苗二族，僻处县境南部，共约二万余人，居地约占全县面积二十六分之一。多以耕种、畜牧、打猎为业，性极迷信。对于汉文、汉语，多不了解。惟近来与汉人感情，日渐融洽，已有同化之机矣。"④

"（昌江）全县住民，有汉、黎二族。黎分生黎、熟黎两种，共约四万人；杂居东南山中，居地占全县十分之三性嗜饮酒，最迷信鬼神，对于汉文、汉语了解者甚少。"⑤

"（万宁）县属住民，有汉、黎、苗、岐（一作旗）、侾等五族……黎、苗、岐、侾四族，共一万八千人；居地约占全县面积十分之三。多以农、牧为业；绝无经营商业者。其教育状况前未发达，现有设立平民学校教授浅显文字者，对于汉文、汉语，颇能通晓。与汉族感情，亦颇融洽。"⑥

"三亚红土坎村……继至该村新近成立之小学校参观，闻有黎族子弟数人亦在此求学；皆系张君等努力宣传之结果。惜此数日因事放假，故未得见。嗣有黎族人某君来见，全身汉服，若非张、李二君之介绍，并不知其为黎族人也。余与之略谈数语，皆由张君充作临时翻译。因余不谙黎语而彼亦

---

①彭程万、殷汝骊：《琼崖黎民之状况及其风俗与教育》，《地学杂志》1922年第11期。
②李实：《琼崖黎俗志略》，《国闻周报》1926年第41—42期。
③田曙岚：《海南岛旅行记》，《近现代琼崖旅行记四种》，海南出版社，2015，第208页。
④田曙岚：《海南岛旅行记》，《近现代琼崖旅行记四种》，海南出版社，2015，第239页。
⑤田曙岚：《海南岛旅行记》，《近现代琼崖旅行记四种》，海南出版社，2015，第265页。
⑥田曙岚：《海南岛旅行记》，《近现代琼崖旅行记四种》，海南出版社，2015，第318—319页。

昧于国音也。①

"陵水……黎、岐、苗、僚四族,总称曰"黎"。多以种植为生;居住地约占全县面积十分之七。大抵黎族约二万余人,岐族约二千余人,苗族千余人,僚族约五百余人……县属文化,学校教育有县立乡村师范学校一所,完全小学四所,初级小学八十五所。"②

民国初年,陵水县举办过短期师范讲习所,还创办了县乡村师范学校与简易师范学校,并充分利用原有的教学机构继续发挥教育作用。1924年陵水县创办一期师范讲习所。1926年陵水县师范讲习所招收学生57人,其中少数民族30人。1928年秋,为了适应全县小学教育的需要,培养乡村小学教师,在陵水中学(今城中居委城内路原孔圣庙),招收师范生班1个,学生44名,学制为三年。同年陵水中学改名为"陵水乡村师范学校",附设初中班。1931年秋,43名师范毕业生,分配到乡村小学任教。1933年陵水乡村师范学校改名为"陵水简易师范学校",学制四年。1939年夏,日本军队侵占陵水,学校停办,当年招收1个班,学生48人。从1928年开始师范教育至1948年秋,共办4届,4个班级,毕业生人数为168名。③

不过,当时少数民族地区的教育效果不佳。比如在富裕的海猛已经设立了学校,当然,这所学校与其说是有用的教育场所,不如说它不过是一种对汉字的意思产生敬畏心理的表示……海猛的学校,以空仓库做校舍,所以光线只能从门口射入,教师和学生坐在席子上。席子上放着又长又矮的台。那位教师是1932年才任职的临高人,他管教四个学生,学生都是村里最富裕的家庭的子弟,每个学生每年缴交4元学费,教师的年收入合计虽是16元,但另外还要供给伙食,用《孟子》作为孩子们的教科书。此外,教师也看风水书,对学校没有任何措施计划,对学校的关心也是极其淡薄的。在海猛,虽碍于缺乏汉字知识,但在缔结重要契约的时候都请汉人书写契文,很少用木

---

①田曙岚:《海南岛旅行记》,《近现代琼崖旅行记四种》,海南出版社,2015,第304页。
②田曙岚:《海南岛旅行记》,《近现代琼崖旅行记四种》,海南出版社,2015,第312—313页。
③陵水黎族自治县地方志编纂委员会编:《陵水县志》,方志出版社,2007,第703页。

刻。这一点，是同打空不同的。①

1932年后，陈汉光治理海南，提出了治理黎族的一些措施。当时琼崖红军在国民党"围剿"中逐渐恢复，并开始壮大，引起国民党广东当局的惊恐。1932年，陈济棠派陈汉光带领3000人到海南岛，对琼崖红军进行"清剿"，到1934年7月，在两年期间，陈汉光通过军事政治方法和软硬兼施的策略，使琼崖革命从高潮转为低谷。②

陈汉光对琼崖红军取得短暂胜利后，在黎区推行其全面的治黎活动。治黎中最重要的一条就是发展黎族教育。

陈汉光发展海南黎族教育的总体措施是："建立学校，每峒选男女各二人，送至海口府城或广州读书，费用由政府担负。在每一抚黎局附近设一学校，着各峒选送黎族人来修业，费用由政府发给，着各峒自行设立学校，经费由政府补助，所教学科以适合黎情者为主。"③有学者认为，现有的史料表明，陈汉光的这个措施是没有实现的。④ 不过，黎母山镇（当时为琼山县第六区林加乡）加更村符文汝和符明柏父子、榕木村钟高儒、水会市王仕文等10余人进府城读书，毕业后分别担任国民党官员……符明柏任过林加乡乡长、团董、琼山县县参议员。⑤ 可见当时陈汉光的措施是得到实施的，但实施的区域和延续的时间是有待进一步研究的。

陈汉光还要求地方政府兴办黎族学校。1935至1942年，保亭黎族首人、县政要人、国民党团董、乡长等先后主持办了9所小学，每间小学有30~50人，教师以聘请外地汉人为主，同时也任用本地识字黎族人。教师酬金、办学经费来自4种渠道：一是各甲抽出祖宗田收入支付；二是各甲负责按户人

---

① 史图博：《海南岛民族志》，中国社科院广东民族所编印，第77页。
② 唐伟：《陈汉光在琼崖地区的反动统治初探》，中共海口市委党史研究室、中共琼崖一大旧址管理处编：《旗帜飘扬——中共琼崖第一次代表大会人物研究论文选》，中央党史出版社，2010。
③ 江应樑：《历代治黎与开化海南黎苗之研究》，《新亚细亚》1937年第4期。
④ 李超：《民国时期陈汉光的黎区开发》，《海南师范大学学报》（哲学社会科学版）2018年第4期。
⑤ 王德勇口述，王一生、王才斌整理：《黎母山水会城及水会社学的设置——黎母山镇文化教育溯源纪述》，《海南文史》第8辑（黎族史料专辑续）。

数定量代税;三是家长交缴学费;四是当地政府少量济助。1948年2月保亭解放,县人民政府创办起镇南小学,并将原"志玛小学"改为"南圣小学"。在新中国成立前,保亭一共有小学校16所。[①] 其中在陈汉光统治海南期间兴办为多。

| 学校名称 | 校址 | 创办者 | 创办时间 | 班数 | 招生数 | 教师数 |
| --- | --- | --- | --- | --- | --- | --- |
| 道突小学 | 道突村 | 冯子材 | 1874年 | - | - | - |
| 保亭小学 | 亲富村 | 王义(黎族首领) | 1916年 | 3 | 100 | 3 |
| 六底小学 | 加茂六底子村 | 黄帮喜(半弓乡人) | 1922年 | 1 | 50 | 1 |
| 南田小学 | 加茂 | 黄那长(半弓乡人) | 1924年 | 1 | 50 | 1 |
| 什龙小学 | 什龙村 | 长办公(国民党团董) | 1926年 | 1 | 50 | 1 |
| 南跃小学 | 什玲 | 林大贵(国民党团董) | 1935年 | 2 | 60 | 1 |
| 大本小学 | 响水大本村 | 黄家和(国民党团董) | 1935年 | 3 | 80 | 3 |
| 合口小学 | 响水局南村 | 陈其明(国民党团董) | 1936年 | 3 | 50 | 3 |
| 毛介小学 | 保城毛介村 | 王昭夷(黎族首人) | 1936年 | 3 | 130 | 3 |
| 南门小学 | 加茂南门村 | 黄金清(加茂人) | 1936年 | 1 | 45 | 1 |
| 大九小学 | 六弓 | 林尤刚 | 1937年 | 1 | 35 | 1 |
| 毛感小学 | 毛感什市村 | 王仁忠(国民党乡长) | 1937年 | 3 | 100 | 3 |
| 陆南小学 | 什玲水尾村 | 陈明瑛(什玲水尾人) | 1937年 | 2 | 60 | 2 |
| 南春小学 | 毛感 | 黄仁忠(国民党乡长) | 1940年 | 2 | 50 | 2 |
| 保国小学 | 畅好保国村 | 地方政府合办 | 1940年 | 1 | 15 | 1 |
| 平土小学 | 什玲平土村 | 黄仁生(什玲团董) | 1942年 | 4 | 130 | 6 |

---

① 保亭黎族苗族自治县地方志编纂委员会编:《保亭县志》,南海出版公司,1997,第373—374页。

在五指山地区，陈汉光到该地视察后，下令把公馆墟学校和牙排村学校改名为水满第一、第二光化小学，以纪念他陈汉光"开化"黎族的"功德"。①也有记载说，陈汉光统治期间，将私塾改为学校，五指山地区有了第一所小学——白沙县水满乡小学。水满乡小学第一任校长由原塾师苏志山担任，校董王家兴。学校经费和教师生活一切由国民党乡政府担负，但实际上是从全乡黎族人民所交纳的各种苛捐杂税中支付。全乡人民义务劳动建起校舍，入学学生约有四五十人，教材没有统一编制，一般都以国文为课程，学制没有具体规定。1937年后，校长由钟周接任，校董仍由王家兴担任，入学学生略有增加。到1939年后，校长由符昌柏(今湾岭区人)担任。1942年日寇侵琼后停办。②

在白沙，1935年，国民党广东省政府批建"白沙新治"之后，在水满、领门、新市(三地今划归琼中县)、细水、牙叉等乡先后成立了国民初级小学。学校规模不大，每校约三十至四十名学生。1939年日寇侵琼，这些学校相继停办。③ 此外，王定江在担任细水峒团董事务(相当于文书职务)后，看到细水一带黎民百姓目不识丁，常受奸商敲诈勒索。在团董王桂文的支持下，1938年初，在福门村办起了细水峒第一间小学，还请来了张姓地下党人在此学校任教。④ 此外，在元门乡暗村，也兴办了小学，当地头领王公护集资选送较有才能的黎族青少年进入到暗村小学学习。⑤

在琼中，陈汉光也要求办小学，"民国初年，番文村先后有程有泽去陵水县同仁学堂(在琼山会馆内)读书，张明光在陵水县顺湖节院读书，王昭春去广东燕塘军校化育班就读。1934年，国民党军旅长陈汉光进入五指山区抚黎，大力提倡在黎族山区办学，番文村推选程有贵当番文小学校董，聘任李

---

① 朱开宁、黄少英：《陈汉光在五指山麓水满峒》，《通什文史》第1辑。
② 王轩友：《五指山第一间小学的概况》，《琼中文史》第1辑。
③ 林书田：《白沙县教育简史》，《白沙文史》第2辑。
④ 王积权、王勇：《王定江的革命生涯》，《白沙文史》第1辑。
⑤ 海南省白沙黎族自治县地方志编纂委员会编著：《白沙县志》，海南出版社，1992，第341页。

文才(陵水县人)执教，学生增至 40 人左右。当时学生入学读书的学费每学期每个学生交 30 斤谷子，教师则轮流到学生家里吃饭。"①

1933 年，陈汉光还选送了 200 名黎族、苗族青年到广东军事政治学校的"化育班"进行学习。学习的内容：一是军事课，学习军械基本操作知识，主要是学习常规武器的使用知识；二是政治课，主要讲时事；三是文化课，学习识字课本、《三字经》、算术、珠算、书法，只上课不考试；四是生产技术课，主要是学习种植水稻、玉米、番薯和种竹造林等生产技术并进行实习，每两人合用一把锄头参加劳动，一般都是上午在课室上课，下午下地劳动。学习结束时，曾两次到广州机场参观(只能在远处观看而不准上飞机)，还参观了广州动物园和一些农具厂、纺织厂、机械厂。经过一年的学习，部分学员学到了一些政治、军事、文化和生产知识，也目睹了大城市的繁华，深感民族地区的落后。② 黎族青年王玉锦也被送去"化育班"学习。其间，王玉锦曾到过江西、福建苏区农村，听说过红军的故事，为白沙起义后黎族寻找共产党打下了思想基础。③

在陈汉光统治期间，有学者提出了《新海南岛建设》构想，其中要求建立学校来发展黎族教育："以民众教育与幼稚教育为基础，学校暂定十所，分设于保亭营、嘉乐、水会、凡阳、罗白、大旗、藤桥、乐安城、佳叨、大风车等地。在保亭营、藤桥、乐安，可增设两级小学校，如能完备地分设立于各峒则更佳。教员的聘请，可于曾受过教育熟黎中征任，或许熟悉黎族语言而又略曾受过教育的汉人亦可。学校分三年次第完成，而以保亭营、藤桥、乐安、嘉乐、凡阳，为同时先办区。初步教育当以识字运动为主，次及其他合乎民众教育原则而又为必需者，务求完备，决不苟且。经费除这次由黎苗观光团沿途所捐得的教育经费悉数发予外，并得由省府每年常发给化黎教育

---

① 潘先樗：《重教化民风淳朴》，《琼中文史》第 8 辑。
② 黄鸿禧口述，朱开宁整理：《在广东军事政治学校"化育班"学习的回忆》，《海南文史资料》第 7 辑(黎族史资料专辑)。
③ 吉有理口述，王一生等整理：《历尽艰险找救星——我在白沙起义危难时寻找共产党的经过》，《海南文史资料》第 7 辑(黎族史资料专辑)。

专款若干，亦可由海南联县政府分向海内外从事大规模的募捐，初期办理，所需不过一二万元而已。"①

尽管陈汉光治黎的主观愿望在我们今天看来是有点问题的，但其治黎的客观效果却推动了黎族社会的发展与进步。②陈汉光在黎区的开发举措大大提高了黎族地区的文化水平。③ 不过，陈汉光发展黎族教育的措施具有短期性与政治性，当没有经费等支持后，其发展黎族教育的做法就没有了持续性。此外，陈汉光的黎族教育只是局限在小学，对于中学教育措施不多。

抗战时期，国民党统治区域的少数民族教育被破坏得比较严重，但还是兴办了一些学校。

在乐东，1938年王鸣亚来任乐东县长。在前任县长尹耀辰兴办学校期间，即使实行免费教育，也没有黎族子弟到学校读书，王鸣亚上任后，不少黎族村庄马上每姓派来学童三名，八个姓共来学生二十四人上课，使得多港的学校突居上游，后来曾一度受到县的表扬。王鸣亚来到乐东之初只着手设立乐城中心小学，作为一县的示范学校，委任孙家书当校长兼教员。学生大多是汉人子弟，进学是主动的，学生人数有三十左右，按照初小的标准课程教授，按期考试，学生成绩报县备案。这个学校是办得比较正规的。中心小学成立之后，王鸣亚又经常派督学到各校视察，是年秋又在县中心小学召开全县教育工作人员会议。王鸣亚亲自主持这个会议，听取了各校的汇报和提案。当听到浮浅校长符武禄汇报用黎话讲解课程的时候，王鸣亚当时即强调大家向他学习。汇报完后，讨论提案，与会人员对如何办好学校，教好学生，及环绕着如何使学校没有空白，使儿童踊跃入学这个严重问题，提出很多宝贵意见，后经过充分讨论，做出决议，由县印发各校贯彻执行。这次会议，对促进乐东的教育事业起了一定的作用。会议之后，各校贯彻决议的精神，初步改进和提高办学与教学质量。正待进一步搞好的时候，转值形势紧

---

① 穆亚魂：《新海南岛之建设问题》，国立中山大学琼崖农业研究会印行，1935，第80—81页。
② 王献军：《陈汉光的治黎措施及其评价与再认识》，《海南热带海洋学院学报》2018年第2期。
③ 李超：《民国时期陈汉光的黎区开发》，《海南师范大学学报》（社会科学版）2018年第4期。

张，省的教育经费没有拨来，工资不发，这些校长只好回家种田去了。①

1938年9月，乐城沦陷，县府搬迁番阳，1942年春筹办一所私塾，招收逃难军民子女及当地儿童。私塾管理由守备一团二营三连指导员李梁材兼任。私塾办至1945年。②

1942年，琼崖行政区公署督察专员丘岳宋巡视白沙、保亭、乐东、感恩、昌江、澄迈、定安、万宁、陵水九县，要求应以乡为单位设立国民学校一所，如人口过少无法设立时，可合并两乡成立一校，收容当地儿童就学，根据抗日战争形势发展需要和丘岳宋的提示，海南行政区公署创办了高等国民任之小学。1942年春，在白沙县第二区思河上乡（今营根镇岭头、中平镇南丘地区）岭头峒螳螂坡创办高等国民任之小学校，学生150多人，其中国民党党政军子女50多人，岭头、番沟、红岭、南丘等村庄黎族学童约100人免费上学就读。分设1—5个班级，课程有国文（语文）、算术（数学）、历史、自然、地理、体育、音乐等。政训课是不可缺少的，其内容有背诵孙中山总理遗嘱，宣讲爱国抗日故事。此外，中、高年级学生还授英语课。任之小学里上学路远的学生，在学校附近村庄寓宿，生活自理。课本由学校印发，用海南话教学，作业本（纸张）自行购买。1943年4月7日，日机轰炸岭头地区。任之小学及大拉村（校长、教员宿舍）均遭日机投弹两颗，校舍、村庄被焚毁。4月底至5月初，日军包围"扫荡"岭头、中平、思河地区。开学仅有一年，任之小学校被迫停办。③

在崖县，1944年崖县县长邱岳观、崖县抗日游击队顾问颜任明等人，为了培养抗日人才，在今千家村西部和九所北部交界处的老苏田创办了一所中学，后称"后苏田中学"。招收学生60多名（其中黎族学生5名）。开设语文、英文、数学、物理、化学等课程；还组织学生学习时事政治、军事训练等，另外还下乡宣传革命。1945年日本投降后迁到平原地区的九所等地。④

---

①陈修宪：《抗战前乐东山区文化教育概况》，《乐东文史》第4辑。
②李友熹：《乐东县抗战回忆》，《海南抗战纪要》，台北文海出版社，1975，第465页。
③谢晋顾：《生于战火中的任之小学》，《琼中文史》第2辑。
④陈德清：《乐东文史》第4辑。

抗战胜利后，1946年，林缵春建议大力发展黎族教育，"第二期(二年内)普及各县乡镇中心学校及设立化黎学校，进行化黎工作。"①

随着局势的稳定，国民党统治区域内的民族学校开始复建。琼中地区的香文小学也同时重办，程氏长辈程有贵继任校董，学生有50人(别村也有学生到此上学)。1948年2月10日保亭县全境解放，便在县城创办了一所小学，番文村之学生全部上县城读书了。②

乐东县，1946年起小学恢复。是年底统计，在全县12个乡镇中，设公立中心小学5间；137个保(一个村或几个小村为一保)中，设保小学21间。中心小学共18个班，学生400人；保小学共22个班，学生658人。教员总共31人，其中中心小学9人，保小学22人；职员总共18人，其中中心小学5人，保小学13人。教职员都是由政府派任的。③

在三亚，1926年间办回辉村初级小学，学生毕业后，可以到崖县初中或榆亚中学等学校进一步学习。1951年，有调查表明，"回辉村初级小学校长刘贤遵三十二岁，崖县初中毕业，休学后回家当教师到现在。教员李显馥，现年三十岁，榆亚中学毕业。刘明雄现年二十九岁，榆亚中学修业，高英才现年三十三岁，榆亚中学修业，回家当教员兼作小贩。"此外，还有，"渔民补习班和男女夜校识字班教师高文正……系回辉村初级小学校毕业。"回辉村初级小学的兴办，也使得回族的文化教育在海南岛比其他少数民族要高些。"他们虽然没有读过大学或高中的，但初中毕业的有十六人，高小程度的四十余名，初小一百余名；妇女中识字的四名，初小二三年级的二人，高小的二人(多半是富裕人家的女儿)。"④"蒲训典，回族，原崖县(现三亚市)羊栏区回辉乡人，生于一九一六年，世居三亚村……八岁，上三亚街小学念书，追求知识；十二岁，同回族青年高振豪等考入三亚七高小学就读，后又同海

---

①林缵春：《海南岛之产业》，琼崖农业会1946，第216页。
②潘先梼：《重教化民风淳朴》，《琼中文史》第8辑。
③乐东黎族自治县地方志编纂委员会编：《乐东县志》。
④广东省人民政府民族事务委员会：《海南崖县回栏乡回民情况调查》，《广东海南黎苗回族情况调查》，1951年内部印刷本。

玉堂、蒲开明等回族青年到崖城一高与黎、汉族同学一起习读。"①

回辉村初级小学在新中国成立前，因受日寇和国民党的摧残压迫，回族民众的生活困难，同时校舍又被日寇拆毁，学校无法发展，学生人数逐渐减少，仅有学生97名。不过，在1946年，回辉村创办了清真女校，主要针对当地的回族女童进行教育。②

整体来说，内战时期，国民党统治区域内由政府主导的海南少数民族教育基本处在停滞不前的状态中。

## 第三节　私塾教育

由于经费不足，加之不适合传统农业社会特点，北洋政府以及国民政府统治时期，学校教育难以完全承担教育民众的职责，故海南少数民族地区私塾教育依然盛行，"海南岛有几所官办中学，其中一所在琼州府城，一所在嘉积。府城也有一所较小的中学，由琼山县征税支持。另几个县设有高小，很多村庄有初小，那里依然盛行旧式的私塾制。"③

而在黎族聚集地区，私塾教育较之学校教育更占据优势地位。"黎族人施教育者，首推陵水，次为崖县，其他各地则无所闻。陵水第七区大旗地方，有公立初级国民学校一所，学生60余人。同区宝停地方，有初级国民学校1所，男女生共78人。崖县抱怀山、鸡田地方，各有学塾一所，学生约三数十人。此外亦有汉人在黎村设塾授徒者，惟无薪金，每人每月只供米二三斗或四五斗。所授为《三字经》《千字文》等书。此种学塾亦不多见。"④

据统计，"海南各县学塾时开时闭，调查统计难得周详。每塾生徒十余

---

① 羊杰臣：《崖县回族第一任副区长蒲训典》，《三亚文史》第1辑。
② 广东省人民政府民族事务委员会：《海南崖县回栏乡回民情况调查》，《广东海南黎苗回族情况调查》，1951年内部印刷本。
③ 孟言嘉著，辛世彪译：《椰岛海南》，海南出版社，2016，第36页。
④ 陈枢铭：《海南岛志》，海南出版社，2004，第157页。

人或二三十人不等。塾师终年所获，少则二三十元，多则七八十元。教授课程则以《三字经》《四书》《幼学》《千家诗》、杂字等为多，间亦有授以国文课本者。学生上学作辍靡常，毫无管理方法。各县学塾多在二月开学，十月散学。北部诸县学塾多经甄别改良。西南部昌、感、崖、陵各县，学塾恒多于学校，或每村一间，或联合数村设立一间。学生学费每年由1元至2元不等。统计全岛学塾200余间，学童约4000余人。"[1]1925年，琼山县的黎区有私塾4所，定安县的黎区有私塾2所，陵水县的黎区有私塾8所，崖县的黎区有私塾6所。[2]

私塾经费由祖庙租税解决，加之又是由当地黎族中有影响力的人士所决定的，故而私塾在黎族地区比较盛行。

在陵水乌牙峒，"清末富人在亚上坡村建起深田庙，供奉先师孔丘。庙里还开设学堂，不少外地汉族教师受聘在学堂当教师，比较有名的教师有郑家亲和先生俄（姓陈）。他们在此教书三十余年，培养黎族学生近300人。黎族学生免费入学，年龄不限制，七岁到三十均可。办学经费从祖庙的租税中解决。他们乌牙峒教学三十多年，培养了黎族诸多优秀学生，不少黎族学生成为陵水县乌牙峒革命斗争时期乡级农会、苏维埃政府的领导骨干。黎族学生胡昌忠因为成绩优秀，郑家亲推荐其到本县椰林乡桃园当私塾先生，受到区汉人的欢迎，3年后回乡设村学，为当地黎族教育做了很大贡献。"[3]这些学校也接受黎族女生，中国共产党的早期黎族妇女干部马玉花，1908年出生于陵水一户黎族中层人士的家庭，父亲马昌裕是个比较开明的家长。加上她家的家境还算温饱有余，因此，马玉花得以就读私塾三年，成为当时屈指可数的黎族识字妇女中的一个。[4]

在乐安地区，随着局势稳定，大量汉人到乐安地区经商，黎汉交往日益

---

[1] 陈枢铭：《海南岛志》，海南出版社，2004，第262页。
[2] 王昭夷：《广东琼崖各属黎族地区调查一览表》，王献军主编：《黎族现代历史资料选编》（第二辑），海南出版社，2017，第50—77页。
[3] 黄家明口述，胡茂震整理：《陵水县祖关镇黎汉同化史录》，《海南文史资料》第7辑（黎族史资料专辑）。
[4] 王立中、云环：《早期的黎族妇女干部——马玉花》，《陵水文史》第5辑。

频繁，一些黎族首领逐渐开明，接受新的思想，要求子弟读书识字。"聘请汉人到自己的乡村教学，像千家、只汶、谭寨、福报、多港、抱由、浮浅等处，直到民国十九、二十年间还断断续续地设有私塾。私塾的学生不出学费，教师的工资由乡村负担，按户摊派。学生的课本，由教师一手抄发。因为私塾是首人和群众商讨创办的，所以家长能够主动教育孩子进学，没有中途逃学的现象。这确是个优点。不过这种私塾是不够正常的，去年办的今年不办，今年办的明年不一定办。教学的老师，有的虽能够认真，但只限于教国文一科，没有教授别的学科，有的教师思想却不正确，不按一定课本教授，自己编一些不合逻辑的东西总弄学生。有的又是白肚先生，滥竽充数，混钱混谷。这样一来，学童获到的教益，确是微不足道了。"①

民国期间海南苗族的教育，多以私塾为主。民国时期，"要求海南苗村中须设苗人学校，由县府拨给补助经费"，但由于各种阻力没有成功。不过，苗人子弟仍多能识字，是因为家里教读书的缘故，故而苗人识汉字比较多。②

---

①陈修宪：《抗战前乐东山区文化教育概况》，《乐东文史》第4辑。
②江应樑：《历代治黎与开化海南黎苗之研究》，《新亚细亚》1937年第4期。

# 第六章　帝国主义在海南少数民族地区的文化侵略

鸦片战争前，西方传教士在海南岛传教，虽然在中西文化交流中起到了一定的作用，但是实际上这种传教主要是进行文化侵略，培养为西方服务的人员。鸦片战争后，西方传教士利用不平等条约，加强在海南岛传教，实行政治、经济与文化上的入侵。日军侵占海南岛后，海南岛少数民族地区也成为帝国主义文化侵略的对象。日本帝国主义在少数民族地区兴办了不少学校，对海南少数民族百姓进行奴化教育。

帝国主义在海南少数民族地区开展的各种教育活动，其本质都是为帝国主义利益服务。与其说，他们的做法中的某些方面，在客观上对于海南少数民族地区的文化发展起着一定的促进作用，不如说，这是历史一定会向前发展的必然，当然同时也离不开少数民族百姓的抗争和努力。

## 第一节　帝国主义在海南少数民族地区兴办教会学校

西方天主教在海南的传播，时间比较久。1603年，天主教就开始在海南传播。明末清初，天主教在海南发展迅速。到1652年，海南在籍的天主教徒有2253人。1660年，西方传教士纷纷被驱逐回国；康熙亲政后，为汤若望等人进行平反，天主教传教士又回到海南。但雍正时期，再度禁止传教，海南天主教传教士逃回澳门，海南的天主教徒也纷纷放弃天主。鸦片战争前，海南天主教处于停滞状态。鸦片战争后，天主教罗马教廷要求巴黎远东传道会负责海南岛的传教事务，天主教在海南再度发展。与此同时，基督教会也不甘落后，1876年美籍丹麦人冶基善在海南传教，冶基善传教活动得到了美国长老会的支持，发展迅速。①

教会传教活动，起初集中在汉族聚集地区，民国后，开始向黎族地区渗透。教会吸引民众信教的方式之一就是开办学校。民国时期，教会学校在少数民族地区兴办，招收少数民族学生。此外，在海口一带的教会学校，也招收海南少数民族学生。

在五指山地区，"当时，信教的黎胞物质生活和精神生活都十分贫乏，听说信教能得到上帝的保佑和赐福，内心十分向往。但最使他们向往的是传教士能帮他们学习文化，长知识，特别是医治疾病不需屠杀大牲畜，这对缺乏畜力的黎胞无疑是个大福音。黄生括在什茂村教堂里办起一个经文学习班，免费招收信徒中的儿童和青少年入学，由林日波专职教书，林主要用海南话教信徒识字、念经文，还开设算术、唱歌等课程，信教的各个村寨都有人去学习，远路上学的学生则吃宿在教堂里。平常上学的有二三十人，多时达五六十人。随着入学的人数增多，林日波又在毛域村增设一个经文班。除了用上述方式教学外，有些村寨教堂里的长堂还利用农闲时间组织教徒识字、念读经文，番阳的杞黎比邻近地区的杞黎懂海南话多，文化高一些，实得益于基督教的传播。"②

基督教在五指山地区传播的同时，也兴办学校，招收一部分人去嘉积以及海口一带的教会学校读书。有记载说："陵水黎区的传教事工在1916年才开始有起色，当时王姓两兄弟是黎头，急切想要为自己的同胞开办学校。有几名黎族姑娘和妇女来到女校上学，一些黎族青年男子进入觉民学校读书，还有一些病人到医院治病，一位教师兼宣教士被派到保亭。后来，两兄弟中的一人在叛乱中被他的同胞杀害，我们派去的教师被迫逃走，那里的事工不

---

①王禹：《传教士在海南》，《清史研究》1997年第2期。
②朱开宁、罗才东：《解放前基督教在通什地区的传播》，《通什文史》第3辑。

幸中断了一段时间。不过，传教事工在嘉积的学生中继续展开。如今，3名妇女和8个男青年形成黎族人教会的出色核心。恢复了平静，我们的那位教师重新去工作了。'司徒布道基金'为黎族人和苗人的福音事工捐赠的物品，极大地帮助了传教站开展这项事工。"①

在海南苗族聚集的地区，基督教也逐渐传播。南茂村苗族首领陈日光上山打猎时，右眼为黑熊所伤，眼珠露出，痛苦异常，四处寻医不得。1917年，经人介绍，到嘉积镇教会医院就医，美国基督教传教士见陈日光聪明伶俐，能说善辩，待人有礼，于是便拿出基督教圣经《旧约全书》《新约全书》《普天颂赞》等经书供他阅读。基督教的思想在他的脑海中播下了种子，从此他便成了信奉基督教的虔诚教徒。1917年秋，陈日光带着基督教圣经和诗歌等经书回到南茂村，向苗族群众宣传基督教的思想。第二年，中平、南茂、加略等一带的苗族群众信奉基督教。随着信教群众的增加，教会学校在苗族地区逐渐建立，"乡村中传教工作的开展，无论是在教堂里还是在学校里，都是非常令人鼓舞的。我们传教站的区域很广，北边抵达琼山的一部分地区，南边抵达陵水，包括黎族和苗族聚居地区在内。除了现有的15座小教堂之外，根据巡回传教的计划，福音传道者们还经常去苗族聚居的山区进行礼拜日的活动……这里的6所日间学校由传教站负责管理，它们全都按照规范化的课程进行教学……这些学校中有一个位于保亭的黎族聚居区。为女孩子们设立的两所夜校也在正常运行。加上麦考米克学校的110多名学生和女子学校的40多名学生，已有总数几乎达到400名的学生处于我们的管理之下，正在切切实实地接受着基督教的教育。"②有研究表明，1923年，新村、白水岭、露平、加略、黄羌田5个苗村各办起一所福音学堂。1926年，嘉积英国基督教会势力扩展至保亭，在保亭设立简易小学一所。③

基督教会学校在海南少数民族地区发展迅速，主要是因为美国长老会的稳定经费支持。"前年美国教会对于黎民教育颇具热忱，曾在琼山县城及嘉

---

① 孟言嘉著，辛世彪译：《椰岛海南》，海南出版社，2016，第99—100页。
② 王翔：《棕榈之岛：明末清初美国传教士看海南》，南海出版社，2001，第84—85页。
③ 林日举等：《海南民族概论》，南方出版社，2008，第201页。

积、那大3处各设有学校1所，每所为黎族人设免费生男女各5名。现时黎族人前往肄业者有二三十人，各生成绩很佳，能作英文书札，书法清秀，殊堪赞赏。美人并筹特别的款，派品学兼优的人深入黎峒，创立简易国民小学。其精神的勇猛，感化力的伟大，较诸普通小学，实过之无不及呢！"①

"美国教会对于黎族人之教育颇具热忱，除于外间各校，收纳免费黎生，特别奖励。特筹的款，选派品学俱优人员，深入黎峒，创办简易初等学小学……已设者有三四处，而以陵水属保亭营附近南春弓所设者为最著。办事之人名潘新和，系美国学校毕业之学生，道德纯粹，和蔼可亲，有志化黎，不求厚俸，每年由教会领款三百元，作为常年经费，经营布置大费苦心，诚足令人钦佩也。"②

一些少数民族子弟在基督教会上学，看到了外面的世界，增长了知识，扩大了见识。王维昌，清同治八年（1869）生，是保亭营抚黎局团总管王老达之子，聪颖刚强，爱读书，青年时，曾赴穗读基督教会学校，学有进步，被誉为黎族秀才……（王维昌）先后在什聘、南圣等地创办小学，招收黎族儿童少年进行启蒙教育，发动和保送大批黎族青少年入陵城同仁学堂读书。黎族首领王昭夷小学就读于嘉积镇基督教会兴办的觉民小学，中学就读于府城（海口）基督教会兴办的华美中学。③ 王昭夷回到五指山后，生活习惯有一定改变。"至南胜，又名大旗……村长王昭夷来迎。昭夷年仅三十，前在嘉积美国教会学校毕业，曾充琼崖行政委员公署科员。导至家，出其家人相见，妇女皆剪发，碾谷不用杵臼而用砻，亦与五指山黎有别。"④

虽然基督教在海南少数民族地区的传播包括教会学校的设立，客观上对改变少数民族地区百姓封闭落后的生活状况起到了促进作用，但必须看到其本质是配合帝国主义文化侵略。

---

①陈献荣：《琼崖》，《海南岛新志·琼崖》，海南出版社，2004，第383页。
②彭程万、殷汝骊：《琼崖黎民之状况及其风俗与教育》，《地学杂志》1922年第11期。
③郑有坤口述，朱开宁、朱少川整理：《我所知道的黎族头人王维昌王昭夷父子》，《通什文史》第3辑。
④黄强：《五指山访黎记》，《近现代琼崖旅行记四种》，海南出版社，2015，第150页。

## 第二节　日本帝国主义在海南少数民族地区的奴化教育

日本发动侵华战争后,就在占领区全面开展奴化教育,其目的有三:消灭爱国意识,和缓仇恨心理,训练奴性顺民。[①] 1939 年 2 月日军占领海南岛后,也极力推行殖民地化教育。1940 年 9 月 26 日起,日本帝国主义先后颁布《设置中等学校计划纲要》《配置日本人教员处理事项》《关于海南岛小学教育之暂行处理方策》《发行教科书注意事项》等有关海南岛中小学教育的政令,制定了一整套在海南岛推行殖民地化教育的政策和措施。

日本人在海南少数民族居住的沦陷区推行奴化教育,主要是小学教育。1939 年农历三月,日军侵陵后,驻陵派遣部队于 1940 年派赵米荣(翻译官,台湾人)在陵水城筹办陵水县日本语学校。最初校址设在蔚文图书馆,后迁到原中山小学旧址。1941 年起陵水县日本语学校有七个班,学生 300 多人,学制四年,毕业后可报考嘉积农业学校(日语学校)和海南第一中学(日语学校)继续攻读。一部分成绩较好的,由军部安排在医院、邮政等部门当翻译。县日本语学校的课程是这样安排的:上午是(1)早操,(2)朝会(周会),(3)上日语课,(4)唱歌;下午是(1)上汉语课,(2)劳作课(农业、搞卫生)。早操前,全体师生要向东面(意为面向东京)朝拜一次,由校长祷念:"对宫城参拜,为了出征将士,武运长久。"全体师生行九十度礼,礼毕,全体立正,举起双手在胸前默哀五分钟,完毕后才做早操。每月 1 日,四年级的学生在校长的带领下,排队前往日本出征神社(设在军部)参拜一次。在神社屋内全体立正,每人都要举起双手(左右手并拢,左手稍高点)在胸前,闭眼默哀五分钟,最后拍掌一下就结束礼仪,由校长带队返校。每周星期一的朝会,校长都要对学生进行奴化思想教育,要学生听皇军的话、称赞皇军好,长大后要好好地为皇军服务效劳。

---

[①] 国民政府军事委员会政治部编印:《敌伪的奴化教育》,1939 年铅印本,第 4—6 页。

日本在海南岛实行小学奴化教育，其目的重点在于"则将仰视日本帝国为东亚盟主，在日本帝国统帅之下，将东亚真正建成东亚人之东亚，建成民众安居乐业之王道乐土，将海南岛民磨炼培育成为具有真挚且又顺从之精神力量和强健体魄之新人。此乃教育之基本目的也。"

为达此目的，日本人在海南岛上开设的学校，将教学重点放在了日语教学上，"尽早令本岛民众修习和读懂日语，在通晓日本语言之基础上，了解日本，了解日本人，了解日本文化，从而信仰东亚共荣之理念。更进一步，则以日本语言作为东亚之共通语言，由此谋求东亚人精神之归一"。此外，还着重从孩子开始培养少数民族百姓的奴化心理，"需要进一步对本岛民众日常生活进行必要之礼法指导，由形式教育出发逐步导入精神教育，启发和培养岛民之敬虔与感激之念，所以须于初等教育中特别重视德行教育。"

另外，还进行劳动教育，为向日本侵略者提供劳动力做准备。"本岛民众大多好逸恶劳。然而，为了达成海南岛在军事上和经济上之使命，岛民之劳动生产力必须加倍提高，这就需要首先解决本岛民风懒散之问题。所以在初等教育中，必须对勤劳教育之重要性倍加重视，指导小学儿童养成亲近土地之习惯，欣欣然于农耕劳作。亲土与勤劳对于儿童之精神与肉体均可产生极为明显之效果，若能以所收获之农作物贡献于皇军，以示对皇军之感谢，那就可以说是取得了莫大之教育效果。"

为了达到上述目的，要求"岛内各小学校配置日本人教员，充任校长或副校长。"日本校长的主要职责有："担当教授日本语言之课程，特别在日语之读音、会话等方面充分对学生加以指导；担当音乐、游戏、体操等之教导，由此指导儿童之德行与礼法，注意培养其明朗润达之风度与协同合作之精神；注意通过儿童经常察知其父兄之生活状况及思想动向。"此外，还要利用小学教育场地进行社会教育，"各小学校根据各自之场地和校舍情况，可利用夜间开办日语学校，提供一般民众修习日语之机会。还可通过巡回放映电影或宣传画等，在娱乐社会大众之同时，也有助于对一般民众进行教育。

进一步还可以适当举办运动会、音乐会、日语演习会等,以浸润地方民众。"①

当时除了在陵水城办日本语学校外,从 1941 年起还在县内各地开办数所日语学校。其中包括:新村日本语学校、桃源日本语学校、港坡日本语学校、隆广白坡日本语学校、多华日本语学校。日本侵陵创办日语学校后,陵水县各学校被迫全部停办,导致全县原有的各学校学生都无法继续读书。②

日本侵略者侵占海南后,沦陷区的少数民族教育遭到很大破坏。乌牙峒原有一所高等小学,创办于民国前,校址设在亚上村新丰坡上的深田庙,每年招收三四十名学童,学制六至九年。先生全部聘自汉族居住区,一直有六七名教师任教。这间山村学校是乌牙峒文化教育的主要场所。日军占领乌牙峒后,师生就随黎民逃进深山,学校停课成为鸦雀无声的死庙。日军入侵一个月后就强行拆除庙房,并把拆下的材料运去建军营,造成乌牙峒黎族子弟 10 多年无书读。③

在藤桥,1940 年 6 月由日军十六警分总队创办藤桥日语高级小学校,校址在加走山(今称椰头村)。学校有 5 个班级,学生 250 人,配日语教师 4 人,汉语教师 3 人(即符、胡、李三个教师)。设有日语、算术、常识、体育等课程,以日语为主课。每天凌晨,全校师生都要列队唱日本国歌,虔诚地朝拜"日出"(俗称"拜东",即东方),以示朝拜日本国土,效忠日本天皇。1940 年 6 月,在英州坡(今英州粮所址)创办日语初级小学校,由日警察队长福山任校长,兼授日语课,设有 4 个班级,学生 200 人。凡进入日语学校念书的学生,都得严守校规,勤奋学习。如自由散漫,不守纪律者,必被教

---

①水野明著,王翔译:《日本军队对海南岛的侵占与暴政:1939—1945》,南海出版社公司,2005,第 306—310 页。

②兰武长口述,王人造整理:《日本侵陵进行的奴化教育情况》,《海南文史资料》第 13 辑(铁蹄下的腥风血雨——日军侵琼暴行实录[续])。

③胡茂震:《日军在陵水县乌牙峒暴行实录》,《海南文史资料》第 12 辑(铁蹄下的腥风血雨——日军侵琼暴行实录[下])。

师施以立正、弯腰、做四脚牛、双手顶木或顶石等处罚。①

在保亭，日军也办了一所以教日语为主的学校，学生只有30多名。学生班长是县维持会第一任会长王昭夷之子王英国，学生还有符亚红、吴开广等人，他们的父辈都在维持会里任职。一些普通黎族子弟也被迫到日语学校读书，香文村少年张亚德、张应义被招到这所学校读了两年书。② 学校对学生进行奴化教育，灌输给学生的思想都是"中日亲善""建立大东亚共荣圈"之类的内容。这些学校办不到两年，就因日军投降停办。③

在琼中，日军在占领区成立维持会，组建伪军；在文化上于松涛、新开田、榕木铺开设日语学校，强迫学童学习日语、日歌，大肆鼓吹大东亚共荣圈、中日同种、同文、中日亲善、相互提携等愚民奴化政策。④

在乐东，日军在黄流、望楼港、莺歌海等地设立日语学校，强迫12—17岁儿童入学，进行奴化教育。⑤

在昌江，1941年春，日军在占领区办起"日语学校"，招收青少年参加日语教育，开始招收时没有青少年肯去学习，后改用强迫手段，一户两个儿子抽一个去日语学校。并免去该户劳役。日军在昌江地区办两间日语学校，即昌城、保平日语学校，各开设一个班30人。⑥

在白沙，1944年年初，侵占可任乡的日军通过维持会宣布，要在该乡开办学校，强迫当地群众在红岭村对面的山坡上，盖起两间教室，开出一个简易操场，教室约有100平方米，操场约有1000平方米。学生来源由维持会

---

①黄良清口述，潘先楞、严才科整理：《日军侵占藤桥、英州始末——一名日军通译官的自述》，《海南文史资料》第13辑（铁蹄下的腥风血雨——日军侵琼暴行实录[续]）。

②潘先楞：《重教化民风淳朴》，《琼中文史》第8辑。

③张应勇：《日军入侵保亭县始末》，《海南文史资料》第12辑（铁骑下的腥风血雨——日军侵琼暴行实录[下]）。

④谢晋顾：《日军侵略琼中县境及其暴行》，《海南文史资料》第12辑（铁蹄下的腥风血雨——日军侵琼暴行实录[下]）。

⑤邢华胄：《日军侵占乐东县始末》，《海南文史资料》第12辑（铁蹄下的腥风血雨——日军侵琼暴行实录[下]）。

⑥赵志贤整理：《日军侵占昌江及其暴行》，《海南文史资料》第12辑（铁蹄下的腥风血雨——日军侵琼暴行实录[下]）。

发动该乡的所有村庄选送,包括现在打安乡的可程村、牙叉乡的探纽村等20个村庄,规定每村选送两三名学生,不送学生的村庄罚交500块光洋。由于日本兵到处烧杀掠淫,恶贯满盈,人们都不敢将自家的孩子送到魔爪中,可慑于淫威,不得不想法凑数,一些村庄送来的是呆傻等有生理缺陷的孩子。学生总算凑足50多名,年龄7~14岁不等。每个学生都要交一定的学费,食宿自理。学校的教学由日军方面安排,教学的内容有国语、日语、日歌和简单的算术等。课程安排一般是上午教课,下午则强迫学生为日军挑水、劈柴,打扫营地卫生等。碰上日军杀人时,便拉这帮学生去观看,以折服他们的意志。这间学校办到1945年年初,由于日军在中国大陆战场及东南亚一带战场连连吃败仗,鉴于每况愈下的战争形势,学校停办了。就这样,这所因战争而建起的学校,最终也因战争而夭折了。大多数当初选送去那儿上学的孩子,后来都说:在那段时间里,除了整天担惊受怕外,什么都没有学到。①

此外,1942年日军为培养在黎族地区从事警察等工作的人员而选拔了部分黎族青年,在位于琼山的海南岛警察训练所进行了大约6个月的训练,训练科目包括训育、日语、卫生、礼仪、点检、教练、自卫警察、农业实习等。

总体来说,日本帝国主义制定了一整套在海南岛推行殖民地化教育的政策和措施,并以小学教育为主在海南少数民族地区开展了奴化教育。但是,由于少数民族地区群众的反抗,日本帝国主义在海南岛展开的奴化教育没有收到预期的效果。

---

① 王勇、蓝秀莲:《日军在可任乡办学纪实》,《海南文史资料》第13辑(铁蹄下的腥风血雨——日军侵琼暴行实录[续])。

# 第七章　中国共产党领导的海南少数民族教育

琼崖革命时期，由于各种因素的限制，在大多数时间内，中国共产党不具备进行国民教育的条件。在激烈残酷的革命斗争过程中，各级党组织、军队干部不断伤亡；同时随着党领导的武装力量和控制地区扩大，急需各种革命干部。除了以老带新外，举办各种学校、各类培训班，短期分期分批集中训练，理论联系实际，是一种有效培养和教育干部的方法。新中国成立前，中国共产党举办各种培训班，提高了少数民族教育，培养了大批少数民族干部。

## 第一节　大革命至土地革命战争时期的海南少数民族教育

五四运动时期，海南籍学生郭钦光在北京因遭反动军警毒打，激愤致死。王文明、杨善集等在五公祠召开了有1000余学生参加的追悼郭钦光大会，并组织示威游行，掀起了海南青年运动的高潮。在此过程中，王器民与徐成章于1921年4月7日在海口创办《琼崖旬报》，宣传马克思主义与新思想。[1] 1922年7月《琼崖旬报》第36期发表的《改造琼崖计划》中，系统提出

---

[1] 中国井冈山干部学院编：《以笔墨书报发展琼崖红色文化》，《红色家书：革命烈士书信选编》，党建读物出版社，2018，第16页。

了发展海南教育的规划："宜设农业及职业学校。"主要是中小学毕业之后，学生出路不多，因此建议："其法有三：（一）将现有之高等小学，或三四间，或六七间，合而办一农工商各职业学校。经济亦可以增加，模范亦可以扩大。而内附设高小一班，以为富家子弟，将来进学之门径。（二）将现在之中学，分为农工商各科，使毕业者，有金则可以升学，无金亦可以谋生，而不致为游民流氓。（三）宜设立通俗义务学校。贫民义务教育，实为中国今日之急务，亦为琼崖第一之急务。富厚之家，或延师以训其子弟，或出资而送其就学，不特能受普通之教育，亦且可受高等之教育。彼贫民则不然，饥寒交迫，日奔走于衣食，犹恐不给，向学有心，从师无力，虽欲受普通之教育，求普通之知识，尚不可得。何论高等之教育乎！国家不设立学校以教养之，则贫民之知识日下，谋生日困，饥寒驱之，境遇如之，强者流为盗贼，弱者流为乞丐，其害于国家社会，实非浅鲜。故善为国者，宜设学校以开其知识，方能使全国之中，无一盗贼游民，而其国方能富强。"此外，还要"宜使女子受教育"，因此建议"男女同校。盖男女同校，一可以减少经费，二可以扫除从前重男轻女之恶习。"①这其中，就包括对少数民族教育的构想。

大革命时期，琼崖地区有重大影响的学校是琼崖仲恺农工学校，其前身为嘉积农工职业学校。嘉积农工职业学校由共产党人王文明等人于1924年创办，开设农科和工科，以马克思教育思想为指导，坚持教育与生产劳动相结合，实行半工半读，学生上午上课，下午劳动；一边学习书本知识，一边动手操作，使知识向能力转化。嘉积农工职业学校是我党早期在琼崖进行活动的重要阵地。1925年7月，根据广东区委指示，对嘉积农工职业学校进行全面改造，使之成为专门培养革命骨干的干部学校。首先，教学上提高政治课的地位，把政治课作为学校的主课。主要教材有《共产党宣言》《资本论》《帝国主义浅说》《社会进化简史》等。学校还将毛泽东、彭湃关于农民运动的论述作为政治课的补充教材。其次，开设军事课，在军事教官的指导下，学员每天都进行军事训练，还经常到野外进行演习，学习军事知识和带兵用

---

① 《改造琼崖计划》，《琼岛星火》第22期。

兵要领，为以后从事武装斗争做好准备。再次，是对文化课进行调整，设语文、数学、自然、历史、地理5个学科。招生上，范围扩大到琼崖各县。学校将招生指标下达到各县农民协会，县农会从农运骨干中挑选对象向学校推荐，学校经过考核择优录取。第二期共录取学员52名，其中文昌1名，琼山2名，定安8名，琼东6名，乐会6名，万宁11名，陵水6名，崖县4名，儋县8名。四一二反革命政变后，仲恺农工学校解散。仲恺农工学校是促进革命群众运动发展的基地，其培养的学员，是琼崖工人运动和农民运动的坚强骨干，为琼崖革命做出了贡献。仲恺农工学校为陵水等地培养了少数民族干部，促进了当地革命的发展。①

1926年，仲恺农工学校毕业生黄英等同志在陵水县创办了农民训练所。农所在县党部的直接领导下，设有所长、指导员、专职教员和兼职教员，负责实施教学工作。黄振士和陈贵清兼政治教员，所长是陈哲夫，军事教官是王家秀，专职教员是王庆琼、周文朝、陈敦朝、陈光华。第一期学员，原计划60人，实际57人。这些学员都是各区、乡农会送来的骨干分子，其中有三十多名黎族青年。教学内容有党义、政治和军事三门课程。党义课是讲授孙中山的"三民主义"，政治课教学内容是根据上级的宣传资料自编，以及组织学习马克思主义的一般知识和十月革命的基本经验，但还是以农运为主要内容。军事课主要是进行军事训练……整个教学过程紧紧抓住以农民问题为中心，以提高学员的革命理论为目的，坚持理论联系实际的革命学风，经常组织学员到农村做调查……在教学方法上，教员们根据学员来自农村、语言和文化程度的差异等不同情况，在讲课时，以通俗易懂、深入浅出的方法进行教学，使课程内容易懂好记。农所坚持因陋就简、勤俭办校的方针。生活制度按军队那一套要求，每周学生会活动一次，早上集体出操，开饭列队，按时作息，每天检查学员住宿的清洁卫生情况，要求着装整齐，遇到上级、教员和学员之间要有礼节，互相尊敬。外出报告，回来销假，定期讲评，优的表扬，劣的批评。晚上和星期天分组读报或教唱歌。由于农运形势发生变

---

①陈锦爱：《琼崖仲恺农工学校史述》，《琼岛星火》第22期。

化，农所只办了一期，但这批学员在当时农民运动以及后来武装起义夺取政权和保卫红色政权的斗争，都做出了重大贡献。农所学员配合党政干部到群众中去，宣传革命道理，公开揭露国民党屠杀共产党员和革命人民的罪行；大力宣传我党反帝反封建的政治主张，号召农民团结起来，拿起武器以反抗反动派的压迫，为求生存、求解放而斗争。同时，黄振士和农所二班级长黄家连、副级长马大雄等少数民族学员，还积极做黎族峒主统战工作，发动他们带领武装队伍参加革命行列。以黎族同胞为主的农民武装就发展到七百多人，不久之后成立了陵水县农民自卫军，在创建和保卫红色政权的斗争中做出了重大贡献。农所还培养了一批革命骨干。农所学员经过学习，理论水平和思想觉悟有了很大的提高，绝大多数的人成为重要骨干。有许多人成为少数民族县、区、乡的主要领导人。①

1927年3月，万宁县委决定成立万城、礼纪、龙滚三个农民训练所，从各区、乡抽调党员和农军骨干参加短期训练，三个农训所共计学员100多人。授课内容：一是政治课，学习革命理论，如"联俄、联共、扶助农工"三大政策，农民协会章程，并进行国内国际形势教育等。二是军事课，执行严格的军事训练，讲解和实习使用各种武器，学习军事上的进攻和防御战术等。② 礼纪、龙滚等地黎族同胞众多，受到当地群众的支持。大革命失败后，农训所学员组建琼崖讨逆军，后来成立了琼崖工农红军独立师，创建了六连岭革命根据地。

大革命失败后，中国共产党在开展革命中，注重把少数民族教育与发动革命结合起来。1927年4月，共产党员苏明伦、杨姚容夫妻潜入加峒地区（今琼中加峒一带）宣传革命，他们经常走村串户，宣传革命道理，组织和发动广大群众起来同地主乡绅和国民党做斗争。为了转移敌人密探的视线，苏明伦夫妇和黄观清等人决定在加峒开办一所学校，以正当职业做掩护，更好开展革命工作，推选黄观清、王文贵、王玉轩三人任校董，负责建办学校。

---

① 陈番姚讲述：《陵水县农民训练所创办始末》，《陵水文史》第1辑；陈敬词：《大革命时期的陵水农运训练所》，《琼岛星火》第22期。
② 蔡德佳：《万宁县农民训练所创办始末》，《琼岛星火》第22期。

于是，加峒地区第一所茅房学校，在全村群众的共同努力下盖起来了。学生来自加峒、吊排、牙初、崖什等村，共有20多名。苏明伦不仅负责教学生读书认字，还教唱革命歌曲，向学生们灌输革命道理，在学生们幼小的心灵里播下了革命的种子。一年后，加峒苏维埃政权失败，学校也随之关闭。①

1927年，在万宁一带，六连岭革命根据地党组织派出王和通、朱镇环、周开南、龙泽宽等一批革命同志到现琼中县的吊罗山乡一带，以开办学校做掩护，秘密开展革命活动，他们先后在南盼发、雅仿、万及、上堂、加峒、坡滨及陵水县的大里村办起六所小学校，向学生灌输革命道理，教唱革命歌曲，同时深入到各村寨去发动群众，在群众中培养骨干。②

1927年11月25日，陵水县农民自卫军攻占县城。12月中旬，陵水县苏维埃政府成立，此后，各区乡苏维埃政府陆续成立。县有赤卫队，区有常备队，乡有后备队。为了提高农军的政治素质和军事素质，根据琼崖特委的指示，在陵水县创办工农军干部学校，校址在陵城圣殿。军校学员主要是各县选送来的工农武装骨干分子，陵水县各区乡也选送一至二名优秀青年到军校受训。陵水县工农军干部学校开始有300余人，后来发展到500余人；学员中有诸多黎族青年，比如三连七排排长黄家芳就是黎族同胞。授课领导中黄振士与王昭夷也是黎族人。学校设置党义、时事和军事三门主课。党义课主要讲马列主义的基本原理等课程；时事课主要讲国内外工农运动以及琼崖的革命斗争等，也讲到民族团结问题；军事课上在课堂讲战术等，野外还有实地训练。由于王昭夷的叛变，陵水红军损失极大。1928年，陵水县工农军干部学校师生上调琼崖特委，在六连岭建立琼崖红军干部学校。③

1931年5月，为了培养干部工作人才，琼崖苏维埃政府决定成立琼崖高级列宁学校，校址在乐四区赤赤乡土地岭村。学员由各县苏维埃政府从贫苦青年工人农民中物色学员对象选拔，共100名。学校开设甲、乙两个班。在课程设置方面，学校开设唯物史观、马克思列宁主义、社会进化论、数学、

---

①黄斌：《加峒苏维埃政府的建立及其斗争》，《琼中文史》第2辑。
②琼中县委党史办公室：《太平苏维埃政权斗争始末》，《琼中文史》第3辑。
③李文辉：《回忆我在陵水红军干部学校的战斗生活》，《陵水文史》第5辑。

音乐、军训、训练工作等课程。教科书都是教员根据琼崖的革命实际自己动手编写的。教科书以马列主义基本理论、军事战略和战术、当前革命形势和土地政策等为主要学习内容。训练工作课程的主要内容有：雇农工作材料，贫农工作问题，巩固与扩大少年先锋队的组织，城市工作等。1931年12月国民党军队乘虚而入占领了乐四区，毁坏了琼崖高级列宁学校。琼崖高级列宁学校虽然仅存在半年时间，但在琼崖苏区教育史上写下了光辉的一页。首先，该校为琼崖革命培养了100多名苏区政府委员以上的党政干部和排长以上的红军干部，为琼崖第二次土地革命高潮输送了一批领导骨干；其次，该校作为琼崖苏维埃区域教育的最高学府，在办学方针、办学形式、教材建设等方面，为各县苏维埃政府创办的列宁学校提供了经验，为苏区的党员干部教育进行了有益的尝试。[1]

## 第二节　全面抗战时期的少数民族教育

全面抗战爆发后，中国共产党在建立统一战线的过程中，非常重视少数民族教育。

1937年年底至1938年年初，中共昌感县委根据琼崖特委的指示和抗日形势的需要，决定在海南岛西部（现东方县）新街区新街墟建立一所抗大式的中学，通过史丹、马白山（中共党员）出面，联系墩头地区有威望的进步人士戴恩民、林超宇等，争取他们的同情和支持。最后由陈克文、史丹、马白山、戴恩民、林超宇等人组成筹建委员会。决定校址在新街墟郊区的昌义村东北的坡地上；办学经费以自力更生为主，动员墩头、新街渔民、商人商船，捐献材料；学生来源，中共西南联委负责通知县委地下党员和进步青年报名投考，并把招生报告到邻县墟镇、城乡张贴；教职员工由县委推荐和史丹、林超宇推荐或聘请；学校命名为琼海中学琼西初中部。1938年6月初，

---

[1]陈锦爱：《琼崖高级列宁学校史述》，《琼岛星火》第22期。

各县和本县投考的青年男女有汉族、黎族六百余人，录取二百名。后来，从各地转学来的有二十多名，全校共有学生二百二十余名，分为甲、乙、丙、丁四个班。课程设置，学校公开的课程表是按国民政府教育部规定的内容安排，有国文、算术、历史、地理、理化、生物、公民、英文、图画、唱歌、体育等。但为了配合抗日战争，在昌感县委的指示下，还采用自编油印的革命教科书，把地理、生物改为选读，减少英文、公民课的课时，把有关革命理论的历史课和政治课作为主课。政治课讲授马列主义和毛主席著作；国文课主要讲授鲁迅和郭沫若的作品；文娱课主要教唱《义勇军进行曲》《松花江上》《大刀进行曲》《大路歌》《码头工人》《总动员》以及《毕业歌》等；体育课以搞军训为主。如：《步兵操典》《防空、救护常识》等。学校还自制长矛七十多支，做军事训练之用。中共昌感县委为了使琼西中学办得好，培养造就新型人才，县委指定马白山同志到校任教，同时又决定黄清霞、文宝庆、林超常等共产党员到学校当职员，派史丹同志经常到学校做政治报告和检查工作，加强了党在学校的核心领导作用。在琼西中学建立党的特别支部（简称"特支"），特支设三个支部（甲、乙、丙班支部）和若干小组。1939年2月，日本侵略者占领海南后，琼西中学停办。琼西中学为海南革命培养了大量人才，特别是少数民族人才。①

1939年间，黎族进步青年符金元从广州求学归来，在他家乡海旺新村兴办学校，教育黎族青少年学习文化知识，向黎族群众宣传进步思想。后来，他了解到被国民党封为团董的本族败类符桂兴和国民党狼狈为奸，鱼肉同胞，他激以义愤，杀死符桂兴，还准备发动群众围攻驻牙叉镇的国民党白沙县政府，不幸被国民党察觉，惨遭杀害。②

1940年，中央要求琼崖地区任用少数民族干部。1940年1月《琼崖抗战时期干部学习资料》中要求坚持重要的相关民族方针政策："调整中央地方关

---

①戴泽运：《忆母校琼西中学》，《东方文史》第4辑。
②王启训：《白沙县什阳地区黎族人民驱除国民党县长邱海云的斗争》，《白沙文史》第2辑。

系，信用本地人才，团结少数民族以固后方。"①

此外，中央还要求琼崖地区开办干部学校，招收学生，其目的在于为革命培养人才，这必会涉及少数民族干部的培养。1940年1月中共中央书记处对琼崖工作的指示中提道："你们要在冯部地区开办大规模的干部学校，由二三百学生办起，逐渐扩大至二三千学生。"②

中央还要琼崖地区发展民族教育。1940年10月10日《琼崖东北区政府抗战时期施政纲领》涉及诸多少数民族的教育："承认[汉]、黎、苗、回等民族在政治、经济、文化教育之完全平等，并尊重其信仰及生活习惯之自由……实行普及平等教育儿童，以民族精神与生活知识教育儿童……发展民众教育，扫除文盲，提高成年人民之民族意识与政治文化水平……实行干部教育，培养抗战人才……发展文化事业，供应文化食粮。"③要求兴办教育，特别是对民族地区的教育活动。

1940年11月，中共中央书记处对琼崖工作的指示中明确要求："认真在三十余万夷民中进行艰苦联络工作，尊重他们的民族风俗习惯，使他们信任我们，不仅使他们不为敌伪利用，而且要使他们与我们一起抗敌。必须认识他们所在地的五指山脉一带山地，将是我们长期抗战的最后的可靠根据地。其他沿海地方都有敌伪盘踞的可能。只有有了夷民、山地作为我军的巩固后方，我们才能支持长期抗战。"④

1940年夏，琼崖特委为更好地培养抗战干部，趁琼文、美合东西两根据地初具规模的好时机，决定在新辟的美合根据地，创办"琼崖抗日公学"。由冯白驹兼任校长，史丹为副校长。校长下设政治、教务、总务、军训4处。

---

①《琼崖抗战时期干部学习资料》，中央档案馆、广东省档案馆编：《广东革命历史文件汇集》，1982，第187页。
②《中共中央书记处对琼崖工作的指示》，中央档案馆、广东省档案馆编：《广东革命历史文件汇集》，1982，第224页。
③《琼崖东北区政府抗战时期施政纲领》，中央档案馆、广东省档案馆编：《广东革命历史文件汇集》，1982，第188—189页。
④《中共中央书记处对琼崖工作的指示》，中央档案馆编：《中共中央文件选集》（第十二册），中共中央党校出版社，1991，第561页。

教职员工共 50 余人，学生是由各县县委和独立总队负责保送的进步青年和部队优秀战士。先后办了两期，共培养了 600 多人。教学组织形式是按文化程度编班，高级班的是高中程度学生，初中程度的入初级班，工农分子入工农班，妇女为妇女班，15 岁以下"红小鬼"入少年儿童班。各班设班主任和班队长，班主任管政治和学习，班队长管军事训练，并于作战时负责指挥战斗。高、初级班学习 4 个月结业，其中 70% 学习政治，80% 学习军事。工农班、妇女班、少儿班则以学习文化课为主，也学一些军政常识。1940 年 12 月发生"美合事变"，学校被迫停办。①

1941 年 10 月中旬，为了适应乐、万两县各区及乡民众抗日救国会（简称"救会"）工作蓬勃发展的需要，加紧培训县、区、乡民救会领导骨干，六连岭上县领导机关驻地，开办了第一期"民运干部骨干短期训练班"。学员由两县各区、乡选送，共有 30 余人。学员的文化程度和政治理论水平悬殊，尤其女学员多是文盲或半文盲，男学员仅有几个是高小或相当初中的程度。训练班开设三门课程：一、民运工作的重要意义及其工作方式方法；二、新民主主义基础理论知识；三、抗日民族统一战线。训练班学习时间虽短，学员不但思想认识有很大进步，初步学懂了一些基本政治理论，明确无产阶级的立场、观点，而且对民运工作业务和统战工作的方针政策，有更深切的领会。懂得结合民运工作广泛开展"统一战线"工作，个人的工作能力在不同程度上有所提高，不少学员成为县、区和乡民救会的主要领导骨干，成为 1941 年冬至 1942 年乐、万两县开展抗日救亡运动的中流砥柱。②

1941 年，在六连岭创办抗日军政干校，军政干校的宗旨主要是为我军培养德才兼备的、能胜任排连级以上领导职务的军事、政治干部，同时也为地方培养部分区级以上党、政、群组织的骨干。而这些干部在政治思想上必须有坚定素养，树立起正确的政治方向，有坚持走民族解放与社会解放道路的自觉性，成为执行党的政治任务的模范和骨干；在业务上必须有一定的军事

---

① 何梅花：《华南抗日根据地和解放战争时期广东游击根据地教育》，《广东文史》第 70 辑。
② 陈冰萍：《抗战时一期干部短训班的思忆》，《琼岛星火》第 22 期。

素养和政治工作经验，作风上必须艰苦朴素、深入实际、密切联系群众、团结紧张、严肃活泼。军政干校学员主要来自两个方面：一是部队选送的班排级以上的军政干部与少数英雄模范，约占学员总数的三分之二；二是地方选送的乡区级以上的党、政、群组织的领导骨干和积极分子，约占学员总数的三分之一。学员来源复杂，多数人缺乏思想准备，缺少斗争经验。因此教育学员加强组织性纪律性，清除无政府主义、平均主义和自由主义；教育学员重视深入实际、深入工农兵，树立共产主义的伟大理想与全心全意为人民服务的思想，克服脱离实际、脱离群众、轻视劳动的坏作风。

学校特别把艰苦、朴素、团结、紧张、严肃、活泼当作校风来提倡，要求学员在校学习、工作、生活和参战实习中去修养、锻炼和体现。

教学活动，强调教、学、做结合的方法。要求学校领导干部与教员在各方面必须以身作则，说到做到，对学员言传身教。而对学员来说，学了就要见诸行动，就要实习，以检验其所学成果。

军政干校从1941年6月正式建校开学，到1942年年底因战事频繁暂时停办，共办两期，毕业学员计有400多人；如果包括五期的随营军政干训班和一期琼崖抗日公学附设的军政班毕业学员，则总共有1000多人。这一大批经过培训的学员干部，对部队、根据地和游击区的建设，对加强地方党、政、群等工作的领导，对坚持长期、残酷的战争直至最后胜利，无疑起了很大的作用。[①]

## 第三节　解放战争时期的少数民族教育

抗战结束后，随着国共和谈破灭，内战开始。为了夺取内战的胜利，广东省委要求琼崖地区建设好五指山一带的根据地，并重视对少数民族干部的培养。

---

[①] 祝菊芬：《回忆琼崖抗日军事政治干部学校》，《广东党史资料》第10辑。

1945年11月,《广东省委对琼崖工作的意见给中央的报告》中建议:"建立白沙、儋县、昌江、感恩边区一带山地为长期斗争之中心基地;同时把武装分散到几个较有群众基础,地理条件较好的地区,去开展(辟)更多的根据地;组织武工队,开展外围据点;组织革命两面派的武装,开展平原的工作。把暴露与较隐蔽的分成两个系统,派一部分到大城市与南洋并开展工作与华侨工作,另派一部分干部进入黎民区研究与开展少数民族的工作,积极加强党内政治文化教育(阶级的与秘密的),干部整风学习,巩固党的组织,注意吸收知识分子,开展城市与要道工作。巩固与改善政权工作,扩大宣传,做好统战,争取中间人士与开明士绅参加政权工作,废除保甲制度,发扬民主作风,广泛组织群众团体,大胆进行减租减息的运动。实行各种改革,发动生产救济,改善人民生活。展开废除苛捐杂税、反贪污、肃奸等项工作。提倡拥政爱民运动,兴办教育,中小学识字班广泛建立。"①

1946年,《中共中央对琼崖工作的指示》中要求:"为适应长期斗争,支队必须精简,分区游击,从打击敌人中求补充,开展群众工作与少数民族工作,并建立依托山地之根据地,努力生产,训练干部。"②

为了适应新形势发展的需要,琼崖特委决定复办"琼崖抗日公学"(第三期)。1945年琼崖公学(第三期)于9月1日正式开学,琼崖公学学生选送标准是:"1. 行政班:①现员(任)区员、副乡长、助理及进步之保长,均可抽选派,②选派之学员必须思想进步,体格健强(壮)及粗识文字者(临高、儋县还须听懂琼文话者)。2. 普通班:①选送之学员须有一定文化程度或同等学力者,②不分男女,凡年龄在十八岁以上,三十岁以下,体格健强(壮),坚决抗战,符合上项条件者,均可选送受训(各县应尽量发动女青年参加受训)。3. 军事班:①各县区基干队、常备队中的进步之队员,班副、小队副

---

① 《广东省委对琼崖工作的意见给中央的报告》,中共海南省委党史研究室、海南省档案馆编:《琼崖解放战争史料选编》,内部刊印本,第13—14页。

② 《中共中央对琼崖工作的指示》,中共海南省委党史研究室、海南省档案馆编:《琼崖解放战争史料选编》,内部刊印本,第81页。

受训，②必须体格健强（壮），各略有战争经验者。"①校址设在儋县南丰墟，校部和政甲、政乙以及民运等班住在南丰墟里，普通班住在南丰墟一间小学，军事班人数最多，学员分别住在南丰墟外的原日军堡垒（一个小岭）及其附近。学校在南丰办学约有一个余月后，迁移到了白沙县阜龙乡打道安。1945年年底，由于形势发展和战争，学校暂时停办。全体学员毕业后，分配到全岛各地各条战线去参加战斗和工作，起了骨干作用。其中分配在白沙县工作的有六十多人，他们充实了区、乡两级的领导班子，开展了还未建立政权的乡的工作，使这些乡尽快地建立了由人民自己当家做主的乡级政权。②

随着解放战争形势明朗，在争取解放战争胜利，筹划日后新海南建设过程中，琼崖出现了"干部荒"。1948年7月29日《琼崖区党委关于干部问题给香港分局的报告》中指出，当时琼崖地区存在"干部荒"，"琼崖虽是有了二十余年的不断斗争历史，说起来应该有了足够的干部，但在这廿余年尖锐斗争过程，干部的牺牲、逃跑、病亡、变节也是不少的；另方面，在斗争中，也由于我们主观的提拔与培养存在了缺点，干部荒，仍成为目前实际困难……我们的工作，在目下是比较任何时期都来得庞大与复杂；有了党，有了军，有了政，有了民的各种系统组织与工作，在适应这些的组织与工作的要求上，已感到干部不够支应；且解放区又日趋扩大，各种建设工作又要求着一批干部来执行。所以我们往往在谈到干部时，都觉头痛，无法解决。"③

当时的经验就是办各种培训班，解决"干部荒"问题。"必须重视干部、关心干部，加紧培养锻炼干部……我们是根据当地具体情况的需要，从区、乡级抽出一些干部，设立短期训练班。这个训练班，多半时间是深入群众中进行土改工作去学习，少半时间是返来课堂内进行学习工作。这样做法，使这些干部所学和所做的东西，都获得融化起来，很大地帮助他们改造思想，

---

①《选送琼公受训学员方法》，《琼岛星火》第22期。
②肖星辉口述，黄上珠整理：《琼崖公学生活追忆》，《昌江文史》第4辑。
③《琼崖区党委关于干部问题给香港分局的报告——决定调15名干部给分局》，中央档案馆、广东省档案馆编：《广东革命历史文件汇集1946—1948》（琼崖党组织文件），1988，第514页。

提高他们的理论政治水准工作能力和群众路线政策的掌握,再又把这些训练结业的干部,派回各区、乡去,在当地召开这种训练班,训练下级干部,继又另换调一些区、乡级干部再来进行训练。这样召开上下级的各个训练班,就使得训练干部工作,从困难中向前展开,训练的结果,也较前起了新的实际收获。"①

1948年,琼崖公学在番阳区复建,主要目的是培养新式干部。"为了培养干部,扩大政治影响,从外线蒋管区和游击区发动和争取青年学生来琼公就学的决定。已交代于本年五月出席干部会议的同志返去传达了……必须了解,这是培养干部,解决干部荒的一个办法,希你们应重视和加紧督促各县积极加紧执行,以求完成所规定的数额,至届时(旧历明年正月底以前)介来入学为要。"②

琼崖公学复建招生过程中,专门要求少数民族地区动员学生参加学习:"令西区行政专署专员吴明:为着培养大批新生力量,供应当前斗争需求,琼崖公学已决定在三十八年三月开课。兹随付招生简章贰百份,希即转知所辖各县政府,大量动员民间学生分子参加就学(男女不拘),并依规定时间遣送抵校,以便及时开课为要。"③

琼崖公学抗日初期在美合办第一、二期,日本投降前在南丰办第三期,"现在是第四期,是一间群众性的学校,目的是大量吸收一批高小生、中学生以及一般知识青年训练,以便培养成一批新干部来补充各部门工作……学校中分设八班,各班设班主任一名,专管班中行政事宜,此外还有专门教职

---

①《怎样解决干部问题——干部是革命骨干,必须加紧培养干部,大胆提拔新干部》,中央档案馆、广东省档案馆编:《广东革命历史文件汇集1946—1948》(琼崖党组织文件),1988,第536页。

②《琼崖区党委通知二则——招考琼公学生、党政关系》,中央档案馆、广东省档案馆编:《广东革命历史文件汇集1946—1948》(琼崖党组织文件),1988,第546页。

③《琼崖临时民主政府训令(教字第二号)——动员学生参加琼崖公学学习》,中央档案馆、广东省档案馆编:《广东革命历史文件汇集1946—1948》(琼崖党组织文件),1988,第550页。根据1948年2月25号的训令,将琼澄、澄迈、新民(今屯昌一带)、临高、儋县、海山(今昌江、白沙、儋县交界处)、白沙划为西区,见该书第385页。

员，负责讲课。现在到校的学生已有二百余人，估计各县介绍来到齐后，至少有五百人以上。这些学生属游击区与蒋管区的占大多数，就以崖县来讲，附近县城的地区有七十余名学生青年来琼公就学，他们表示很热情，乐会县中原小学，有一位高小学生，闻知我们创办琼公，内心很为兴奋，羡慕到琼公来求进步，可是身在蒋管区，苦于没有线索，缺人介绍，但他并不因此困难而馁气，他下了决心，自己准备好了行李粮食，秘密私逃到我解放区来，请人介绍他到琼公去，结果是达到目的了。"①当时，五百多名干部和后方知识青年来到番阳后，就被编为儿童班、妇幼班、军事班、干部班。每个班都设班主任和班队长，负责班上的工作。课程设置有政治、军事和民运三种。校长先为吴乾鹏，后为史丹，教育长林树兰，政治处长符气连，后勤处长任英，军训主任谢凤池。

1949年9月，琼崖公学招第三期新生，从招生情况来看，主要是按区域招生，适应不同地区人才需求，"为现时各种革命或工作需要，为未来新琼崖建设需要，决定琼崖公学续招第三期新生入学受训，其数额为高级班七十名，师资班七十名，中级班二百名，不拘男女，总共三百四十名。高级班生应以初中毕业以上或同等学力者为合格；师资班生应以简易师范毕业以上或同等学力者为合格，中级班生应以高小以上程度为合格。以上各班新生数额招考，具体分配如下：北区行署负责招考高级班生三十名，师资班生三十名，中级班生七十名，合计招收一百三十名。东区行署负责招考高级班生二十名，师资班生二十名，中级班生四十名，合共招收八十名。西区行署负责招考高级班生十名，师资班生十名，中级班生五十名，合共招收七十名。南区行署负责招考高级班生十名，师资班生十名，中级班生四十名，合共招收六十名。以上各班学生均限于本年九月底达琼公，十月初旬开课。"②

---

①《琼崖工作报告——党政民的组织和扩军、整党、干部培养情况》，中央档案馆、广东省档案馆编：《广东革命历史文件汇集 1948—1950》(琼崖党组织文件)，1988，第218页。
②《琼崖临时人民政府训令(教字第九号)——关于招收第三期琼公学生事》，中央档案馆、广东省档案馆编：《广东革命历史文件汇集 1948—1950》(琼崖党组织文件)，1988，第394页。

琼崖公学1950年停办，培养了大量人才，分布在海南党政军民各部门，不仅在战争中发挥了重要的作用；新中国成立后，他们在社会主义革命和建设中，也做出了重大的贡献。①

1949年1月17号，琼崖军政学校复办。"为了适应目前斗争需求，敝队决定复办军政学校：（一）该校定名为中国人民解放军琼崖纵队军政学校。冯司令兼政委兼任校长，军训部部长谢斯志兼任教育长，另派冯所唐任副教育长；（二）本校目的在培养中小队级干部。内设军事甲一班，军事乙二班，政治甲一班，政治乙二班等共六班，修业期间三个月；（三）学员由各县各队选送，每县由地方部队选有前途之班长、战士或警卫员三名到军乙班受训，一名于政乙班受训（最好是粗识文字者），并在二月底以前到达营根新市该校；（四）选送受训者，每县带步枪一支，配子弹十五粒（枪支应有表尺瞄准星能使用者），每人带外衣二套，内衣二套，车轮底鞋一双，草席一张，被一张，蓝色军帽一顶，六刀纸五张。以上规定除分令部队执行外相应函达，希烦查照，并请转饬所属各县选送，是荷。"②在第三期招生中，还要求："（一）各个学员在政治上面目要清楚者。（二）工作履历要久些者。（三）倘如工作履历不久，而要有相当文化水准者（即能写普通信的），并请在十月底以前送到军校，以便编级开课。"③从琼崖军政学校招生情况来看，主要是招收班长、有前途的战士和警卫员，目的是培养基层军事干部。由于学校在营根兴办，故而部分少数民族干部受到培训。

1949年在营根墟创办了琼崖军政干部学校，冯白驹司令兼任校长，校务主任谢凤池，政治委员符路，校务部副主任冯位才、政治主任冯所唐，编六个队，分为军训连、政训连，学生三百余人学习内容为政治学习和军事学习。政治学习内容有野战军新式整军的经验和做法；学习战时和平时的思想

---

① 吴学、公史：《琼崖公学简介》，《乐东文史》第1辑。
② 《琼崖临时政府训令（扩字第五号）——琼纵复办军政学校》，中央档案馆、广东省档案馆编：《广东革命历史文件汇集 1948—1950》（琼崖党组织文件），1988，第132页。
③ 《琼崖临时人民政府训令（教字第二号）——有关选送学员学习事》，中央档案馆、广东省档案馆编：《广东革命历史文件汇集 1948—1950》（琼崖党组织文件），1988，第426页。

政治工作，战时对敌喊话；学习我党政军瓦解敌军工作和对待战俘八项守则。军事训练内容有学习毛泽东军事思想和十大军事原则；单兵训练(投掷手榴弹、射击、单兵进攻和利用地形地物)；围攻打敌堡垒、爆破和班排连营协同作战训练；围炮楼打援军；伏击战术。经过半年紧张的军事政治训练，学员在军政素质、作战组织和指挥能力等方面都有了很大的提高，这就为后来前线部队补充基层指挥员做好了准备。①

为适应急促发展的斗争形势，需要培养大批区、乡一级妇女干部。1948年5月，区党委和琼崖临时民主政府在番阳建立琼崖妇女学校，"目的在于培养大批妇女干部，搞将来形势下的妇女工作……初期只有八十余人，这些学生都是从各机关、部队中抽调较进步的妇女，经考试及格后，给予就读的，最近为着大批培养妇女干部，决定扩大，决定在各机关、部队中所有的杂务女工作同志，工作岗位除技术工作人员外(如看护)，一律以男子代替，以便调到妇女学校受训，估计起来，全部到齐时，至少有七八百人以上。这些学生都是机关、部队中充当膳食、勤务、公务、交通、运输的劳动妇女，有许多是参加抗日战争的，他们吃苦耐劳精神很好，在学校中学习很勤奋，常常看见他们在月下、借大地、用树枝来写字学习。妇女学校的教材有国文、算术、常识，以及各种政治教材、民运工作教材，训练时间决定一年。"②在第一批一百名学员中，年纪最大的三十二岁，小的有十七八岁，多数是琼崖纵队各部队推荐来的女战士、医护人员和炊事员，也有部分是各级地方民主政府的政工队员或勤杂人员，还有一些是从事地下工作的女交通员和黎族女干部。这些学员中绝大多数人于抗日战争时期就参加革命工作，最短的也有两年以上的工作经历；三分之二以上的学员是共产党员。学校开设的课程有政治、语文、算术、地理、卫生常识等，根据学员的政治素质较高而文化程度普遍很低的情况，教学中以文化课(尤其是语文与算术)为重点。学校后迁到万宁大乡，1950年停办。在不足两年的时间里，培养了近300名

---

①王大忠：《忆琼崖纵队军政干部学校》，《琼中文史》第2辑。
②《琼崖工作报告——党政民的组织和扩军、整党、干部培养情况》，中央档案馆，广东省档案馆编：《广东革命历史文件汇集1948—1950》(琼崖党组织文件)，1988，第219页。

学员，这是一支相当可观的妇女干部力量。学员们经过教育训练，文化程度、政治觉悟、组织纪律性和工作能力等方面都有显著提高。海南解放后，妇女学校因种种原因未再续办，妇校的学员除少数留在部队外，大部分被分在琼岛各地参加土地改革和社会主义革命和建设。不少学员后来成为各级妇联的领导干部，①琼崖妇女干部学员包括海南黎族第一位妇女干部王怀东。②

在解放区，琼崖区委努力发展国民教育和少数民族教育。1947年6月26日琼崖临时政府颁布的施政纲领明确指出："第十七条：在提高国民文化水准及政治觉悟的目标下，实行普及教育，建立与健全各乡村的小学教育，展开民众的识字运动与文化娱乐工作；普遍创立平民学校、识字班、补习班、阅报社及时事座谈会等，逐步扫除文盲；加紧干部训练，培养各种人才；加强出版事业、增加各种报纸和刊物的出版；优待专门人才，重视知识青年。第十八条：琼崖解放区内，黎苗少数民族一律平等，反对'汉人吃黎'的腐败传统，尊重他们的生活、言语、风俗习惯与信仰，并帮助他们在政治上、经济上、文化上的解放与发展。"③当然，在解放战争激烈时期，发展国民教育不可能立即实现。

1948年随着五指山革命根据地的巩固与发展，琼崖革命斗争转入战略反攻阶段。琼崖人民政府不愿止步于培训学校，国民教育逐渐提上议事日程，1948年年初白沙民主政府在打空(今白沙镇和荣村)办起全县第一间较为正规的学校——打空小学(今白沙县第一小学的前身)，第一任校长周子勤(东方县人)，教员3人，学生103人。课程设置为政治、国语、算术、唱歌、图画、体育、劳作等。还在打运、水满、毛栈(这三地今属琼中县)、元门等地各建起小学一所，当时全县共有小学5所，教员11人，学生264人。④

五指山地区的志玛学校在抗日战争爆发后，由于形势紧张，学生无法上

---

① 陈冰萍：《海南妇女干部的摇篮——忆琼崖妇女学校》，《琼岛星火》第22期。
② 王怀东：《艰苦的岁月》，《通什文史》第2辑。
③ 《琼崖临时政府施政纲领》，中央档案馆、广东省档案馆编：《广东革命历史文件汇集1946—1948》(琼崖党组织文件)，1988，第261页。
④ 林书田：《白沙县教育简史》，《白沙文史》第2辑。

学，学校也就被迫停办。1945年日本投降后，为了继续发展黎族教育事业，由王信飞、王昭信、吴觉群等人集资筹办学校。建校筹备工作进展很快，不到一个月时间就打出砖瓦二十多万块，桁条一百多根。可是遭到坏人的破坏，一百多根桁条全部被烧光，砖瓦被砸，并嫁祸于共产党所为，使办校工作半途而废。直到1948年才由人民政府重新筹办这所学校。①

针对当地办学经验缺乏的问题，1948年8月15日，琼崖区党委宣传部要求："各地在我党领导下的小学，为数不少，但在教育方针和具体进行上，尚不能符合党和人民的要求。各地宣传部门，应该有系统的调查了解这些学校的情形，研究他们的缺点，讨论改进的办法。如各地对开办小学尚缺乏经验，可将各学校的具体情形报告区党委的宣传部，以便做统一的指示进行。"②

随着解放战争的顺利进行，1948年8月30日，琼崖临时民主政府决定增设三厅一处，其中包含教育厅，吴乾鹏任教育厅厅长。③

1949年1月31号，琼崖临时政府要求白沙等县建立教育科。"令东、南、西、北区专员及白沙县长：兹为工作需要，决定各区行署及各县政府，应即建立教育科，以便专责处理各地有关教育事宜，办理及指导各地学校教育与社会教育工作。按并根据本府各厅序列，规定各级政府之财建科为第一科，民政科为第二科，教育科为第三科，以统称谓而昭划一。除分令外，合仰知照，并转知照。"④

1949年4月20日，琼崖区党委《关于目前小学教育方针的决定》，指出："目前战争形势正在急剧地发展着，国民党反动统治已被基本打垮，不论用

---

①王安富口述、张瑞芳整理：《保亭县早期的一所黎族学校——志玛学校》，《保亭文史》第1辑。
②《琼崖区党委宣传部给地委信——关于当前宣传工作的意见》，中央档案馆、广东省档案馆编：《广东革命历史文件汇集1946—1948》（琼崖党组织文件），1988，第525页。
③《琼崖临时民主政府致函各区行署——本府各科改为厅、暂设民政厅、财政厅、教育厅和秘书处》，中央档案馆、广东省档案馆编：《广东革命历史文件汇集1946—1948》（琼崖党组织文件），1988，第533页。
④《琼崖临时民主政府训令（扩字第六号）——各区行署、各县政府应即建立教育科》，中央档案馆、广东省档案馆编：《广东革命历史文件汇集1948—1950》（琼崖党组织文件），1988，第137页。

战争或和平的方式，只需半年或一年的时间，就可取得全国革命胜利，我们目前的任务就是集中力量迅速实现全琼的解放，另一方面必须着手政治、经济、文化教育等项建设工作，以准备和打好建设全琼的基础。小学教育是文化教育工作的基础，全党必须加以重视，积极领导进行，自流现象和各种偏向不容再存在下去。"同时提出了教育目的，"解放区小学教育的目的要求，在于使学生能读、能写、会算，具有一般的生产、卫生和革命常识，不应片面地强调正规化，硬压学生学一些没有用的东西"。因此，要求"在学制上，打破旧的一套，不定年限。学到能读能写会算就可以毕业……放假的时间也不能墨守成规按照暑假、春假、寒假来放，而是根据群众的需要，在农忙时放假。""在课程时间上，课程主要是国文、算术（程度高一点的可以加珠算）、常识，每天每班（组）上课及复习时间不超过三小时。""在教学内容上，教的是群众需要的东西。""在教学方法上，主要采取启发式……还可以采用小先生制，组织大孩子教育小孩子，汉字多的教识字少的。"学校的经费，主要由村中负责解决。学校的教材，以黎苗自治区政府的基干班用的图文、算术为主，更进一步的亦可采用新民主报社所编的丙班、乙班的国文、算术，专署及县府应设法觅取木刻人才，用木刻大量翻印供给各校采用。生产卫生常识，由琼府教育厅设法编印供给各校作为教学的根据。教员聘请村中识字的人或旧教师，政府积极领导帮助他们，使他们负责教育工作；或者鼓励欢迎外地知识分子教师来解放区负责小学教育工作；此外琼公要继续开办小学师资训练班，大量培养小学教育人才；另外还从党政团组织中遴选一个适于负责小学教育工作的人员。对于边沿区及较巩固的游击区中的旧式民办小学校，应该采取维持现状、积极领导、逐步帮助其改造的方针。[①]

1949年7月10日，《琼崖临时人民政府训令（教字第七号）——关于教育问题》提出了对中等教育工作的意见，教育方针上"确认中等学校教育属于

---

[①]《琼崖区党委关于目前小学教育方针的决定》，中央档案馆、广东省档案馆编：《广东革命历史文件汇集1948—1950》（琼崖党组织文件），1988，第248—254页。

普通教育性质,其务在于为人民民主共和国培养具有中等文化水平及基本科学知识人才,使其卒业后,经过一定的专门训练,就可参加工作或升学深造。基于这个要求,认为中等学校教育应该是正规的,学生应该有一定的文化水准,经过入学考试及格后吸收入学,在校修业期间一年应有四十周,每周上课三十小时。其次是学制问题,没有接到全国统一的新学制规定前,仍保持原有的三三制。教学内容比率上,中学文化课一般应占百分之八十五,政治课占百分之十五左右;师范学校文化课一般应占百分之七十,政治课占百分之十五,业务课占百分之十五"。教育方法采用启发式教学;教材上,采用旧教材,但剔除封建买办及法西斯等内容;师资上,采用与小学师资相同的原则。学校管理采用民主集中制原则;经费上,由政府划拨。①

与此同时,1948年12月30日,区党委根据党的民族政策和党中央关于实行民族区域自治的指示,将白沙、保亭、乐东县划为琼崖少数民族自治区,"查白沙、保亭、乐东三县,均为琼崖内地黎、苗、歧、僚各少数民族居处的地区,其经济、文化以及风俗习惯等,均与沿海各县不同。因此,其政治设施,亦应与沿海各县有别。现根据中共中央对待少数民族政策,特将琼崖少数民族所居处的白、保、乐三县划为少数民族自治区,设自治政府,在各种条件未成熟以前,先设自治区行政委员会,办理自治区所属各县行政,扶植各少数民族共同发展,进行自治区各项建设。自治区行政委员会所辖,除原白沙、保亭、乐东三县外,并将东区行署所属之琼中县脱离东区行署领导,划入少数民族自治区范围内,共为四个县份……海山取消后,其所属之白沙、儋县、昌江之地区分别照原归还各县。除此之外,原白、保、乐三县之地区或属于黎、苗、歧、僚各少数民族所聚居之地方,而划入沿海各县者,均应划出,就近分别并归黎区各县,使其得以参加自治。"②随着少数民族自治区的成立,海南少数民族教育进入新的发展阶段。1949年6月30

---

①《琼崖临时人民政府训令(教字第七号)》,中央档案馆、广东省档案馆编:《广东革命历史文件汇集 1948—1950》(琼崖党组织文件),1988,第357—359页。

②《琼崖临时政府训令(府训字第六号)——将白、保、乐三县划为少数民族自治区》,中央档案馆、广东省档案馆编:《广东革命历史文件汇集 1946—1948》(琼崖党组织文件),1988,第630页。

日的《新民主报》报道:"黎苗自治区还自己开办黎苗干部学校,受训的学生有一百二十名。"①黎苗干部学校使少数民族干部迅速成长,为解放海南和建设新海南进行干部准备。

---

①《发展中的琼崖解放区教育事业》,中央档案馆、广东省档案馆编:《广东革命历史文件汇集1948—1950》(琼崖党组织文件),1988,第353页。

# 参考文献

## 古籍与地方志类

[1]〔元〕周去非. 岭南代答[M]. 北京：中华书局，1999.

[2]〔宋〕乐史，等. 地理志·海南（六种）[M]. 海口：海南出版社，2006.

[3]〔明〕龙文彬. 明会要[M]. 北京：中华书局，1984.

[4]〔明〕申时行. 明会典[M]. 北京：中华书局，1989.

[5]〔明〕戴禧. 万历琼州府志[M]. 海口：海南出版社，2003.

[6]〔明〕丘濬. 丘濬集[M]. 海口：海南出版社，2004.

[7]〔明〕王佐. 鸡肋集[M]. 海口：海南出版社，2004.

[8]〔明〕邢宥. 湄丘集等六种[M]. 海口：海南出版社，2004.

[9]〔明〕海瑞. 海瑞集[M]. 海口：海南出版社，2004.

[10]〔明〕唐胄. 正德琼台志[M]. 海口：海南出版社，2004.

[11]〔明〕曾邦泰. 万历儋州志[M]. 海口：海南出版社，2004.

[12]〔清〕马日炳. 康熙文昌县志[M]. 海口：海南出版社，2003.

[13]〔清〕毛鸿宾. 广东图说[M]. 印本. 广州：萃文堂，1870（同治九年）.

[14]〔清〕李文烜. 咸丰琼山志[M]. 海口：海南出版社，2004.

[15]〔清〕樊庶. 康熙临高县志[M]. 海口：海南出版社，2004.

[16]〔清〕谢济韶. 嘉庆澄迈县志[M]. 海口：海南出版社，2004.

[17]〔清〕龙朝翊. 光绪澄迈县志[M]. 海口：海南出版社，2004，

[18]〔清〕吴应廉. 光绪定安县志[M]. 海口：海南出版社，2004.

[19]〔清〕宋席珍.宣统定安县志[M].海口:海南出版社,2004.

[20]〔清〕潘廷侯等.陵水县志(二种)[M].海口:海南出版社,2004.

[21]〔清〕李琰等.万州志(二种)[M].海口:海南出版社,2004.

[22]〔清〕丁斗炳等.康熙澄迈县志(二种)[M].海口:海南出版社,2006.

[23]〔清〕方岱修等.昌化县志(二种)[M].海口:海南出版社,2006.

[24]〔清〕韩祐等.康熙儋州志[M].海口:海南出版社,2006.

[25]〔清〕于煌等.会同县志(二种)[M].海口:海南出版社,2006.

[26]〔清〕张文豹.康熙定安县志[M].海口:海南出版社,2006.

[27]〔清〕潘廷侯等.康熙琼山县志(二种)[M].海口:海南出版社,2006.

[28]〔清〕杨宗秉.乾隆琼山县志[M].海口:海南出版社,2006.

[29]〔清〕焦映汉.康熙琼州府志[M].海口:海南出版社,2006.

[30]〔清〕萧应植.乾隆琼州府志[M].海口:海南出版社,2006.

[31]〔清〕明谊.道光琼州府志[M].海口:海南出版社,2006.

[32]〔清〕林燕典.咸丰文昌县志[M].海口:海南出版社,2003.

[33]〔日〕真人元开著,汪向荣校注.唐大和尚东征传[M].北京:中华书局,1979.

[34]林带英.民国文昌县志[M].海口:海南出版社,2003.

[35]朱为潮.民国琼山县志[M].海口:海南出版社,2004.

[36]陈植.海南岛新志[M].海口:海南出版社,2004.

[37]陈枢铭.海南岛志[M].海口:海南出版社,2004.

[38]周文海.民国感恩县志[M].海口:海南出版社,2004.

[39]彭元藻.民国儋县志[M].海口:海南出版社,2004.

[40]屈万里主编.明朝登科录汇编[A].台北:学生书局,1969.

[41]李国祥等.明实录类纂(广东海南卷)[A].武汉:武汉出版社,1993.

[42]唐启翠辑录.明清实录中的海南[A].海口:海南出版社,2006.

[43]练铭志主编.《清实录》与清档案中的广东少数民族史料汇编[A].广州:广东人民出版社,2011.

[44]杨忠泽等.海南回族清真寺资料选编[A].贵阳:贵州民族出版

社，2004.

[45] 王献军主编. 黎族现代历史资料选编(第一辑)[A]. 海口：海南出版社，2016.

[46] 王献军，陈有济主编. 黎族现代历史资料选编(第二辑)[A]. 海口：海南出版社，2017.

## 著作类

[1] 王兴瑞. 冼夫人与冯氏家族[M]. 北京：中华书局，1984.

[2] 司徒尚纪. 海南岛历史上土地开发研究[M]. 海口：海南人民出版社，1987.

[3] 姜樾，董小俊. 海南伊斯兰文化[M]. 广州：中山大学出版社，1992.

[4] 广东省地方志编纂委员会. 广东省志·教育志[M]. 广州：广东人民出版社，1995.

[5] 耿金声，崔斌子. 中国少数民族教育史[M]. 长春：吉林教育出版社，1995.

[6] 吴永章. 黎族史[M]. 广州：广东人民出版社，1997.

[7] 韩达主编. 少数民族教育史(第三卷)[M]. 南宁：广西教育出版社等，1998.

[8] 司徒尚纪. 岭南历史人文地理——广府、客家、福佬民系比较研究[M]. 广州：中山大学出版社，2001.

[9] 官丽珍. 对和平与人道的肆虐：1937 至 1945 年日军侵粤述略[M]. 北京：中共党史出版社，2001.

[10] 林日举. 海南史[M]. 长春：吉林人民出版社，2002.

[11] 张兴吉. 日本侵占海南岛罪行研究[M]. 海口：海南出版社，2004.

[12] 梁永麟. 三国地理志[M]. 广州：广东人民出版社，2004.

[13] 麻风鸣主编. 中国少数民族教育史·黎族教育史[M]. 南宁：广西教育出版社，2004.

[14] 钱茂伟. 国家、科举与社会：以明代为中心的考察[M]. 北京：北京图书馆出版社 2004.

[15] 陈光良. 海南经济史研究[M]. 广州：中山大学出版社，2004.

[16] 苏智良. 日本对海南的侵略及其暴行[M]. 上海：上海辞书出版

社，2005.

[17]李勃. 海南岛历代建制沿革考[M]. 海口：海南出版社，2005.

[18]吴明海. 中国少数民族教育史教程[M]. 北京：中央民族大学出版社，2006.

[19]蒋炳钊，吴绵吉，辛土成. 中国东南民族关系史[M]. 厦门：厦门大学出版社，2007.

[20]陈健梅. 孙吴政区地理研究[M]. 长沙：岳麓书社，2008.

[21]刘剑三. 海南地名及其变迁研究[M]. 海口：海南出版社，2008.

[22]黎雄峰等. 海南经济史[M]. 海口：南方出版社，2008.

[23]牛志平等. 海南文化史[M]. 海口：海南出版社，2008.

[24]王献军. 海南回族的历史与文化[M]. 海口：海南出版社，2008.

[25]曾庆江，周泉根，陈圣燕. 海南历代贬官研究[M]. 海口：海南出版社，2008.

[26]朱东根. 海南历代进士研究[M]. 海口：海南出版社，2008.

[27]林日举. 海南民族概论[M]. 海口：海南出版社，2008.

[28]张一平，程晓华. 海南抗日战争史稿[M]. 海口：南方出版社，2008.

[29]张兴吉. 民国时期的海南(1912—1949)[M]. 海口：南方出版社，2008.

[30]胡素萍，章佩岚. 海南古代书院[M]. 海口：南方出版社，2008.

[31]谢越华. 海南教育史[M]. 海口：南方出版社，2008.

[32]萨维纳著，辛世彪译注. 海南岛志[M]. 桂林：漓江出版社，2012.

[33]香便文著，辛世彪译注. 海南纪行[M]. 桂林：漓江出版社，2012.

[34]海南岛三省联络会议编，金山等. 海南岛三省联络会议决议事项抄录[M]. 北京：线装书局，2013.

[35]张朔人. 明代海南文化研究[M]. 北京：社会科学文献出版社，2013.

[36]韦兰明. 民族团结教育论[M]. 桂林：广西师范大学出版社，2013.

[37]倪玉平. 清朝嘉道财政与社会[M]. 北京：商务印书馆，2013.

[38]马大正主编. 中国边疆经略史[M]. 郑州：中州古籍出版社，2013.

[39]唐玲玲，陈虹，周伟民. 海南家谱移民人口史料与研究[M]. 北京：知

识产权出版社，2014.

［40］练铭志. 广东民族关系史［M］. 广州：广东人民出版社，2014.

［41］谭其骧. 谭其骧全集［M］. 北京：人民出版社，2015.

［42］吴洪成，宋立会. 日本侵华时期沦陷区奴化教育研究［M］. 石家庄：河北教育出版社，2016.

［43］孟言嘉著，辛世彪译注. 椰岛海南［M］. 海口：海南出版社，2017.

［44］周伟民，唐玲玲. 海南通史［M］. 北京：人民出版社，2017.

［45］王红春. 明代进士家状研究［M］. 上海：上海书店出版社，2017.

［46］王承文. 唐代环南海开发与地域社会研究［M］. 北京：中华书局，2018.

［47］日本大藏省管理局编，张兴吉译. 关于日本人海外活动的历史调查，第29卷：海南岛篇［M］. 海口：海南出版社，2019.

［48］何炳棣. 明清社会史论［M］. 北京：中华书局，2019.

［49］王献军. 黎族现代史（1912—1949）［M］. 海口：海南出版社，2020.

## 期刊论文

［1］刘美崧. 唐代岭南的开发及汉族与俚僚等族的经济文化交流［J］. 中南民族学院学报（哲学社会科学版），1991（1）.

［2］刘美崧. 唐、宋对海南的经营及黎族社会经济的发展［J］. 中国社会经济史研究，1991（2）.

［3］程方平. 对中国少数民族教育史料编辑的思考［J］. 民族教育研究，1998（4）.

［4］林日举. 隋朝在海南建置考略［J］. 海南大学学报（人文社会科学版），2002（1）.

［5］陈湘锋. 文化兼容的优先领域——土家族古代学校教育史论［J］. 湖北民族学院学报（哲学社会科学版），2002（3）.

［6］王献军. 元代海南黎区屯田考［J］. 贵州民族研究，2003（1）.

［7］王献军. 元代"黎兵万户府"设立时间考［J］. 中南民族学院学报（人文社会科学版），2003（2）.

[8]王献军.元代海南的黎兵[J].海南大学学报(人文社会科学版),2003(3).

[9]林日举.关于对西汉王朝在海南建立的统治及后期放弃的反思[J].琼州大学学报,2003(6).

[10]朱竑,司徒尚纪.行政建置变更对海南岛区域文化历史发展的影响研究[J].地理科学,2006(4).

[11]朱竑,贾莲莲.戍边屯田等政治措施对海南岛文化发展的促进作用[J].人文地理,2006(5).

[12]贺喜.编户齐民与身份认同——明前期海南里甲制度的推行与地方社会之转变[J].中国社会科学,2006(6).

[13]孙善根.浅析黎族知识分子与琼崖苏维埃[C].中共海口市委党史研究室、中共琼崖一大旧址管理处编.旗帜飘扬——中共琼崖第一次代表大会人物研究论文选.北京:中央党史出版社,2010.

[14]花文凤.元朝科举体制下少数民族教育公平问题研究[J].江汉大学学报(人文科学版),2010(6).

[15]花文凤.金代科举体制下少数民族教育公平问题及其解决策略[J].内蒙古师范大学学报(教育科学版),2010(10).

[16]张朔人.试论隋唐王朝海南治理政策变迁[J].海南大学学报(人文社会科学版),2011(1).

[17]花文凤.清朝科举体制下少数民族教育公平问题及其解决策略[J].徐州师范大学学报(教育科学版),2011(1).

[18]花文凤.科举体制下明朝少数民族教育公平问题及其解决策略[J].徐州师范大学学报(哲学社会科学版),2011(3).

[19]张朔人.西汉海南置罢郡历史研究[J].海南大学学报(人文社会科学版),2011(5).

[20]姚霖,吴明海.少数民族教育史:中国教育史研究不应忽视的学术领域[J].当代教育与文化,2012(5).

[21]林日举.宋元入居海南的占婆移民之宗教信仰背景及其归宿[J].中南民族大学学报(人文社会科学版),2013(1).

[22]罗凯. 隋末唐初岭南政治势力探析[J]. 中国历史地理论丛, 2013(2).

[23]林日举. 明清时期海南三亚回族穆斯林的中国化研究[J]. 海南大学学报(人文社会科学版), 2013(2).

[24]王奋举, 金山. 日据时期海南殖民教育研究[J]. 黑龙江教育学院学报, 2013(9).

[25]张朔人. 明清时代南海疍民的分层流动与社会身份重构[J]. 古代文明, 2014(3).

[26]金山, 王奋举. 日据时期海南岛上的日语教育研究[J]. 琼州大学学报, 2014(6).

[27]张朔人, 詹兴文. 元代海南王朝治理政策述评[J]. 海南大学学报, 2015(6).

[28]查群. 琼管安抚司设置时间考——兼论宋代海南岛最高行政机构设置及其职能变迁[J]. 中国历史地理论丛, 2016(2).

[29]查群. 从镇州兴废看宋代海南岛经略思想的演变[J]. 海南师范大学学报(社会科学版), 2016(5).

[30]祖力亚提·司马义. 清朝时期中华文化在新疆发展与传承的教育路径[J]. 社会科学战线, 2018(1).

[31]罗凯. 从三分到归一: 唐朝前中期岭南政治地理格局的变迁[J]. 中国历史地理论丛, 2018(1).

[32]罗凯. 略论唐代岭南地区的世官制与区域流官制[J]. 史林, 2018(4).

[33]蓝武, 高弘泽. 比较视野下明代广西土司地区儒学教育发展滞后探源——广西教育史系列研究之一[J]. 贺州学院学报, 2018(4).

[34]贺喜. 从黎族人到黎族: 海南五指山民族志的再认识[J]. 北京大学学报(哲学社会科学版), 2018(5).

[35]王承文. 论唐代岭南"溪洞"和"山洞"的开发[J]. 人文杂志, 2018(5).

[36]查群. 宋代海南岛教化推广与文化秩序构建[J]. 海南师范大学学报(社会科学版), 2019(2).

[37]王奋举, 尹作涛, 陈小苗, 等. 教材与殖民: 日本在海南岛初等教育教

材政策考略[J].殷都学刊,2019(3).

[38]江涛,苏德,阿木古楞.民族教育史的梳理逻辑[J].贵州民族研究,2019(7).

[39]杨军,清代贵州民族地区基层社会组织变迁及动因[J].贵州民族研究,2019(11).

[40]王献军.试述民国时期海南黎区及黎族的教育[J].海南师范大学学报(社会科学版),2020(4).

[41]郎玉屏,朱汉民.清代西南边疆的国家儒学教化体系考述[J].西南民族大学学报(人文社会科学版),2021(1).

[42]李兵.科举实践推动中原与边疆一体化[J].历史评论,2021(4).

[43]朱汉民,郎玉屏.清代西南边疆少数民族儒家文化认同研究[J].湖南大学学报(社会科学版),2022(1).

## 未刊硕士、博士学位论文

[1]谢彪.畲汉文化互动下的畲族古代教育研究[D].福州:福建师范大学,2009.

[2]周庆彰.五代时期南方诸政权政区地理[D].上海:复旦大学,2010.

[3]孙昌伟.从"天下一体"到"中华一体"——金代女真官学教育及科举制度研究[D].兰州:西北师范大学,2012.

[4]王奋举.日本占领下の海南岛における植民地教育について[D].海口:海南大学,2013.

[5]杨小薇.元代海南文化研究[D].海口:海南师范大学,2013.

[6]孙晓丽.国家认同视角下的德宏傣族教育史研究[D].昆明:云南大学,2015.

[7]李超.民国时期开发黎区的计划及实施[D].海口:海南师范大学,2018.

[8]赵德昊.形塑国家韧性:论中国古代大一统国家的长期延续与不断重建[D].长春:吉林大学,2022.

# 后记

　　关于海南少数民族教育史的研究，学术界已有不少成就。但现有研究成果主要是以叙事方式进行，关于教育对海南少数民族的影响方面的研究则比较少。基于这种情况，本书在研究过程中，将个案研究作为一个重要方式，探讨教育在民族交流、交往、交融中的作用。

　　本书从策划到搜集相关资料，再到正式写作完成，共历时五年之久。在这个过程中，笔者经历了呕心沥血、夙夜未休的艰辛，终将书稿呈现。

　　写作过程中，最应该感谢李文涛教授的大力支持。从选题策划、提纲设计到文字写作，整个过程都得到李文涛教授的全力协助和真诚指导。更有李文涛教授因为科研任务比较繁重，加之研究兴趣的转移，将其前期收集的大量材料无条件地提供给了笔者，书中又许可笔者使用了他相关内容的前期成果。深情厚谊，无以为报，唯用文字表达万一。

　　本书的写作还得到海南热带海洋学院图书馆提供的资料的帮助；中国人民大学的郭志炜博士、武汉大学的尹松鹏博士也提供了大量相关资料。在此一并致谢。

　　本书尝试以教育—社会的研究视角开始探讨，不足之处颇多，也未能够充分阐述清楚相关问题，此缺憾将在之后的工作中弥补。

于　华<br>
2022 年 11 月 12 日